普通高等教育"十四五"康养类专业产教融合系列规划教材

丛书主编 李 鲁

AGING WITH JOYFUL ELDERLY SERVICES: THEORY AND PRACTICE

乐龄享老服务理论与实践

主 编 ◎ 朱红缨

副主编 ◎ 潘雅芳

ZHEJIANG UNIVERSITY PRESS
浙江大学出版社
· 杭州 ·

图书在版编目（CIP）数据

乐龄享老服务理论与实践 / 朱红缨主编. -- 杭州 ：
浙江大学出版社，2023.6
ISBN 978-7-308-24164-9

Ⅰ．①乐… Ⅱ．①朱… Ⅲ．①养老－社会服务－教材
Ⅳ．①C913.6

中国国家版本馆CIP数据核字(2023)第166887号

乐龄享老服务理论与实践
LELING XIANGLAO FUWU LILUN YU SHIJIAN

主　编　朱红缨
副主编　潘雅芳

策划编辑　柯华杰　曾　熙
责任编辑　曾　熙
责任校对　郑成业
装帧设计　春天书装
出版发行　浙江大学出版社
　　　　　（杭州市天目山路148号　　邮政编码　310007）
　　　　　（网址：http://www.zjupress.com）
排　　版　杭州林智广告有限公司
印　　刷　杭州杭新印务有限公司
开　　本　787mm×1092mm　1/16
印　　张　13.25
字　　数　245千
版 印 次　2023年6月第1版　2023年6月第1次印刷
书　　号　ISBN 978-7-308-24164-9
定　　价　49.00元

丛书编委名单

丛书总主编：

  李 鲁（浙江树人学院校长，浙江大学医学院教授、博导）

丛书编委：

  罗本燕（浙江大学医学院附属第一医院主任医师）

  陈丽英（浙江大学医学院附属邵逸夫医院主任医师）

  孙统达（宁波卫生职业技术学院教授）

  王洪林（物产中大金石集团董事长）

  卓永岳（浙江绿康医养集团董事长）

  朱李鸣（浙江省发展规划研究院研究员）

  杨 攀（七彩数字社区场景运营公司首席学习官）

  孙培龙（浙江工业大学食品科学与工程学院教授、博导）

  朱加进（浙江大学生物系统工程与食品科学学院教授、博导）

  王维安（浙江大学经济学院教授、博导）

  姚国坤（中国农业科学院研究员）

  张跃西（浙江外国语学院文化与旅游学院教授）

  刘志军（浙江大学公共管理学院教授、博导）

  祝耀升（浙江援通科技发展有限公司董事长）

  尉建锋（杭州卓健信息科技股份有限公司董事长）

  顾高生（杭州聪宝科技有限公司董事长）

本书编委：

申永生（杭州城市大脑有限公司）

侯　欢（浙江山屿海康养产业发展有限公司）

屠幼英（浙江大学）

徐浪静（衢州职业技术学院）

熊筱燕（南京师范大学）

芦　琦（上海开放大学）

赵　静（浙江东方职业技术学院）

张亚珍（浙江树人学院）

郭昱辰（浙江遐龄荟智能康养科技集团有限公司）

袁永健（湖州社会福利中心发展有限公司）

白　巍（广宇集团股份有限公司）

序

人口老龄化是全球共同关注的问题，更是中国社会经济发展后不得不面临的重大挑战。老龄化进程的加快和老年人口数量的快速增长等诸多老龄化社会的结构变化和特征，反过来又会影响社会、经济、文化、生活等方方面面。积极应对人口老龄化，事关国家发展全局、事关亿万百姓福祉、事关社会和谐稳定，已上升为国家战略，对全面建设社会主义现代化国家、实现中华民族伟大复兴具有重要意义。

习近平指出："各级党委和政府要高度重视并切实做好老龄工作，贯彻落实积极应对人口老龄化国家战略，把积极老龄观、健康老龄化理念融入经济社会发展全过程，加大制度创新、政策供给、财政投入力度，健全完善老龄工作体系，强化基层力量配备，加快健全社会保障体系、养老服务体系、健康支撑体系。"[1] 2021 年 11 月，《中共中央　国务院关于加强新时代老龄工作的意见》明确要求加快建设适应新时代老龄工作需要的专业技术、社会服务、经营管理、科学研究人才和志愿者队伍。要建设应对人口老龄化和促进经济社会发展相结合，满足老年人需求和解决人口老龄化问题相结合的系统工程，落实老有所养、老有所医、老有所为、老有所学、老有所乐，让老年人共享改革发展成果、安享幸福晚年的目标任务。

长期以来，人们追求的长寿大多是依靠医疗服务实现的被动长寿或伤残状态下的痛苦长寿。健康老龄化要求长寿不仅是延长生存寿命，而且是要实现"寿而康"的主动健康生命状态。这是健康老龄化的核心要义，更是实现健康中国和共同富裕的美好目标。健康老龄化需要缩短"失能失智"的病残生命期和延长"寿而康"的健康生命期，提升老年人的生活质量和幸福感。因此，亟须培养具备预防、医疗、护理、康复、心理健康、智能管理等综合知识体系、多元技术能力和人文关怀素养的复合型康养人才，并且按照"五有"养老系统工程，创新模式以融合发展养老与教育、医疗、健康、体育、文化、旅游等相关产业，建立一支服务国家人口战略的专业化人才队伍。

浙江树人学院基于老龄生命周期的主动健康需求，在十余年的康养人才培养实

---

① 贯彻落实积极应对人口老龄化国家战略　让老年人共享改革发展成果安享幸福晚年 [N]. 人民日报，2021-10-14（01）.

践中，立足"医养＋家养＋社养＋食养＋乐养＋智养"的"六养融合"人才培养新理念，以现代产业学院为应用型教育组织架构，构建了"医养护管"多学科交叉专业群，独创性地提出以"学科交叉培养、产学协同育人、能力素养互融"为特征的复合型康养人才培养模式，为组织好应用型教育和落实好复合型人才培养，特编写了《居家养老服务理论与实践》《医养结合的理论与实践》《乐龄享老服务理论与实践》《老年营养与膳食指导理论与实践》《社区老年服务管理理论与实践》《智慧养老理论与实践》等系列教材。

希望这套系列教材的出版，能为各类高校高质量地培养急需的康养人才提供教学资源的支撑，能为社会、机构或家庭提升养老服务质量水平贡献一份绵薄的力量。

浙江树人学院校长、教授、博导
中华预防医学会社会医学名誉主委
2021 年 12 月 15 日

目 录
CONTENTS

第六章 乐龄教育服务理论与实践

第一章

总　论

党的二十大报告指出："实施积极应对老龄化国家战略，发展养老事业和养老产业，优化孤寡老人服务，推动实现全体老年人享有基本养老服务。"[①] 这就要求我们推行更积极的养老理念，从"忌龄苦老"升级到"乐龄享老"。

一般认为，当人达到法定退休年龄后，就进入养老阶段。传统养老理论以被动养老为核心理念，包含以下3个主要特征：一是以年轻人视角定义老龄化，老年人不是作为"社会主体"而是被视作"社会客体"，具有边缘化特征；二是多数老年人也认为他们剩余的生命主要是"等待逝世"，而不是"再创人生新辉煌"；三是"养老"被普遍视为纯消费性活动，最大支出往往是延寿性消费，不具有生产性，主体消费构成也不是品质性消费。

西方不少国家都早已进入老龄化时代，相比之下，我国长期处于人口红利发展期，对于老龄化的研究相对欠缺。近年来，我国也渐渐迈入老龄化国家行列，人口预期寿命急速提高，我国的养老研究也由此开始进入全面发展时期，学界逐渐认识到，有必要对传统养老理论进行变革。[②] 学界反思以往对老龄化的看法，开始主张改革经济与社会模式，使老年人从"负资产"转变为"资产"，从"怕老"转变为"安老"。在此背景下，"积极老龄化"概念逐渐普及，"乐享老龄"理念逐渐兴起，[③] "乐龄享老"理论也由此兴起。

"乐龄享老"的"乐龄"，是老年人生活方式的一种。"乐龄"原本是新加坡对60岁以上老人的特别尊称，寓意60岁以后，人生进入可以过得安乐祥和、快乐自在的时光。在我国，通常将60岁以上的老人称作"老龄"，而在日本则称为"高龄"。这种对同一年龄概念的不同命名，不仅反映了叫法上的不同，更反映了人们在思想观念和生活态度上的差异。

---

① 高举中国特色社会主义伟大旗帜 为全面建设社会主义现代化国家而团结奋斗：在中国共产党第二十次全国代表大会上的报告 [N]. 人民日报，2022-10-26（01）.
② 穆光宗. 中国传统养老方式的变革和展望 [J]. 中国人民大学学报，2000（5）：39-44.
③ 翁江焙，郭人菡. 养老变享老　老龄更乐龄：第八届现代服务业发展论坛暨"乐龄享老"服务经济发展研讨会综述 [J]. 浙江树人大学学报，2021（2）：56-58.

　　"老"、"高"和"乐"，从字义上讲，是有很大区别的，作为形容词同"龄"字组合，使同样的年龄有了不同的色彩和内涵。在我们看来，"老龄"的提法比较消极和沉闷，因为"老"字同"衰""朽""陈旧""没落"等词意接近。从由"老"字组成的词语来看，如老态龙钟、老眼昏花、老气横秋、老糊涂等，都给人一种灰色和沉重的感觉。往往认为人老了就不中用了，似乎进入老年就是人生的黄昏和末日，正所谓"夕阳无限好，只是近黄昏"。"高龄"的提法则比较中性、庄重。随着现代社会生活条件的改善和医疗技术的进步，人的寿命大大延长。一两千年前，人活到70岁算是很少见的高寿了，即所谓"人生七十古来稀"，而现在是"六十小弟弟，七十多来兮，八十九十不稀奇"，用"高龄""高寿"来称呼70岁以上的老年人，不会给人以"垂垂老矣"的感觉，反会让人产生德高望重、高山仰止的敬重之意。"乐龄"所表达的是开心、快乐、愉悦、惬意、潇洒，甚至是幸福、享受等意思。因为人生到了退休年龄，养儿育女的烦恼没有了，竞争激烈的工作搁下了，生命出现前所未有的自由、轻松感，人生进入可自由安排的阶段。所以，用"乐龄"来表达快乐人生和乐天知命的状态是再恰当不过了。

　　如果说"乐龄"是从人生的阶段去定义的，"享老"则是从人生的态度去定义的。"享老"表示老年人乐观地享受现代生活，永远不放弃自己喜欢的人和事，是一种积极、快乐、健康的生活态度。从"养老"到"享老"，不仅表现出老年人的生活态度由被动到主动的转变，更体现出社会的进步和人们追求生活品质和人生价值的意识的提高。为此，本书所有章节都基于"乐龄享老"这一概念展开，从现代老年人精神和物质层面的需求出发，论述乐龄享老的相关内容和方式，旨在为老年人群提供个性化、高质量的服务。

第一节　"乐龄享老"生活方式形成的背景

　　提及"乐龄享老"问题，首先得梳理清楚"家"这个概念。中国人与西方人对"家"的理解有很大的不同。在中国语境里，"家"的内涵和外延很难有人说得清楚，"一家人"，可能指的是父母、夫妻和孩子，也可能包括伯父、伯母、舅舅、舅妈等旁系亲属，甚至还可能指包括邻居、朋友、同事在内的社会关系大圈子。从更广义的角度来说，中国"家"的观念还可以是包含了多个民族在内的统一的国家。而在西方语境里，"家"是社会最小的单元，一般只包含夫妻和孩子，子女结婚以后就另立门户。在中国，"养儿防老"是传统观念，倡导"百善孝为先"，同时，这也是指导政策法规制定的重要理念。《中华人民共和国民法典·婚姻家庭编》明确规定："成年子女不履行赡养义务的，缺乏劳动能力或者生活困难的父母，有要求成年子女给付赡养费的权利。"对贫困户等的界定，不仅要看老人自身的收入，还要看子女的收入。但是，在西方，由于一般没有将年老别居的"父母"涵盖在"家"这个范围之内，因此，子女一般不承担赡养老人的义务。比如在美国，没有要求儿女有义务赡养老人的全国性法律，在50个州中，有30个州有法律规定子女在年老的父母无法照顾他们自己的情况下赡养他们，但是几乎没有实施过。[①] 美国多数州对老年人是否可以获得社区救助的条件，也没有要结合子女收入等情况判定的规定。当然，这些区别是受复杂的背景因素影响而形成的。

一、西方人的养老文化背景

西方人对"老年人"的年龄界定与我们不同。例如，美国社会保障局设定了不同的正常退休年龄，法律规定的全退休年龄为67岁，虽然也可以在62岁申请提前退休，但其社保金会受到较大影响。同时，也有少数人因公司退休福利好或其他原因，在50多岁就能退休。从中可以看出，西方人对"老年人"的年龄界限不是60岁，而是更偏向于65岁以上。

西方人养老不依赖子女，那么，他们是如何解决养老问题的呢？近代以来，因为社会保障体系发达，西方国家多被赞誉为福利国家。但西方并不是一开始就如此的，西方不靠子女养老的文化经历了多阶段演绎。

不同于中国起源于以中原地区为核心的农耕文明，西方文明（欧洲文明）起源于以地中海为核心的海洋文明。在中国农耕文明环境里，社会关系以土地为中心、以血缘为纽带，本土资源丰富，对外交流不活跃，[②] 子女与父母长期生活在一起，"父母在，不远游"是可以做到的，尊老爱幼也成为悠久的传统之一。但是，在海洋文明环境里，社会关系是以海洋为中心、以交换为纽带的，本土资源贫乏，对外交流

---

① 当然，这并不意味着西方人就提倡子女不孝敬老人。西方人同样尊崇"孝"道。因为文化差异，西方人更注重互不干涉。
② 费孝通.血缘和地缘 [M] // 乡土中国　生育制度　乡土重建.北京:商务印书馆,2011.

成为生存所必需，因此十分活跃，子女必须外出寻找新的生路，"父母在，也必游"成为客观需要。因此，古代西方人很早就形成了成年子女（尤其是结婚后的子女）不与父母一起生活、出海闯天下的习惯。在西方传统文化里，老年，也就意味着被隔离于主流社会之外，被社会所遗弃，这也是西方人忌讳被称为"老年人"的原因之一。因此，除非学术需要，在生活中，西方老年的概念一般不用岁数来表达。对于他们来说，身体健康程度的下降就是步入老年的证明。因此，对西方文明而言，老年的概念与其说是某个年龄阶段，不如说是某个身体阶段或衰退的过程。

在中世纪的欧洲，人们强调"储物过冬"，也就是说在青年时期就做好准备，积累大量的财物，以免自己年迈体弱、没有生活来源时老无所依。对他们来说，没有什么比陷入疾病和年老更艰难、更痛苦的事情了。因此，他们通常不会在生前就将财产给予子女，因为由此形成的依附会让他们失去安全感和生命尊严。

6世纪时，一些欧洲国家的富有商人在步入老年阶段时就退休到修道院，为自己接下来的后半生做好准备。但在当时，这种"退养"只存在于一些富人中。到8—9世纪时，开始形成一种退休风气，一些地方修道院的数量开始大量增加，以便为老人提供居住的场所。他们将自己的财产抵押给养老机构，以换取在年迈时能够拥有基本的生活待遇。之后，修道院开始推出养老金模式，为本院老年工作者提供养老服务，通常包括衣、食、住所等。后来开始向社会推广，逐步社会化、商业化。到14世纪，英国中产阶级从修道院里购买养老金已经成为普遍现象。从欧洲传统的历史文化来看，老年人的生活保障并不取决于自己年轻时生养了多少子女，而是取决于自己积累了多少财富，年轻时积累的财富越多，年老时就越有保障。

近代，西方人开始逐步建立和完善养老保障体系。如在美国，1935年罗斯福总统签署了《社会安全保障法》，通过对个人收入征收社会安全税的方式筹集资金专项供给社会安全养老，后经不断补充修订，其基本条款沿用至今，成为最基本的养老保险制度。1965年美国增加了老人医疗保险，1972年又增加了残疾人医疗保险，经过80余年的逐步发展与健全，美国已形成了庞大的社会保障体系。德国于1995年推出护理保险制度。该制度的一大特点是不仅包括护理支持金，还包括护理假等，以便人们协调好事业与家庭的关系。如有近亲在家需要护理，近亲属可申请连续6个月的休假或改为非全职工作。护理者如果在这段时期财务陷入窘境，可向德国家庭和公民社会事务局申请无息贷款；如果护理期结束后无力偿还贷款，可视情况延期偿还或免除偿还。芬兰则争取九成75岁以上老人在自己家里独立生活。其社会主流意见认为，过于强调"机构养老"已经不合时宜，现在应该根据个体需求制定综合方案，在绝大多数情况下，要让老人在自己家里享受专业的、全方位的服务。同时，要帮助老年人恢复和提升生活自理能力，让他们能够在自己家里独立生活得更久。为此，各地方政府的社会福利部门应尽可能提供细致完善的家政服务，这些服务通常由具有执业资格的家庭护理团队完成。护理团队工作强度很大，平均每人每天上门服务10多次，每次服务10到30分钟不等，从而最大限度地平衡了居家与养老的矛盾。日本人口老龄化则催生出发达的养老产业，众多厂家绞尽脑汁开发出多种多样的"银发族"产品，以满足日本老年人的需求。

值得一提的是，西方倡导老年人自食其力，并不意味着老人与后辈之间亲情的淡薄。比如在美国，随着双职工家庭的增多，老人为子女临时照顾孙辈也是常见的现象，父母也会主动关心甚至"干预"子女的选择，哪怕子女已经成年或已步入老年，依然受到父母的影响。因此，养老模式的不同，并不意味着血缘亲情的不同，这点是需要强调的。

二、中国人的养老文化背景

在古代中国，粗具一定规模的养老制度始于周朝。《礼记·王制》中就记载了贵胄的老人饮食标准：对50岁以上的老人，要给他们吃细粮；对60岁以上的老人，要给他们吃在当时来说还相当珍贵的肉；对70岁以上的老人，要在他们的饭食中增加副食；对80岁以上的老人，要让他们吃些珍馐美味；对90岁以上的老人，考虑到此时老人行动多有不便，进食时要在老人的床前伺候饮食。周朝还有"八十者，一子不从政；九十者，其家不从政"一说，即家中有80岁以上的老人，则儿孙中可有一人不服徭役；如果有90岁的老人，则全家皆可不服徭役。春秋战国在西周养老免除徭役的基础上增加了免除赋税的做法。[①]

"孝道文化"兴起于汉朝，《孝经》一书即成书于秦汉。从官员选拔机制来看，其中的一条标准就是"孝廉"，推荐官员叫"举孝廉"；从统治阶级的政策来看，汉朝推行"以孝治天下"的国策，皇帝死后的谥号都要带一个"孝"字，如汉孝文帝刘恒、汉孝景帝刘启、汉孝武帝刘彻。基于此，汉代尊老、敬老之风极盛，出现了中国最早的有据可查的"老年人保护法"即《王杖诏令册》。该法规定了70岁以上老人应享受的生活和政治待遇，70岁以上老人即使触犯刑律，只要不是首犯就

---

① 古代人是怎么养老的？ [EB/OL]. [2022-10-25]. https://zhuanlan.zhihu.com/p/76794911.

可以免予被起诉，继承了先秦时期老人"虽有罪，不加刑焉"的制度。

唐代为了杜绝"空巢"、提升养老质量，规定父母在世时，子孙不能出远门、不能分家、不能私藏小金库，奉养老人要和颜悦色，不能让老人不开心，否则予以严惩。另有"年八十以上各赐米二石，绵帛五段；百岁以上各赐米四石，绵帛十段；仍加版授，以旌尚齿"（《唐大诏令集》卷一）。唐朝还有"补给侍丁"制度：侍丁不需服徭役，对 80 岁以上的老人，朝廷给他安排一个照料的侍丁，90 岁以上的安排 2 人，百岁以上的安排 5 人。当然，唐朝虽是盛世，但即使在其鼎盛时期，人们的平均寿命也仅 59 岁，因此真正能享受此等待遇的人并不多。

这些养老制度、养老文化和养老传统有一个共性，即都是基于家庭养老理念衍生的，换句话说，都是将子女赡养老人确定为法定义务、民间公俗和道德准则。几千年来，我国基本没有出台以老人自我养老为核心的政策法令，从政府到民间也没有倡导或培育过类似的风俗，这是我国养老领域最基本的国情。

古代的养老文化深刻影响了我国近现代的养老模式。近代以来，虽然我国已经开始学习和借鉴西方，开启了工业化进程，但是子女与老年父母生活在一起、子女赡养同住的老人、老人则协助抚养孙辈的现象，不管在农村还是城市，都还普遍存在，并由我国现行立法所肯定。当然，西方社会保障制度也逐渐被中国学习和借鉴，我们也开始制定退休养老金等制度。但在中国，"养老院养老"依然不是社会主流，居家养老依然是主要模式，而且近年来有增强的迹象。我们在思考和解决中国未来养老问题时，必须深深根植于养老领域这个最基本的国情。

三、老龄化社会背景

国际社会通常认为，当一个国家或地区 60 岁以上老年人口占人口总数的 10% 或 65 岁以上老年人口占人口总数的 7%，即意味着这个国家或地区处于老龄化阶段。联合国相关资料显示，人口老龄化现象是前所未有的，老年人（60 岁以上）所占比例的增长，伴随的是年轻人（15 岁以下）所占比例的降低。到 2050 年，世界上老年人的数量将在历史上首次超过年轻人的数量。1998 年，较发达国家已经发生了这种年轻人与老年人相对比例的历史性反转。20 世纪，老年人比例持续增长，21 世纪仍在继续。例如，1950 年老年人比例是 8%，2000 年为 10%，预测在 2050 年将达到 21%。[1]

---

① United Nations. World Population Ageing 1950–2050[EB/OL]. [2022–10–09]. http://www.un.org/esa/population/publications/worldageing19502050.

我国也正逐步进入老龄化国家行列，主要表现为低出生率带来的老龄化与人口寿命延长带来的老龄化的叠加。虽然近年来相继放开二孩和三孩政策，但老龄化趋势短期内已经不可逆转。2015年，我国60岁及以上的人口就已经超过了2.22亿人，占总人口的比重达16.15%，远超10%。截至2021年底，全国60岁及以上人口达2.67亿人，占总人口的18.9%。预计到2035年，60岁及以上的人口将突破4亿人，中国将成为超级人口老龄化的国家。人口老龄化问题已经迫在眉睫。

人口老龄化的影响是广泛而深远的。在经济领域，人口老龄化将对经济增长、储蓄、投资与消费、劳动力市场、养老金、税收及世代间转接产生冲击；在社会层面，人口老龄化的影响体现在保健和医疗照护、家庭成员构成及生活安排、住房与迁徙等方面；在政治方面，人口老龄化会影响投票模式与代表性等。我国的养老研究也由此开始进入全面发展时期。

四、物质和技术条件背景

第一，退休养老金制度的推行，使老年人追求更有品质的老年生活有了物质基础。马斯洛把需求分成生理需求、安全需求、社交需求、尊重需求和自我实现需求5个层次，且5个层次是依次递进的，前一需求没有满足时，后一需求不可能成为紧迫需求。虽然该理论并不绝对，但是没有退休金，老年人将为生存而奔波，更有品质的老年生活就是奢谈。有了退休金，老年人的生存就有了坚实的物质基础，也才有底气去追求更有品质的老年生活。

第二，医疗保障制度的推行，使健康不再成为困扰养老的普遍问题。人的老龄化，首先表现为身体的老龄化，人独立生活与活动的能力直线下降，从而失去了积极生活的身体条件。医疗保障制度的推行，使老年人不用担心一般疾病的侵扰，继而可以有精力和体力去追求更有品质的老年生活。

第三，交通、数字技术等越来越发达，使老年人追求更丰富的生活成为可能。老年人要想拥有丰富的老年生活，不借助外力是难以办到的，而数字技术、公共交通、外卖等新技术和新的服务形式的兴起，使精准化、类型化、差异化、全方位养老成为可能，"乐龄享老"也就成为可能。

第二节　乐龄享老的理论基础

美国老年学专家哈瑞·穆迪和詹妮弗·萨瑟认为，人们之所以对国家进入老龄化社会忧心忡忡，部分原因是受老龄化就是衰老的成见或者说偏见的影响，只见弊端不见机遇，如传统的社会保障制度，其设计的初衷并不是促进老年人的再就业和再生产，医疗保险制度设计的初衷同样不是解决需上门服务的老年人的长期保健问题，我们必须考虑为未来的老龄化社会设计一个不同于传统的蓝图。[1] 为此，人口学（老年学）、经济学、社会学、生物学、行为学等领域的相关理论都应进行创新突破，包括与之关联的公共政策，都需要革新。

一、老龄化与人口

（一）传统人口学视角下的老龄化

在传统人口学的视角下，学者们从规模、分布、年龄、性别、身体、文化素质、死亡率、人口迁移和流动等几大变量对老年人口进行了分析研究。

学者们研究发现，老龄化规模与人口政策密切相关，如中国实施计划生育基本国策，并从"鼓励一对夫妇只生一胎孩子"相继调整为"全面实施一对夫妇可生育两个孩子政策"和"实施一对夫妇可以生育三个子女政策及配套支持措施"。这些政策深刻影响着中国老龄化的进程，老龄化规模随之呈现明显的阶段性特征。[2]

学者们发现，老龄人口分布呈现明显的地区分布、城乡分布、民族分布、职业分布等特征。[3] 还有学者运用不同国家对比的研究方法，发现了异同之处，如日本老龄化呈现出非都市区老龄化强度更高的特征，而中国则是呈现出自西向东强度增高的特征。[4] 其中一个原因或许是我国东部生活条件更好、社保体系更完善，从而

① 穆迪，萨瑟 . 老龄化 [M]. 陈玉洪，李筱媛，译 . 南京：江苏人民出版社，2018.
② 翟振武，陈佳鞠，李龙 .2015—2100 年中国人口与老龄化变动趋势 [J]. 人口研究，2017（4）：60-71；贺丹，刘厚莲 . 中国人口老龄化发展态势、影响及应对策略 [J]. 中共中央党校（国家行政学院）学报，2019（4）：84-90.
③ 同①.
④ 单良，丁莉 . 中日人口老龄化的空间分布特征比较研究 [J]. 中国人口科学，2013（4）：89-96,128.

提高了人的预期寿命，这也是典型的发展中国家老龄化的特点。

在性别方面，研究发现，中国出生人口在性别上，男性超过女性，但在老龄化人口数量上，却是女性多于男性。是女性生理机能更容易长寿，还是女性和男性退休后的生活习惯（如退休女性喜欢更动态的广场舞，男性喜欢更静态的下象棋等）差异导致的呢？目前还处于探究阶段。

在身体方面呈现两个特征：一是老年人的身体健康状况整体劣于年轻人；二是身体多数时候处于健康状态的人的寿命整体高于多数时候处于疾病状态的人的寿命。当然，这只是我们的推断，还需要学界更多的数据支撑。

在文化素质方面，是否文化素质更高的人更长寿呢？目前也还没有权威的研究结论。因为现有研究都没有排除更高文化素质者往往也是经济和医疗条件更佳者这一干扰因素，这也有待更多后续研究来进一步明确。

在死亡率上，老年人与新生儿、青年人、壮年人等有何区别，以及人口迁移和流动对老龄化有何影响，也是值得探讨的问题。

（二）"乐龄享老"视角下的未来人口学

老龄化与人口关系的变化，为"传统养老"向"乐龄享老"模式转变提供了内在支撑。未来的人口学需要积极适应"乐龄享老"的理念，并在以下几个方面做出改变。

第一，探索和建设后人口转变时期的人口学。如果说之前的中国人口学以如何完成人口转变为研究背景，那么人口转变完成以后，人口变动的规律性出现了新的特征，国家面临长期低生育率水平的人口状况，家庭结构小型化，移民问题更加突出。人口与经济增长的关系变了，人口与社会发展的突出问题变了，人口与环境关系的作用机制也发生了变化，这均构成后人口转变时期人口学发展的新的社会背景。因此，人口转变时期的人口学基本分析范式，在后人口转变时期的适用性和解释力会有所下降。人口转变以后的人口学将更加关注人民生活质量的提高、健康的增进、家庭发展的能力和社会福利等。[①] 人口研究关注的内容也将发生变化，在后人口转变时期，对人口学的基础理论也需要进行重新建构，从基于人口红利的理论基础向基于人才红利（老年人也被视为一种人才）的理论基础转变。

第二，探索和建设以国家和社会发展重大问题为导向的应用人口科学。人口研究要坚守学术本位，这与扩展其社会应用性并不矛盾。未来人口学的繁荣与发展，

---

① 任远. 对中国人口学未来发展的思考 [J]. 复旦大学学报（社会科学版），2011（6）：117–122.

需要抓住中长期人口变动与国家发展的重要关系，需要以国家和社会发展的重大问题和重大任务为己任。只有通过学术创新服务于国家和社会发展的重大需求，才能在国家发展过程中使人口学成为有所作为的科学，并在发展过程中实现学科发展和学术繁荣。尤其需要关注绝对人口从不断增加向不断减少、主体人口从中青年向"一老一小"转变的中国国情。

第三，探索和建设以大数据分析为主要方法的人口学研究方式来创新发展。人口学从诞生之初，就一直与统计科学和人口数据整理分析的进步分不开。对人口数据的挖掘和人口信息的开发与利用，是人口科学的重要优势，现代信息技术的应用，也为进一步整合和挖掘人口数据提供了可能。我们需要更充分地利用数字技术，更好地开发、利用人口数据，使人口数据能够更好地为学术发展服务，为政府决策咨询服务，为人民利益服务，使人口学能够成为一门更加有用的社会科学。

二、老龄化与经济

从经济学的视角看，对老年人口的研究可从劳动力供给、再就业与收入、国民收入分配、群体的消费与储蓄、科技进步与环境改善、产业结构与基本建设等方面展开分析。传统经济学通常把老年人口视为"负资产"，"乐龄享老"在经济学上，首先就不再把老年人口视为"负资产"。

（一）传统经济学视角下的老龄化

传统经济学认为，老年人口是国家的"负资产"。负资产一词存在多种含义，一般指某项用于抵押保证而取得贷款，但市值比尚未还清的本金现值还低的资产。多用于形容物业市场内，物业的市价低于原先用来购买物业的借款（楼宇按揭），这种现象通常在物业价格普遍下跌后发生；也常用来形容个人财产状况，往往指个人处于失业、无业状态，或个人财产收入增长为负的状态，即只有支出没有收入。这两种解释都属于比较传统的理解。传统经济学认为，老年人口自身"产出"不抵其"创收"，甚至只有支出没有收入，因此是"负资产"。

第一，老年人不是劳动力供给的主要来源。古典经济增长理论的代表亚当·斯密和大卫·李嘉图的经济增长理论认为，经济增长（国民财富的增加）可以通过增加劳动者的数量和提高劳动生产率来实现。工业革命以来，随着以养老保险和医疗保险为核心的社会保障体系从无到有，逐步建立和完善，老年人在劳动力供给中的重要性不断降低。研究表明，如果社会保障待遇降低3%，那么55～74岁的男性劳动力参与率将会提高 15%，而这一年龄段的女性劳动力参与率将会提高 12%；反之亦然。[①]

第二，老年人不是技术进步的主要贡献者。新经济增长理论的代表保罗·罗默等强调，经济增长不是外部因素（如外生的技术因素），而是经济系统内部因素（如内生的技术进步）作用的结果。当今世界最具活力的是数字经济、科技经济，而老年人显然不是开发代码、发明创造的主力军。

第三，老年人不是投资和消费的主力。在低水平社会保障体系阶段，这个观点的确有数据印证。老年人的"养老金"往往被称作是"保命金"，几乎都用于最低水平的生存性支出，略有结余也会用于储蓄，以备不时之需。这种观念一直影响着老年人的养老方式。而马丁·费尔德斯坦的研究发现，在现收现付的养老保障制度下，美国的人口老龄化减少了资本存量，从而不利于经济增长。[②]

第四，老年人会占用相当一部分财政支出。老年人的疾病发生率和重病发生率都远远高于年轻人，如果要为老年人提供医疗保障，公共财政的投入远远高于年轻人。不仅如此，许多国家还会为老年人提供免费或非常低廉的公共交通，"羊毛出在羊身上"，这都是以增加税收为基础的，纳税人因此也会承受更大的压力。在一些"未富先老"的国家，面临的困境更为严重。

第五，老年人会增加年轻人的供养负担。从家庭经济的角度看，传统经济学认为，老年人由于生活自理能力下降，必然更加依赖子女，从而使得年轻人负担加重；如果是少子化国家，这种情况将会更加严重。年轻人负担加重，就会降低生育意愿，从而形成恶性循环。

（二）"乐龄享老"视角下的未来经济学

首先，未来经济学承认，老龄化会增加社保与医疗的压力，但是，现有医疗压力并不完全是老龄化带来的，也有医疗模式不合理等原因。如现有医疗模式都是按过程收费，即"按服务项目收费"，医生收入不与结果挂钩，而是与过程挂钩，此模式易滋生过度医疗的土壤。加之医疗过程不透明，消费者（病人）几乎无法对医疗过程（价格及医生服务质量）形成任何有效的监督，从而加大了医保的负担。随着大数据技术等日趋发达，改革医保制度成为可能。比如，可改"按服务项目收费"模式为"按服务结果收费"模式，以某种疾病的治愈率为核心指标进行医保补助，

① Butler, M., Huguenin, O., Teppa, F. What Triggers Early Retirement? Results from Swiss Pension Funds [EB/OL]. (2004-04-13) [2020-04-15]. http://ideas.repec.org/p/lau/crdeep/04.04.html.
② 转引自李军，刘生龙. 人口老龄化对经济增长的影响：理论与实证分析 [M]. 北京：中国社会科学出版社，2017.

再按同样情况下治愈成本的高低给予一定比例的奖励，从而激励医院以最小的成本治愈最多的疾病。

其次，未来经济学也看到了老龄化带来一系列新产业的发展。这些新发展领域被外界称为"银发经济"。参与编写《银发市场现象——老龄化社会营销与创新思维》（*The Silver Market Phenomenon—Marketing and Innovation in the Aging Society*）的弗洛里亚·科尔巴赫认为，相比于创造老年人专用的产品，设计出能跨越代际差异的产品往往效果更好。原因之一是老年消费者不喜欢别人提醒他们已经老了。老龄化也给保险公司提供了无限商机。新的数据已经表明，随着养老金等的日益宽裕，老年人已经成为旅游、保险、保健等众多行业的消费主力。相关统计数据显示，北京市老年人总体消费水平逐年提高，消费需求增长迅速，年人均支出已超过2万元。

再次，老年人的投资走向非常关键，尤其是投向国内还是国外。随着老年人财富的增加和观念的改变，老年人理财市场日益成为一个有着巨大潜力的新市场。比如在中国，由于老年人对房屋投资的钟爱及土地财政对楼市的依赖，高房价日益使财富集中到老年人身上。社会财富过多集中在老年人手里，也成为阻碍社会创新的重大因素。因此，如何合理优化老年人的投资，让老年人的投资从保守型领域集中到支持创新的领域，成为未来经济学需要解决的一个重大课题。

最后，对老年劳动力的开发，将刺激经济增长。研究表明，如果采取延迟退休年龄或提高老年人劳动参与率的政策，那么将可能显著提高人均GDP（gross domestic product，国内生产总值）的增长率，如日本、法国和德国人均GDP的平均增长率将会提升0.4%～0.6%，美国将增加0.3%。[①]因此，如何制定老年人乐于延迟退休的政策，如何创造喜老型工作氛围（比如公务员取消报考年龄限制等），将成为未来经济学实现突破的新方向。

三、老龄化与社会

（一）传统社会学视角下的老龄化

从社会学的视角看，目前学界对老年人口的研究集中在婚姻和家庭、社会心理和生活方式、社会组织和社区服务、社会保障制度和医疗保健等方面。

1. 老龄化与婚姻和家庭

在多数老年人的养老生活中，家庭起着关键性的支撑作用，尤其是有无伴侣，

---

① 转引自李军，刘生龙 . 人口老龄化对经济增长的影响：理论与实证分析 [M]. 北京：中国社会科学出版社，2017.

直接影响养老质量。根据婚姻与健康关系的相关调查，每5个56岁以上丧偶的老人中，两年后就有4人在孤独中患病，而同龄组有配偶的老人中，每5个人仅有1人生病。[①]

由于男女寿命的显著不对等、婚姻自主下离婚率的走高、丧失自理能力一方需要特殊护理等原因，"我能想到最浪漫的事，就是和你一起慢慢变老"梦想的实现，在现实中还是有难度的，有相当比例的夫妻不能白头偕老、一起养老。由于伴侣共老对养老质量至关重要，再婚就成了无伴侣陪伴的老年人的主要选择意向。但是，由于各种原因，老年人再婚往往障碍重重，较难如愿。主要原因包括以下几方面：一是受传统观念的束缚，担心再婚被认为有伤风俗或有损自身形象；二是物质经济条件等不具备，再婚老人很多已丧失了组建家庭所需的独立住房等物质条件；三是子女的干扰阻挠，基于父母再婚对自己名誉的影响、财产继承的风险、赡养成本的增加等的担忧，子女往往持反对意见。

除了伴侣对老年人的养老质量影响较大以外，代际关系也显著影响着养老的质量。何谓"代际关系"？心理学家将这一概念限定在家庭领域中，指"多代的家庭系统中，在家庭和个体之间产生的交换和结构化的关系"[②]。国外心理学界对代际关系的理论建构基于两种理论：一是代际关系具有复杂性，它的形成受家庭内外多种因素的影响；其二，团结与矛盾是代际关系的两种基本形态。[③]代际关系是一种纵向的以血缘为基础的家庭关系。随着社会的发展，代际关系正在经历较大的变化，主要体现为：一是代际层次变少、家庭规模变小，"四世同堂"已较罕见，与西方一样由"父母＋子女"两代构成家庭的模式日益流行；二是伦理观念转变，孝亲文化重构，父母子女人格地位不平等的传统孝亲文化被认为是糟粕，已让渡给父母子女人人平等的现代文化，有的甚至走向了子女高于父母、遗弃父母等反面；三是代与代之间出现头尾换位，传统家庭里的"尊老爱幼"向"爱幼"的单极文化转变，有的转变还是帮助代管孩子的爷爷奶奶亲自铸就的；四是计划生育政策使人均赡养负担加重，长期的"一孩"政策没有及时转型，导致"两个年轻人"赡养"四个老年人"的现象日益普遍，加重了"少子化"，形成了人口负增长的恶性循环；五是老年物质养老与精神养老的分离，由于养老保险的普及，物质养老已不是大问题，

---

① 王凤华. 人口老龄化对家庭关系的挑战 [J]. 湖湘论坛，2001（2）：52-53.
② Costanzo, P. R., Melanie, B. H. Inter-generational Relations:Themes, Prospects and Possibilities[J].*Journal of Social Issues,* 2007, 63(4): 885–902.
③ 蒋京川. 国外积极老龄化视角下的代际关系研究 [J]. 国外社会科学，2014（4）：23-29.

但由于大家庭的解体及现代年轻人工作强度的增加，老年人与子女家庭聚少离多，甚至立法出台"探老假"都难以转变。

2.老龄化与社会心理和生活方式

老龄化也受到社会心理和生活方式的影响。作为主体的老年人群，社会支持是他们应对刺激、保证身心健康的重要力量。社会支持是指在生活中所感受到的来自周围他人情感上的关心和支持，这种支持与我们所拥有的人际关系和社会关系有关，由社会支持所提供的应激资源，有助于人们应对生活中的各种紧张事件。心理学家早就发现，紧张性生活事件对老年人免疫功能的影响与社会支持的缓冲作用有很大的关系，当个体面对紧张刺激的情况时，自主神经系统被激活，引起血压和心跳等的变化，以应对可能出现的危险。

对老年人来说，社会支持的来源主要包括家庭、朋友和社会机构。家庭是离退休老年人主要的生活场所，由家庭提供的关心和照顾，是老年人身心健康的重要保证。朋友对老年人的生活也很重要，他们对老年人保持良好心态、克服不良情绪有重要影响。与朋友接触的频率与老年人心情的好坏有直接的关系，接触越多，压抑的心情越少。社会机构也向老年人提供了多种多样的社会支持。在发达国家，社会化的养老机制解决了老年人的后顾之忧。而在我们国家，除了要完善社会化养老机制外，还要注意这种机制与传统的家庭养老方式的结合，使老年人从物质和精神两方面感受到社会支持的作用。

老年人的健康状况还与老年人的生活方式密切相关。早在几十年前，心理学家就注意到了吸烟、喝酒、饮食习惯及运动对老年人的影响。长期吸烟的人体内积累的致癌物质多，这些物质作用于身体内环境，使心血管疾病和癌症的发病率大大提高。吸烟使皮肤的皱纹加深、衰老加快。过量饮酒也会加速老化的过程，并引发高血压等疾病。对老年人来说，由于酒精代谢功能下降，体内过量的酒精极易引发心血管疾病，所以老年人一定要控制饮酒量。老年人还要注意营养均衡，多吃水果、蔬菜，少食肉类，养成健康的饮食习惯，增强对疾病的抵抗力。老年人还要坚持适当的运动，以延缓老化过程中疾病的产生。许多研究表明，缺乏运动是许多老年期疾病提前发病的重要原因。老年人还要养成勤用脑的习惯，经常用脑的老年人，在遇到问题时大脑对外来刺激的反应比不常用脑的老人快，有助于问题的解决。终身学习、参与力所能及的文化体育活动及适当的工作，是老年人健康生活的保障。

3. 老龄化与社会组织和社区服务

随着老龄化的加速，老年服务日益成为社区组织的重要工作和社会服务的重要内容。从结构上看，社会组织主要是公益慈善机构和城乡社区服务社会组织，包括教育培训类、社会服务类、社区管理类、文化体育类、环境卫生类等。参与社区养老服务的社会组织按其定位可分为 7 类。[①]

一是为老服务中心／老人日托中心：为社区失能失智、独居、生活困难老人提供生活服务，并为老年人提供日间照料服务。

二是居家养老服务指导中心：负责居家养老工作的管理和协调，指导各街镇居家养老工作；负责居家养老服务项目的管理、运作和结算等。

三是养老服务评估机构／养老机构服务管理指导中心：负责养老机构服务管理的指导与评估、承接政府为老服务项目、养老机构从业人员培训、老年课题研发、编外员工用工管理和劳务派遣等。

四是养老机构：负责管理敬老院、托老所、疗养院的老年人的集中居住、生活照料、康复护理等。机构在社区养老服务中发挥着非常重要的作用，为政府解决老年人的养老问题和满足老年人的需求做出了巨大的贡献。

五是老年协会：促进本地区老年产业的发展，开展老年人志愿服务、宣传教育、团队培训、文体活动、信息交流、调查研究和维权等，着力服务老年人，组织老年人开展文化体育活动，积极参与社区精神文明建设，提升老年人的生活质量和生命质量。

六是涉老产业发展中心：负责标准研究与政策咨询、专业研究与技术推广、产业论坛与国际交流、老年社会服务与人才培训、产品展览及承接有关部门委托的涉老服务等事项。

七是其他社区养老服务组织：如老年活动室、社区老人助餐社、公益普法站等，为辖区内老年人提供阅览、书画、健身、娱乐和其他活动场所，为老年人和社区居民提供餐饮服务，为老年人预防电信诈骗提供法律咨询等。

4. 老龄化与社会保障制度和医疗保健

有关研究通过构建人口老龄化和社会保障支出影响财政负担的计量模型，发现在控制其他因素不变的情况下，全国范围内的人口老龄化和中西部地区的人口老龄

---

① 周淑娟 . 社会组织参与社区养老服务现状研究：以 SH 市 SJ 区为例 [J]. 经济研究导刊，2019（5）：54-55.

化的加剧均显著增加了我国政府的财政负担，而东部地区则不显著；在控制其他因素不变的情况下，全国范围、中西部地区、东部地区的社会保障支出的增加均显著加重了政府的财政负担；在影响政府财政负担方面，全国范围、中西部地区、东部地区的人口老龄化和社会保障支出均存在着显著的正向互补关系。[1]

我国已建立起以社会保险为核心的社会保障制度，以更好地满足老龄社会的需求，但不容忽视的是，人口老龄化和社会保障制度对劳动力市场带来了冲击。表现为：企业社保缴费降低了劳动需求；退休年龄制度减少了老年劳动力的参与率，延迟退休又有可能减少隔代照料供给，不利于年轻一代的劳动供给；社保基金在地区层面运营阻碍了劳动力流动；劳动力高龄化倒逼企业更多地使用自动化设备或机器人，提高了劳动生产率，但同时减少了劳动力需求。[2]

研究还发现：①人口老龄化对经济发展具有显著的正向影响，但是人口老龄化对经济发展的影响存在显著的地区差异；②社会保障支出对经济发展具有显著影响，医疗保险基金支出对经济发展具有显著的正向影响，养老保险基金支出对经济发展具有显著的负向影响，但社会保障支出对经济发展的影响存在显著的地区差异，其中医疗保险基金支出对中部地区经济发展影响最为显著；③人口老龄化与医疗保险基金支出对经济发展具有显著的正向影响，人口老龄化与医疗保险基金支出对经济发展具有叠加效应，人口老龄化与养老保险基金支出对经济发展具有显著的负向影响，人口老龄化与养老保险基金支出对经济发展具有抵消效应。[3]

（二）"乐龄享老"视角下的未来社会学

"乐龄享老"视角下的未来社会学将在以下 3 个方面实现新突破：①社会因素对老年人口的影响；②老年人口对社会的影响；③老年人口自身的一些社会问题。具体体现在以下 4 个方面。

1. 人口老龄化的过程研究

人口老龄化是人的老龄化作用于整体人口的一种结果，同时又是社会人口发展的必然趋势和优化状态，其最重要的指标是老年人在总人口中的比重。老年社会学根据这一比重及相关指标，研究人口老龄化的程度及其发展的规律与特征。随着全球老龄化程度的普遍加深，这一领域相信会有不少创见。

---

① 张鹏飞，苏畅.人口老龄化、社会保障支出与财政负担[J].财政研究，2017（12）：33–44.
② 封进.人口老龄化、社会保障及对劳动力市场的影响[J].中国经济问题，2019（5）：15–33.
③ 李乐乐，秦强.人口老龄化、社会保障支出与经济发展[J].经济问题探索，2020（5）：40–52.

2. 人口老龄化与社会发展规律的关系

这方面的探索涉及劳动就业、劳动生产率和劳动人口的关系，对消费市场的影响，与社会人口负担及赡养负担的关系，对建设计划的影响等。老年人有望从"负资产"中摆脱出来，成为社会进步和财富增加的重要力量。未来社会学有望找到实现转换的关键"密码"。

3. 老龄化与家庭

老年人的家庭虽然受整个社会家庭演变的影响，但由于男女寿命的差异，老年人的家庭必然具有本身的特点，如鳏寡老人增加、代际关系、赡养问题等。要使老年人养老向乐龄享老转变，就必须优化婚姻家庭关系，使养老更有幸福感和满意度。传统社会学理论将解决老年人家庭问题限定在血缘关系之内及真实陪伴的范围之内，这并不能解决深度老龄化社会的老年人家庭问题。老年人的伴侣，实际上已主要不是性生活意义和繁衍意义层面的，而是精神慰藉和社交依赖意义层面的。因此，未来的社会学将探讨社区"虚拟伴侣"的可行性，即由公共资金出资，聘请社会工作者担任"虚拟伴侣"，为社区内所有老年人提供纯精神层面的陪伴服务。

4. 其他方面

未来社会学在其他方面也有望实现新的突破，包括老年人的社会保障和社会保险、老年人就业与人才开发、老年人的教育、老年人的扶养与服务机构、老年人闲暇时间的利用与文娱保健活动、老年人的住房、犯罪受害和自杀等问题。

第三节　乐龄享老的实践模式

一、美国模式

美国养老产业已有 40 多年的发展历史，具有完善的政府保障制度、活跃的民间团体和发达的商业体系。研究美国的养老模式有助于我们借鉴其成熟经验，对我国养老产业发展具有积极意义[①]。

---

① 浅谈美国人养老的几种模式 [EB/OL]. (2021-08-25)[2022-10-13]. https://zhuanlan.zhihu.com/p/44912627.

（一）多元的居家养老模式

美国有发达的民间社团组织，探索出了丰富多元的居家养老模式。如会员制模式，最早由波士顿一群老年居民在 20 世纪 90 年代探索形成。在该模式中，老年居民每年缴纳一定的会员费后，就可以享受包括交通、购物、家政、房屋维修、花园维护等一系列由志愿者提供的基本服务，以及一些由专业机构提供的家庭保健护理和医疗服务。又如合作居住模式，类似于中国的四合院模式，在享有私人住宅的基础上，让居民共享公共设备，有公共厨房、餐饮区、休息区、洗衣房、图书馆、工艺坊、健身房和花园等，便于老年人邻里互动。

PACE（program of all-inclusive care for the elderly，综合性老人健康护理计划）医疗护理模式是源于美国联邦政府的扶老政策，1997 年正式纳入美国联邦政府《平衡预算法案》。PACE 服务区给 55 岁以上体弱、患病和行动不便的老人提供所需的医疗护理救助服务，包括病理医疗、物理理疗、处方药物、营养咨询、喘息照护、社会公益服务等，这些服务和费用都由美国联邦医疗保险与医疗补助网络覆盖的服务商提供。

（二）社区集中养老模式

除居家养老外，美国人还青睐在大型集中养老社区的"抱团养老"。与中国在综合性社区里增加养老功能不同，受基督教和移民文化影响，很多美国老年人喜欢在专门的养老社区里与同龄群体互动，建立独立于子女的生活圈。因此，专门面向老年人而建的限制年龄的社区养老模式在美国很受欢迎。当然，也有"自然形成退休社区"（naturally occuring retirement community，NORC）。[①]

根据老年人身体健康的程度，集中养老社区分为活跃及独立生活社区、协助生活社区、特殊护理社区及持续护理社区。活跃及独立生活社区为低龄老人提供，出售给老人独立的公寓或联排别墅，社区内设有老人文娱、体育、综合活动内容和设施，社区提供餐饮、文娱活动、定期体检等基本服务。协助生活社区为有生活协助需求但无重大疾病的老人提供简单的生活辅助及护理服务，如洗澡、穿衣、进食、服药和护理照料等，这类社区需要州政府的许可执照才能运营。特殊护理社区面向有慢性疾病、处于术后恢复期或失能失智的老人，提供专业的医疗护理服务。持续护理社区也称 CCRC（continuing care retirement community）社区，面向刚退休的老年群体，

---

① 李煜，李麦琦，徐跃家，等 . 社区设计支持居家养老：基于纽约自然退休社区（NORC）的探究 [J]. 装饰，2022（5）：20-25.

他们不愿变更居所，当前自理能力强但需考虑未来健康程度下降的问题。CCRC 社区一般设有生活自理单元、生活协助单元和特殊护理单元，根据老人不同年龄段、不同健康状态的需求而提供不同的服务，涵盖老人从生活全自理到需要生活协助再到需要特殊护理的晚年全部阶段。目前，全美共有约 1900 处 CCRC 社区，82% 为非营利性组织所有，很多是从传统养老院转型而来的。

根据消费能力和兴趣偏好，美国集中养老社区有几种不同类别的形态，包括面向富裕阶层的高端养老社区，如佛罗里达州的太阳城中心，服务对象包括各种年龄段的老人，是拥有独立家庭别墅、联排别墅、辅助照料式住宅、家庭护理机构等各种户型的社区。各社区共享邮局、超市、医院、银行等生活设施，每年缴纳一定费用即可享受户外游泳池、网球场、保龄球馆等健身娱乐设施。社区还开设各种俱乐部和老年大学，定期举办各种文娱社交活动。除高端养老社区外，美国还有面向平民阶层的大众养老社区。此类社区是面向低端消费老年人群的护理保障型社区，通常由住宅小区改造而成，配有大型康复医院和疗养院，老人可根据自身的身体状况和经济能力选择不同档次的服务。近年来，针对很多受过高等教育的老年人返回母校的需求，地产商还开发了一些校园退休社区，与大学合作使用学校闲置土地开发"大学老年村"，只对本校毕业的校友开放。据调查，居住在大学老年村的老人，平均寿命比美国其他社区高 8 岁，且在医疗平均花费上减少 30%。

（三）专业机构养老模式

除社区养老外，一些高龄老人往往倾向于入住专业养老机构，包括老年公寓、养老院、护理院等。养老公寓以公租、廉租为主，多分布在大城市人口密集区，如纽约曼哈顿区、布鲁克林区，面向低收入老年群体，公寓里提供餐饮、图书阅览、健身及各项文娱活动等场所和服务。专业养老院、疗养院和护理院则面向因慢性病、重大手术和失能失智等而生活不能自理的老人，为其提供 24 小时护理照料，院内设有专业护理设施，配备医生和护理人员，为老人提供生活照顾、医疗诊治、健康监管和康复治疗等服务。护理院受联邦和州政府监管，必须在人员配备、医疗水平等各方面达到一定标准才可以拥有营业执照。护理院资金支付来源有私人资金、医疗补助、长期照料保险等。在美国，人们认为护理院是仅次于核电站的规定最多的行业。

二、日本模式

日本养老的主要特征是国家保障制度下的社会养老服务体系。日本的社会福利分配制度与瑞典等国家不同，它是以税赋为基础的，也并没有交由市场全权分配，而是在社会保险的基础上进行带有普惠性质的选择性分配。① 日本"乐龄享老"模式的最大特色是其对老龄化资产的正面理念及其养老产业市场的发达。自 2005 年以来，日本一直是世界上老龄化程度最高的国家之一，也是世界上老龄化速度最快的国家之一。未来，日本老龄化趋势将进一步加剧。据联合国发布的《2019 年世界人口展望》，预计到 2050 年，日本的总人口可能减少至 1.05 亿人左右，日本 65 岁以上的老年人数量将达到近 4000 万人，25 ～ 64 岁的劳动人口可能只有 4500 万人，每 1.1 个劳动力就要供养一名老年人，为全球最低，而目前这一数据是 1.8。② 但是，随着老龄化成为不可逆转的趋势，日本逐渐开始正视老龄化，积极开发新方案、新产品和新服务，从而在一定程度上将老龄化"负资产"扭转为"优质资产"，实现了从"厌老"到"乐老"的转变。

（一）以介护保险为核心的社会养老服务制度体系

按照字面意思理解，介护服务即为生活自理有困难的群体提供日常起居照顾服务与专业护理服务，其基本内涵是为受助者的自立生活提供援助性服务，以确保其实现正常生活与提升生活质量，进而保障其人权和尊严。日本介护保险制度，英文翻译为"long-term care insurance system"，与国际社会通行的"长期照护保险制度"是同种内涵的不同表达，这就意味着"介护"与"照护"可以在同一意义上替换使用。旨在解决社会养老服务资金筹集与社会养老服务提供这两大难题的"日本介护保险制度"，于 2000 年问世，比养老年金制度主要以收入补偿形式保障老年人基本生活的价值取向更进了一步。介护保险制度是由日本政府组织实施并由社会力量支持，为应对公民因年老和身患严重疾病或慢性疾病而需要生活照料服务与健康照护服务而建立的社会保险制度，主要采取服务给付的方式满足老年群体的社会养老服务需求，现金给付仅用于住房改建、医疗辅助用具购买等方面。介护保险制度的实施，可以保障和提升日本老年人的生活质量。

介护保险制度还强调对有支援服务需要的 40 ～ 64 岁中年群体提供不同等级的介护预防服务及地区之间的互助服务事业，即以市町村为依托，在社会多方力量的协同下，向有介护服务需求和支援服务需求的中老年人提供不同层次的服务。从发

---

① 日本养老事业与养老产业研究 [EB/OL]. (2016–12–20)[2022–10–28]. http://www.yanglao.com.cn/article/6376.html.
② 日本未来人口趋势预测：2050 年岛国总人口或仅有 1 亿 [EB/OL]. (2020–05–18)[2022–10–28]. http://www.lncnw.com/society/720.html.

展型社会政策视角出发，我们发现介护保险制度非常注重介护预防服务，即非常重视事前干预，并且对中年之后的被保险者均承担照护责任，属于社会养老服务的全流程干预模式，不仅为老年群体织就了完善的社会养老服务网络，而且通过对中老年群体的支援服务，实现人力资本投资，从而达到预期的良好的社会收益。

（二）开发针对老年人的专门产品和市场服务

新宿京王百货成立于 1964 年，是日本著名的老牌百货公司之一。商场位于东京新宿地铁站上方。在此寸土寸金之地，该商场在服务群体上却独树一帜，70% 的顾客是 50 岁以上的中老年人，凭借聚焦中老年消费群体的独特市场定位而经久不衰。京王百货装修布局等"硬件"适老化，通道更加宽敞，柜位不存在高低落差，价格标签普遍使用大号字体，购物车配备老花镜，每层楼都有休息座椅、饮水机、配置扶手的卫生间、低矮的洗手台，电梯速度偏慢，购物环境朴素而幽雅，处处体现着对老龄群体的细节关怀。[①]

日本涉谷的倩碧专卖店则在"软件"上适老化。比起网络购物，实体购物消费能够享受到的服务才是价值所在。但是有些时候，实体购物的店员也是令人烦心的存在，当顾客就是想一个人先安静地看看，随便走走逛逛时，店员的贴身服务和过度热情就成为一种负担。倩碧专卖店采用了一种用腕带颜色来表达自己购物目的与欲望的方法，在入店之前，顾客选择代表着"我想要怎样的服务"的 3 种颜色的腕带，无言中就向营业员传递了自己的要求。白色的腕带代表"想要快速买好东西"，粉色的代表"想自己慢慢自由地选择看看"，绿色则象征"我有时间，请慢慢接待我"。商场的经营、管理、服务人员，都在努力营造一种"可以毫无负担地把喜欢的商品拿来看看"的消费氛围。[②]

永旺百货（葛西店）G.G Mall 则针对老龄群体进行社群化运营。永旺百货（葛西店）位于东京都江户川区，周围 2 千米范围内 65 ～ 74 岁老龄化人群比重超过 40%。为此，购物中心 4 层被改造成专门面向 55 岁以上中老年人群的 G.G Mall。其设计理念是"一切从老龄人群出发"，把所有老龄人群想做的事都集合进商场。针对中老年人起床早的特点，商场早晨 7 点就开始营业；针对想锻炼的中老年人，设置了免费的健身操课程，既解决了老年人早晨锻炼噪声对居住区居民的干扰，又为商场带来了流量；针对行动不便或有认知障碍的老年人，则提供免费班车接送、专

① 李佳. 日本老龄社会下的商业创新 [R]//. 易鹏，梁春晓. 老龄社会研究报告（2019）. 北京：社会科学文献出版社，2019.
② 日本商场有哪些贴心服务项目？ [EB/OL]. (2011-11-28)[2022-04-27]. https://www.ys137.com/lvxing/6913880.html.

业购物顾问和康复中心等服务；针对有金融需求的老年人，商场引进金融网点，提供储蓄、理财、贷款、保险等"一站式"金融服务；针对想接触新科技的老年人，商场有电脑等智能设备；针对想购买廉价商品的老年人，商场有"早鸟折扣"。商场月客流量达到15万人，老年人群日均停留时间达到3小时。

（三）开发吸引年轻人的"老文化"

这里以洲本市为例。市内一条宽约2米、全长400米的商业街，原本有电影院、饭店、鞋店、金鱼店等鳞次栉比的商铺，但随着居民的老龄化、年轻人的迁移和游客的减少，空置和关门的店铺越来越多。2012年，当地将空商铺改造为"小巷食堂"，为独居高龄者提供午餐服务和地区监护，并将整条商业街改名为"洲本怀旧小巷"，策划了专门的怀旧文旅项目，邀请人来参观旅游和举办活动。经过改造，年轻人都被吸引来旅游，甚至有北海道、大阪等地的年轻人到此定居或从事怀旧文旅事业，昔日已显衰败的老街，重新焕发了青春活力。

三、欧洲模式

（一）德国模式

德国模式最具特色的就是"多代屋"代际融合生活方式。德国多代屋概念可以从以下两个方面来理解：一是指多代屋居住模式；二是指德国联邦家庭、老人、妇女和青年事务部主导的社区跨代际聚会活动场所。[①]

在多代屋居住模式中，属于不同年龄层、通常没有亲戚关系的人们，经过协商一致订立契约，选择组成"大家庭"共同生活。居住空间可以是独立房子，也可以是面积较大的公寓。其中对多代共居模式最感兴趣且互补性强的群体，便是老年人和带小孩的年轻父母。在这种生活方式里，老年人排解了孤独，修理、急救等事务有年轻邻里帮忙；年轻父母尤其是单亲父母则有老年人帮忙搭把手照看孩子等，实现了生态共赢。

多代屋作为社区跨代际聚会活动场所的构想，于2003年在萨克森自由州率先作为州立项目进行建设，此后被推广到全德范围。从2006—2020年的十多年间，德国联邦家庭、老人、妇女和青年事务部推动了三轮多代屋行动计划，社区建设多代聚会设施可以得到持续5年、每年40000欧元的补贴，其中30000欧元来自联邦政府，

---

① 柴恂.德国"多代屋"推动代际融合 [R]// 易鹏，梁春晓.老龄社会研究报告（2019）.北京：社会科学文献出版社，2019.

10000 欧元由社区、 州政府、区县共同筹措。社区跨代际聚会活动场所好比是社区多功能开放式大客厅，里面有座谈、游戏、锻炼、绘画、老年大学等场所，还有"租赁爷爷 / 奶奶"等邻里互助活动。德国联邦政府最终希望达到的目标是增进个体与社会的联系，特别是针对老年人或有移民背景的人，拉近人群距离，弥合代际冲突。

（二）荷兰模式

目前老龄化程度较高的日本和综合国力强大的美国，都不是为老龄化准备最充分的国家。根据墨尔本美世全球养老金指数（Melbourne Mercer Global Pension Index，MMGPI）2018 年的数据，荷兰成为世界上对老龄化准备最充分的国家。2017 年，荷兰老龄化程度已达 18.5%，独居老人近 40%，与家人同住的老人不到 2%。[①]那么，荷兰是如何应对老龄化的呢?

荷兰曾经长期是欧洲高福利国家的典范，但全球金融危机和欧洲债务危机后，荷兰经济复苏乏力，财政连年赤字，失业率不断上升，老龄化又日益加剧，传统的高福利已难以为继。2013 年，荷兰国王威廉·亚历山大发表全国年度演讲，宣布荷兰将告别福利国家，转向"参与型社会"，缩小护理险保障范围，给予地方更大的自主权，呼吁国民自立自强、互帮互助。

中央的放权和地方社会责任的加强，提供了更充分的创新空间。"社会近邻队"由此应运而生。社会近邻队每座城市有多个，一般每队 10 人，由地方政府出资组建，主要由当地经验丰富的社会工作者组成，各自就近负责自己所在区域。当市民遇到问题时，可以首先联系社会近邻队。社会近邻队也会到客户家中交流，了解客户的需求，被誉为"在厨房桌上的交流"。社会近邻队将客户需求划分为简单问题（占总问题的 80% 左右）、复杂问题（占 15% 左右）和严重问题（占 5% 左右）。其中，简单问题由负责的队员或通过家庭邻里合作解决，复杂问题则通过团队共商解决，解决不了的严重问题则向其他组织提出建议或转介。目前，荷兰 87% 的地方都设置了社会近邻队，大城市更是高达 96%，各界积极评价其功用。

荷兰还创造了广受赞誉的养老项目。20 世纪 90 年代，荷兰养老专家汉斯·贝克教授率先提出生命公寓的概念。在众多生命公寓中，最有名的是鹿特丹生命公寓，其最大特点是全面的开放性，人人可以参与其中，更像是日本 G.G Mall 的老龄升级版。生命公寓汇集了购物、亲子陪伴、跳蚤市场、老龄康复等功能，还设置了"主妇"一职，

① 李佳.荷兰：从福利国家到参与型社会 [R]// 易鹏，梁春晓.老龄社会研究报告（2019）.北京：社会科学文献出版社，2019.

让她充当老人的一家之主，不仅负责老人的衣食住行，还负责安排老人的日常起居、运动训练，并组织各类社交活动。生命公寓面向全社会全年龄段开放，大家都能在其中找到自己的乐趣。

（三）英国模式

英国老人喜欢独来独往，子女成年后都离家自立，不仅与父母分居，而且为了谋职，常常迁居异地。年迈的老人身边没有儿孙绕膝，有老伴的还可以互相照顾，丧偶的鳏夫寡妇，一切都得自己料理。

老人虽然缺乏"天伦之乐"，但很少发生"退休综合征"，他们不是在家种花养草，就是到处旅游，早晚总是牵着宠物（狗）散步，过着天马行空、独来独往的生活。

不少英国老人富有创新精神，除了参加志愿性的慈善机构外，也有一部分人退休后还开创新事业，做力所能及的事，例如开咖啡馆、小饭店，或是做企业顾问、办咨询公司等。

（四）瑞士模式

"时间银行"是由瑞士联邦社会保险部开发的一个养老项目——人们把年轻时照顾老人的时间存起来，等到将来自己老了、病了或需要人照顾时，再拿出来使用。申请者必须身体健康、善于沟通和充满爱心，每天有充裕的时间去照顾需要帮助的老人，其服务时数将会存入社保系统的个人账户内。

当老人需要别人照顾时，可以凭着手里的"时间银行卡"去"时间银行"支取"时间和时间利息"，在信息验证通过后，"时间银行"会指派义工到医院或老人家中提供照护服务。

□ 中国人口老龄化经历了一个怎样的过程？

在瑞士，用"时间银行"养老已蔚然成风，这不仅为国家节约了养老开支，还解决了一些其他的社会问题。很多瑞士民众都非常支持这种养老方式，瑞士养老机构调查结果显示，有一半以上的瑞士年轻人也希望参加这类养老服务。瑞士政府还专门立法支持"时间银行"养老。

四、中国模式

养老模式是指为老年人提供资源与服务、满足老年人需求的基本形式与内容，主要反映的是老年人和其他社会主体的关系问题。近年来，随着我国人口老龄化的急速加剧，学界和实务界都开始发力探索具有中国特色的"乐龄享老"模式，形成了多种观点。有学者认为我国养老模式主要分为以下 3 种类型（见表 1-1）。

一是两分法（二元论），即将养老模式分为家庭养老和社会养老模式，家庭养老模式又分为传统家庭养老模式和居家养老模式，社会养老模式又分为社会机构养老模式和社区养老模式。

二是三分法（三元论），即根据养老的地点划分，可以分为 3 种，即居家养老（或称家庭养老）、社区养老 [或称社区居家养老、社区（集体）养老]、机构养老 [或称社会（机构）养老、社会养老]；根据养老的资金来源划分，有学者将其划分为个人养老、政府养老、社会养老，也有学者将其划分为家庭养老、自我养老和机构养老。

三是多角度划分（多元论），即认为我国养老模式已走向多元化。根据养老居住的方式，我国城市养老模式有"居家养老 + 社区养老"、回归田园养老、异地养老、旅游养老、旅居养老等；根据经济供养来源，可以分为以房养老、以地养老等；根据日常的生活照料方式，可以分为遗赠养老、搭伴养老和"迷你"家庭养老院等。

表 1-1　我国养老模式的分类 [①]

分类	划分标准	模式	
二元论	养老来源、养老支持方式	家庭养老	传统家庭养老
			居家养老
		社会养老	社会机构养老
			社区养老
三元论	养老的地点	居家养老、社区养老、机构养老	
		家庭养老、社会机构养老、社区居家养老	
		家庭养老、社会养老、社区（集体）养老	
	养老的资金来源	个人养老、政府养老、社会养老	
		家庭养老、自我养老、机构养老	
多元论	养老居住的方式	居家养老 + 社区养老、回归田园养老、异地养老和旅游养老、旅居养老等	
	经济供养来源	以房养老、以地养老等	
	日常的生活照料方式	遗赠养老、搭伴养老和"迷你"家庭养老院等	

乐龄享老服务的空间养老模式与社会产业支撑紧密联系在一起。接下来按居家养老、社区养老、机构养老、其他养老模式、养老产业等五部分内容分而述之。

① 周建明，宋增文 . 中国养老模式发展与养老住区建设研究 [J]. 住宅产业，2021（9）：8-12.

（一）居家养老

在中国社会养老服务体系的语境中，家庭养老特指完全依靠家庭成员或老年人自己实现的养老；居家养老则是专指立足居家，以家庭为基础，依托社区，汇聚政府、社会、社区、家庭、个人等各方面资源力量实现的养老。[①]2008 年 1 月，全国老龄办等十部委发出《关于全面推进居家养老服务工作的意见》，将"居家养老服务"定义为政府和社会力量依托社区为居家的老年人提供的养老服务。例如，为居家老年人提供生活照料、家政服务、康复护理和精神慰藉等服务。

（二）社区养老

社区养老是以居家为基础、社区为依托、机构为支撑的资源整合型养老模式，强调积极动员社区的各种资源与力量，实现养老在地化。一般是指老年人基本居家，但可以去社区的养老机构得到日间照料或短暂留宿的养老方式，是家庭养老与机构养老在社区中的有机结合。2011 年 12 月，国务院发布了《社会养老服务体系建设规划（2011—2015 年）》，界定社区养老服务包括社区日间照料和居家养老支持两类功能，主要向家庭日间暂时无人或者无力照护的社区老年人提供服务。居家养老和社区养老关系十分紧密，在社会养老服务体系中很难割裂开来讨论，两者往往合在一起称"居家社区养老"或"社区居家养老"。

（三）机构养老

机构养老就是让老人在特定的场所集中生活，并由专业照料者提供系统化、专业化和集中化管理的生活照料与卫生健康服务。与居家社区养老模式相比，机构养老最大的特点就在于服务发生的地点和管理方式的变化，老年人需要离开家庭到专业养老机构居住生活。养老机构可以是为老年人提供饮食起居、清洁卫生、康复护理、精神慰藉和文体娱乐活动等综合性服务的机构，可以是独立的法人机构，也可以是附属医疗机构、企事业单位、社会团体或组织、综合性社会福利机构的一个部门或者分支机构，如敬老院、福利院、养老院、老年公寓、护老院、护养院、护理院等。从养老机构的所有权性质进行划分，还可分为公办公营、公建民营、民办民营 3 种类型。不同类型养老机构的保障对象、提供服务、资金筹集等方面具有差异性。

---

① 陈杰，张宇，石曼卿．当前居家社区养老服务体系存在的短板与创新：兼论"社区＋物业＋养老服务"模式推广问题 [J]．行政管理改革，2022（6）：84–93．

（四）其他养老模式

1. 医养结合养老

传统阶段的养老服务包括日常的生活照料、饮食起居等，但在现阶段，专业的疾病诊治、医疗护理和康复保健等成为热门需求。围绕"医"和"养"的关系，许多学者都提出"医"和"养"之间是一种相互融合、相互促进的关系，医养结合养老，就是把老年人的医疗服务与日常照护相融合的新型"养老—护理"服务模式。换言之，该模式的重点是寻求将医疗服务与生活照护融为一体，更好地将现代医疗技术与养老保障模式有机结合起来。

2. 互助式养老

近年来，我国老年服务领域人力资源短缺的问题逐渐锐化，致使养老需求骤增与服务供应不足之间的矛盾日益凸显。为了缓解养老压力，时间银行互助养老、城市社区互助养老、农村互助养老等养老模式开始兴起。例如，时间银行互助养老服务，通过结对子、时间储蓄等方式调动居民参与。老年人通过"时间储蓄"进行延期有偿的志愿服务，将时间银行理念引入居家养老，突出社区的基础性作用，以互助的方式注入社会力量，以此缓解照护人员短缺的问题。同时，老年人健康的身体状态、良好的经济收入、和谐的家庭关系与开明的认知水平等，将有助于社区互助养老模式的开展。而在农村地区，以村庄、熟人为基础和以家庭养老为基础的互助养老方式，为中国提供了低成本、高质量的养老模式。

3. "候鸟式"异地养老

"候鸟式"异地养老是指老年人季节性前往气候和环境更舒适的其他地区居住的一种新型养老方式。首先，"候鸟式"异地养老方式往往建立在一系列客观条件基础之上，如经济基础、身体状况、出行习惯、对新事物的适应能力、新居所的环境条件等。一般而言，"候鸟式"异地养老者首先以城市老年人为主，有稳定的收入且在经济上通常对子女没有明显的依赖。其次，在新迁入的养老地区会形成新的生活格局和新的社交圈，最终会形成一种全新的生活方式，从而大大丰富老年人的精神生活。最后，随着季节性迁移，绝大多数老年人都是没有子女陪伴的，在新的迁入地居住和生活期间，往往是夫妻之间、朋友之间或亲人之间互相照顾，在生活照料方面对子女的依赖度也非常低。

多元化的养老模式是乐龄享老的基本需求和重要基础，是人民日益增长的对美好生活需要的一种体现。相较于其他国家而言，我国需要面对数量更加庞大的老年人口群体，养老方式的多样化更为迫切。家庭养老、社区养老和机构养老是我国当前的主要养老模式，其他类型的养老模式，既是社会整体进步的体现，也是老年群体不同需求的要求，是对我国现阶段几种主要养老模式很好的补充。

（五）养老产业

我国乐龄享老服务的另一大重要支撑，是养老产业的发展。2019 年 12 月 27 日，国家统计局发布了《养老产业统计分类（2020）》。养老产业是以保障和改善老年人生活、健康、安全及参与社会发展，实现老有所养、老有所医、老有所为、老有所学、老有所乐、老有所安等为目的，为社会公众提供各种养老及相关产品（货物和服务）的生产活动集合，包括专门为养老或老年人提供产品的活动，以及适合老年人的养老用品和相关产品制造活动。该分类将养老产业范围确定为：养老照护服务、老年医疗卫生服务、老年健康促进与社会参与、老年社会保障、养老教育培训和人力资源服务、养老金融服务、养老科技和智慧养老服务、养老公共管理、其他养老服务、老年用品及相关产品制造、老年用品及相关产品销售和租赁、养老设施建设等 12 个大类。

养老产业统计分类标准以《国民经济行业分类》（GB/T 4754—2017）为基础，反映了我国应对人口老龄化的养老及相关产品供给，充分考虑了提升养老服务质量等养老产业发展政策要求和养老产业新业态新模式，涵盖第二产业、第三产业中涉及养老产业的全部内容，突出养老服务和我国应对人口老龄化的养老及相关产品的供给状况。这一标准的出台，为积极应对人口老龄化、加快推进养老产业发展、科学界定养老产业统计范围、准确反映养老产业发展状况等提供了重要平台和发展指南，也使乐龄享老服务理论与实践有了扎实的社会产业发展的现实支撑与研究依据。

【思考题】

1."乐龄享老"与传统养老观念的主要区别是什么？

2."乐龄享老"从理念转化为现实所需要的客观条件是什么？

3."乐龄享老"的理论基础，除了本教材归纳的相关内容外，还可以有哪些归纳方法，请列出各类别在学界的主要观点。

4.以小组为单位，设计一份 8～10 题的调查问卷，主题是"中国独生子女与多子女老年人养老意愿的比较分析"，然后以本小组成员及自己父母为调查对象，做比较分析。

第二章

乐龄社交活动服务理论与实践

第一节　认识乐龄社交活动

一、乐龄社交活动的内涵

（一）乐龄社交活动概述

活动是为了达到某种目的而采取的行动。社交是指社会上人与人之间的交际往来，是人们运用一定的工具互相传递信息和交流思想以达到某种目的的社会活动。社交活动是指为了维持社会人群中因交往而构成的相互依存和相互联系的社会关系而举行的各种集体性活动。乐龄社交活动是指乐龄人群为了维持社会人群中因交往而构成的相互依存和相互联系的社会关系而举行的各种集体性活动，是以乐龄人群生活为内容形成的社交活动体系。针对乐龄人群的生理、心理和社会支持网络等各方面特点，开展语言交流、肢体活动、兴趣活动、精神关爱、文娱活动、公益活动等各类活动，以满足乐龄人群的身心健康和社会交往的需要，推进乐龄人群的自我实现和社会参与，提高乐龄人群的生活质量和水平。

1. 乐龄社交活动的含义

乐龄社交活动的含义主要涉及以下几个方面。一是乐龄社交活动的参与主体是乐龄人群，社交活动要根据乐龄人群的生理、心理和社会支持网络等特点而开展；二是乐龄社交活动的目的主要是丰富乐龄人群的晚年生活，增加其社会交往，实现老有所乐，所以它不同于各种竞技类活动或者以营利为目的的企业商务活动；三是乐龄活动应该有组织者，社区中的老龄领袖人物、养老机构中的养老服务者、社会组织中的社会工作者、社区服务中心的工作者和志愿者等，都在整个活动过程中承担着各方面的工作内容。因此，乐龄社交活动的效果，往往取决于以上3个方面的内容。

2. 乐龄社交活动的目的

因其对象的特殊性，乐龄社交活动有自己特定的目的，即帮助乐龄人群顺利实现社会适应，促进身心健康。

3. 乐龄社交活动的形式

乐龄社交活动在表现形式上以乐为主，活动形式注重户外与室内相结合。

（二）乐龄社交活动的特点

乐龄社交活动是一项有目的、有计划、有步骤地组织以乐龄人群为主体并有众多人参与的社会协调活动。活动主办者往往以就近、方便为原则，租用或借用适合乐龄人群聚集的场所、场地，举办适合乐龄人群的主题性社交活动。

1. 目的性

乐龄社交活动的组织往往基于一定的目的，比如婚恋交友、节庆活动、业余爱好等，整合各方人力、物力、财力开展活动。如果只强调乐龄人群参与、有一定规模，却不知为何开展活动、在活动中要传播什么信息，就成了没有目的性的活动，活动效果就会大打折扣。

2. 计划性

凡事都应有计划，乐龄社交活动也不例外，并且基于乐龄人群的特定的身体条件，更要求有详细周密的计划和策划书，这样才能保证活动的顺利开展。

3. 参与性

组织开展一项活动，必然需要人员的参与，乐龄社交活动当然需要组织乐龄人群参与到活动中来，因此要从乐龄人群的特点出发，设计能吸引乐龄人群参与的活动。

4. 安全性

任何活动都要考虑安全性，乐龄人群活动更是如此。在组织乐龄社交活动的过程中，必须格外"谨小慎微"，确保活动安全、顺畅地进行。

5. 多样性

乐龄个体身体、性格及兴趣爱好的广泛性，决定了乐龄人群社交活动项目的多元性，因此乐龄人群社交活动也必须是广泛的、多样化的。

6. 层次性

社会的不断发展进步与活动参与者的物质生活水平和文化素养，决定了乐龄人群社交活动也应是有层次性的，活动策划和组织要有针对性，符合参与者的不同需求。

（三）影响乐龄人群参与乐龄社交活动的因素

1.认知的影响

乐龄人群对社交活动的认识和看法，在很大程度上决定了其是否愿意参与活动，所以认知是影响乐龄人群参与社交活动的重要因素。

2.机体老化和疾病的影响

一些乐龄人群也非常希望能参加社交活动，但受制于自己的身体条件，往往无法自由、自主地选择参与活动。

3.家庭和社区的支持程度

家庭和社区是乐龄人群的重要支持网络[①]，因此，家庭成员是否支持、社区居民关系是否和谐、社区有没有相应条件等，都是影响乐龄人群能否积极参与社交活动的重要因素。

（四）乐龄社交活动的原则

1.选择合适的活动类型和场地

为了顺利、安全地组织乐龄人群参加社交活动，需要选择合适的活动类型和适合乐龄人群参与的活动场地。

2.循序渐进

乐龄人群参加社交活动，尤其是运动类型的，运动量必须由小到大，逐步缓慢增加，运动方式由易到难、从简单到复杂，千万不能急于求成，否则容易导致乐龄人群身体受伤或发生其他意外。

3.持之以恒

乐龄人群走出家庭、融入社会，是一个渐进、持续的过程，因此需要其主动参与并长期坚持。

4.加强自我监护

乐龄人群在参加社交活动的过程中要注意自我保护，必要时带好护具或找人陪同参加，出现身体疲倦感时应及时适当休息。

---

① 全国社会工作者职业水平考试教材编写组.社会工作实务（中级）[M].北京：中国社会出版社，2015.

二、乐龄社交活动的作用

人口老龄化是社会发展的趋势，积极应对老龄化是人类文明进步的重要体现，也是我国今后较长一个时期的基本国情。党的十九届五中全会已把积极应对人口老龄化确定为国家战略。习近平总书记对老龄工作作出重要指示，明确了新时代老龄工作的发展目标、工作理念、工作任务和工作方法，具有很强的思想性、针对性和指导性，为做好新时代老龄工作指明了前进方向，提供了根本遵循。

习近平指出，"各级党委和政府要高度重视并切实做好老龄工作，贯彻落实积极应对人口老龄化国家战略，把积极老龄观、健康老龄化理念融入经济社会发展全过程，加大制度创新、政策供给、财政投入力度，健全完善老龄工作体系，强化基层力量配备，加快健全社会保障体系、养老服务体系和健康支撑体系"。"要大力弘扬孝亲敬老传统美德，落实好老年优待政策，维护好老年人合法权益，发挥好老年人积极作用，让老年人共享改革发展成果、安享幸福晚年"。①

据英国《泰晤士报》2019 年 8 月 3 日报道，科学家在一项研究中发现，积极参加乐龄社交活动，有利于老人保持愉快的心情，锻炼思维能力，防止出现认知障碍。同时也可以扩大乐龄人群的社交圈，开阔眼界，与时代同频，预防认知功能退化。越来越多的证据也显示，交友和社交活动可以推迟阿尔茨海默病的发生。

（一）促进身体健康

人到老年，身体机能自然衰退，生理功能和形态出现退行性变化，自我调控能力的稳定性降低，如免疫力下降、肺活量下降、血压升高、动脉硬化、消化功能和分泌功能减弱等，容易导致高血压、糖尿病、冠心病、心脑血管疾病、关节炎等疾病。从医学上来说，适当的身体活动可以提高机体新陈代谢的能力，使机体器官功能和肌力增强，能延缓身体各器官的衰老。适度的体力活动，可加大肺活量，促使心肌加强收缩，增加血液供应，促进血液循环，同时改善神经系统功能，消除体力活动所造成的轻度疲劳，并且能缓解神经紧张，促进睡眠。适度的体力劳动，能增强肠胃道的分泌和动力，增进消化，促进食欲。长期坚持适当体力活动的人，比久坐不动的人心脏肌肉发达、心脑血管功能健全，肥胖、高血压、心脑血管疾病等发病率也较低，因此，适当的体力活动是预防疾病、延年益寿的重要条件。在参与脑力活动的过程中，乐龄人群通过不断阅读、反复思考和想象等思维活动，能够使大

---

① 贯彻落实积极应对人口老龄化国家战略 让老年人共享改革发展成果安享幸福晚年 [N]. 人民日报，2021-10-14（01）.

脑得到锻炼，思维能力加强，脑细胞衰老延缓。可见，乐龄人群适当参与社交活动，对于预防疾病、增强体质、促进身体健康等，都有非常重要的作用。

（二）促进积极情绪生成

乐龄人群容易出现一些心理问题，常见的有失落感、忧郁感、被遗弃感、孤独、烦躁、易怒、固执、保守、刻板，自我封闭意识增强，甚至会产生性格变异。如果遇到不良环境和刺激因素，易诱发多种疾病，且患病后难以恢复。人的情绪对身体健康有着非常大的影响，乐龄人群在社交活动中与人接触、增进交流、增加社会交往，能够使其心情轻松愉快，可以很好地调节呼吸、促进新陈代谢，使情绪处于正常稳定的状态。如此形成一种良性循环，对乐龄人群身体、心理健康都有着非常积极的作用。

（三）提高思维能力

随着年龄的增长，乐龄人群的记忆力会逐渐减退，大脑思维能力也会下降，甚至可能会在认知能力方面有不同程度的损伤，给乐龄人群的日常生活带来很大的困扰。参与社交活动，定期参与脑力游戏，反复进行想象、思考、记忆，能训练乐龄人群集中注意力、强化记忆储存能力并保持敏捷的思维。阅读、写作、手工等活动，对感知能力、想象能力、直觉思维能力、逻辑思维能力及表达能力等，都有不同程度的锻炼，能延缓脑细胞的衰老过程。此外，乐龄人群参加适当的运动，还可以增强大脑功能，改善血液循环，保证充足供血，预防抑郁情绪和其他脑部疾病。

（四）促进自我实现

乐龄人群的自我意识，主要体现在如何看待自己和人生，如何正确对待即将走完的人生历程。在社会上，难免会有一些人不尊重甚至歧视乐龄人群，对乐龄人群的自我认知产生很大的消极影响。乐龄社交活动的开展，可以让乐龄人群增加与当今时代、新老朋友接触和互动的机会，帮助乐龄人群融入社会。成功的活动，能帮助乐龄人群获得社会支持，激发乐龄人群对新事物的兴趣，发挥自己的专长，重拾过去的兴趣，实现曾经未了的心愿，将过去的兴趣转化为现实行动，减轻无力感和自卑感；成功的活动，应鼓励乐龄人群自我决定，增强乐龄人群自我解决问题的能力，从而促进乐龄人群完成角色再创造，让乐龄人群实现新的自我价值。

（五）建立社会支持网络

社会支持包括经济支持、日常生活支持和情感支持 3 种类型[①]。乐龄社会支持

---

① 唐东霞 . 老年活动策划与组织 [M]. 2 版 . 南京：南京大学出版社，2019.

乐龄活动案例分析

网络是指乐龄人群从社会和他人处获得的各种支持。一般情况下，社会支持网络越密集的人，对挫折失败、紧急情况的处理能力就越强。乐龄人群在退出主流社会后如何进行社会交往，形成一定的社会网络，以调整其思想和行为，保持良好的精神状态，保持自我价值感，同时为社会和家庭发挥余热，是整个社会都需要关注的问题。

对乐龄人群来说，社会支持既来自政府、养老机构、社区、医院等正式的支持网络的介入和参与，也来自伴侣、家庭成员、同质人群、社区居民、朋友圈等非正式支持网络的帮助。乐龄社交活动的开展，可增加乐龄人群与周围社会环境的互动，鼓励乐龄人群与他人、群体、社会建立联结，从而形成家庭支持外的新的社会支持网络，为乐龄人群解决问题、克服冲突开辟新的路径。建设老龄社会，不能只停留在口号上，而要努力为乐龄人群参与社会活动创造条件，为其建立更好的社会支持网络。

三、乐龄社交活动的类型

基于不同的标准，乐龄社交活动有不同的分类方式。

（一）根据活动适合的乐龄群体分类

1. 高龄老人的社交活动

这类活动主要针对 80 岁以上、失能失智的老人开展。活动内容比较简单，主要有活动量比较少的游戏、言语性的交谈、康复性活动及看电视等娱乐活动。例如社区中秋乐龄人群座谈会、社区观影等。

2. 中龄老人活动

这类活动主要针对 70 ～ 80 岁、活动能力尚可、无肢体功能障碍的老人开展。[1]这类活动的活动量比高龄老人的活动量稍大，活动范围也更广，大多为户外或室内安全性高的综合性活动，也可以是爬山、旅游等活动。例如郊外一日游活动。

3. 低龄老人活动

这类活动主要针对 70 岁以下的乐龄人群开展，这类老人的体力、精力仍然很充沛，除了一些需要强体力的活动外，一般的社交活动都可以参加。例如健身锻炼活动、休闲娱乐活动、竞技活动等。

---

① 袁慧玲. 老年人活动策划和组织 [M]. 北京：海洋出版社，2015.

4.病患老人活动

这类活动是为了最大限度地降低老人的并发症，提高其生活自理能力，改善其生活质量。有一部分老人受疾病折磨，身体某些生理机能丧失，如脑血管疾病造成的瘫痪或者半身瘫痪。针对这些乐龄人群，开展活动时可以结合他们的身体状况，尽量通过社交活动维持其现存的生理机能，并争取恢复一些失去的功能，同时在社交活动中努力让其获得支持，以保持良好的情绪和心态。例如社区康复中心组织的互助交流活动。

（二）根据活动性质分类

1.学习型活动

这类活动主要是指乐龄人群有组织地进行学习交流，活动的目的是收获各项技能或者知识。例如上老年大学和各种类型的乐龄人群培训班。

2.社会工作型活动

这类活动主要是让乐龄人群参加社会性的活动和义务的志愿活动，以提高自身的社会价值感和自我成就感。例如参加义务植树、帮助打扫公共卫生、加入工会活动和学术团体活动等。

3.传媒体育型活动

这类活动是指根据乐龄人群的身体健康状况、兴趣爱好等选择自己感兴趣或者适合自己的活动参加。例如欣赏音乐会、观看文艺演出、参加体育健身活动、散步、跳舞等。

4.娱乐型活动

这类活动大多数是非正式的，以乐龄人群之间的口头邀约或者习惯来达成，常见于社区活动中心、小区等乐龄人群活动场所。例如下棋、打扑克等。

（三）根据活动功能分类

1.治疗型活动

这类活动大多以小组活动形式出现，通过工作人员组织的一系列活动，对参与者在认知和行为上存在的问题进行矫正、治疗。小组的焦点是用小组解决问题的力量，帮助乐龄人群改变不良的行为习惯，促进乐龄人群更加积极地参与社会交往、融入社会。例如病后乐龄人群互助小组活动。

2. 发展型活动

这类活动主要是指乐龄人群通过参加活动习得一定的解决问题的能力，实现自身的发展，从而更好地适应社会生活。例如社区乐龄人群电脑操作培训活动。

3. 支持型活动

支持型活动主要以小组活动形式出现，专门用来帮助乐龄人群应对年迈带来的各种消极的生活转变，比如丧偶、患病、家庭关系不和谐或者社会交往减少等。在支持型小组中，成员互相分享自己的生活并通过小组来获得支持取得治疗效果。例如缺少社会交往的乐龄人群互助小组活动。

（四）根据活动内容分类

根据活动内容，乐龄社交活动可以分为艺术、文娱、旅游等活动。例如养老机构经常开展的生日庆祝会、重阳登高活动、老人集体金婚仪式、年终大型联欢歌舞会等大型主题乐龄人群活动。

（五）根据活动组织主体分类

1. 专业性活动

专业性活动主要以社会工作者、康复治疗师、心理咨询师等专业人员为带领者，运用专业方法和专业技能，开展团体治疗性和发展性的活动，从而达到治疗、促进社会交往、社会支持、娱乐等方面的作用。例如医院康复中心的瘫痪辅助治疗小组活动。

2. 群众性活动

群众性活动不要求活动组织者有专业知识背景，可以是任何一个乐龄人群、社团、机构、单位。活动人员本着共同的兴趣爱好和目标，不强调活动过程中的专业技巧、活动的组织策划和参与，主要是体现娱乐性，实现自我满足和社会交流。例如社区的下棋、健身活动。

（六）根据活动形式分类

1. 学习类活动

这类活动主要是让乐龄人群通过活动习得某种知识、能力或者技术，包括健身活动、文艺活动、健康知识活动。例如社区"健康每一天"的乐龄人群健康知识讲座、重阳节"夕阳红"文艺演出等。

2. 竞技类活动

这类活动主要是双方或者多方参与竞争，最后得出胜负。在这个过程中，参与者能够体会竞争带来的紧张感，如果获胜还能体会胜利的喜悦和成就感。例如象棋、围棋比赛，养生知识竞赛，社区乐龄人群健步走比赛等。

3. 观赏类活动

这类活动只需要乐龄人群参加活动，在观看过程中，参与者会表现出赞赏、激动、惊叹等各种情绪，从而使心理压力得到释放。这类活动分为现场类观赏活动和非现场类观赏活动，例如秋天上山参加红叶节观赏大会、观赏精彩电影等。

4. 展示类活动

这类活动可以展示乐龄人群感兴趣的物品，也可以将乐龄人群自己的作品进行展示，参与者的积极性和参与度通常较高。例如举行便于乐龄人群居家生活的智能家电展示活动、乐龄活动中心的书法展和绘画展等。

5. 茶话会活动

这类活动能够使乐龄人群更好地进行互动，增加相互之间的沟通交流，让乐龄人群能够彼此分享心情、交流经验、加深感情。例如社区文化广场建设征求意见茶话会、社区乐龄服务中心一年工作总结茶话会、乐龄养生之道经验交流茶话会等。

6. 外出类活动

这类活动需要注意选择适合的目的地及外出方式，仔细考虑时间、地点、行程、交通四大要素；要合理规划时间，尽量避开高峰期，保证路途顺利；要准备可能用到的药品。乐龄人群外出类活动分为短途和长途活动，例如郊区湖边一日活动、外出旅行三日活动等。

第二节　乐龄社交活动的理论基础

人从出生起就与他人开始进行社会交往活动，并持续终身，社会交往对于人的生存至关重要。然而，随着年龄的增长，人的身体素质和一些身体机能开始走下坡路，尤其在某些认知能力方面，如学习新技能和记忆事物的能力等趋于减退，个体与他人的社会互动日益减少，社会地位、收入水平、广泛多样的友谊网络和社交活动等，也随着年龄的增长表现出与年龄相关的减损或萎缩。然而，乐龄人群在情绪、心理健康状态，包括心情、幸福感和处理压力等方面，并不像认知能力那样呈现出减弱的趋势，而是依旧维持稳定，甚至有所上升。

国外研究者分别从乐龄人群个体适应社会、适应老年期的视角提出的撤退理论、角色理论和活动理论，以及从乐龄人群参与社会活动的动机和目的的视角提出的需求层次理论、社会情感选择理论、社会交换理论和老年亚文化论等，来解释乐龄人群与社会的互动。

一、适应视角的理论框架

（一）撤退理论

以前的研究，至少教科书上的知识，对乐龄人群的预期是极其消极的，精神疾病随着年龄的增长而增长，大多数乐龄人群被认为至少会表现出轻度的精神障碍。卡尔·古斯塔夫·荣格认为，随着年龄的增长，情绪会逐渐从内源产生，并逐渐与外部世界分离，非常老的人会再次陷入无意识。老年人被充分地描述为会逐渐丧失意识的人。

与老年退化相关的早期的一种消极理论是由美国社会学家伊兰妮·卡明和威廉·亨利于1961年提出的撤退理论（disengagement theory）。该理论认为，随着年龄的增长，人们意识到自己越来越接近死亡了，于是会逐渐摆脱那种要求他们具有生产能力和竞争能力的社会期望，扮演比较次要的社会角色，自愿地从社会关系中撤出。该理论暗示，从社会关系中撤退，会使老人们过一种平静而令人满意的晚年生活，也能使社会权利井然有序地实现交接，这对社会和乐龄人群来讲都具有积极的意义。撤退理论认为，老年是从中年时的社会角色、人际关系及价值体系撤离，在社会性水平上表现为更少地参与社交活动，以及对他人生活的参与和投入均变少的阶段。该理论强调乐龄人群随着社会角色的抽离、社会关系的削弱，会逐渐陷入孤独与抑郁。

撤退理论越来越不被大众所认同与接受，因为实践证明，越来越多的老年人都在积极参与社会生活，身心也非常健康。这种老年期的社会活力与当下倡导的积极老龄化的内涵是一致的。积极老龄化强调乐龄人群是被忽视的宝贵社会资源，他们健康地参与社会、经济、文化与公共事务，依然是社会财富的创造者和社会发展的积极贡献者。

撤退理论解释的是一种个别化的对衰老的理解，不是一种普遍被接受的行为模式，它没能够解释社会参与过程中乐龄人群多样性的社会角色。乐龄人群社会参与是指维持社会关系和参与社会活动[①]，或者是在正式或非正式场合中与除配偶以外的人的互动[②]。从活动的角度看，社会参与是指个人和他人一起参加的活动，即社交活动。乐龄社交活动是指乐龄人群为了维持社会人群中因交往而构成的相互依存和相互联系的社会关系而举行的各种集体性活动，是以乐龄人群生活为内容形成的社交活动体系。乐龄人群的社交活动能体现乐龄人群的价值和意义，属于乐龄人群社会参与的活动范畴。

（二）角色理论

角色理论（role theory）是社会老年学家解释个体如何适应衰老的最早尝试之一[③]。角色理论认为，角色是个人与社会相互衔接的一种形式，社会通过角色赋予个人相应的权利、义务、责任和社会期望，个人通过角色获取相应的社会地位和生活回报。角色理论关注乐龄人群角色变化的出发点，即其在角色变化与调适过程中所遇到的问题，解释了乐龄人群参与社会活动的目的。

角色理论认为，工作是人一生中的重要角色，退休代表退出这一角色，也意味着乐龄人群丧失工作带来的社会身份和功能角色，甚至可能致使他们产生被剥夺感、焦虑或者抑郁。按部就班的生活模式也被打破，这种转变使他们一时之间找不到生活的目标和意义。角色理论没有考虑个人独特的心路历程，贬低了人的主观能动性，也有人认为该理论低估了文化、社会地位和能力的重要影响。

现代社会的乐龄人群，要不断面对退休、空巢，或丧偶、朋友离世等所带来的角色变化，如何调适，不仅需要乐龄人群正确认识这种变化的客观必然性，更重要的是要积极应对。积极参与社会生活，寻求新的角色，乐龄人群必须靠自己的力量寻找控制自己生活的方法及维系自己生活的种种联系。因此，适应角色丧失，是乐龄人群面临的一个重大问题。保持一个熟悉的角色，对乐龄人群的健康状况很重要，赋予其独立的社会角色，自然成为老龄工作的着力点。

[①]　Bassuk, S. S., Glass, T. A., Berkman, L. F. Social Disengagement and Incident Cognitive Decline in Community-dwelling Elderly Persons[J]. *Annals of Internal Medicine*. 1999(131):165–173.
[②]　Utz, R. L., Carr, D., Nesse, R., etc. The Effect of Widowhood on Older Adults' Social Participation: An Evaluation of Activity, Disengagement, and Continuity Theories[J]. *The Gerontologist*. 2002(42):522–533.
[③]　转引自王莉莉. 中国老年人社会参与的理论、实证与政策研究综述 [J]. 人口与发展，2011, 17（3）: 35–43.

（三）活动理论

活动理论是 20 世纪 50 年代在西方最为流行的与老年及老龄化现象有关的理论。活动理论与撤退理论恰恰相反，该理论强调社会活动是生活的基础，乐龄人群的健康和社会福利都有赖于其继续参加社会活动。

我们每个人都在与人的互动中找到生活的意义，正是通过社会互动我们才懂得在社会中什么行为是适当的或不适当的，才知道做事的动机，树立自我形象。我们的世界观、对自己在世界上地位的看法，都是通过社会互动和社会活动得到的，要顺利度过老年阶段，就必须保持足够的社会活动。如果一个人能够参加社会活动，树立积极的自我形象，身心都会更健康。乐龄人群退休后适应新的社会角色及其社会发展都有赖于乐龄人群自己的活动程度，活动水平高的乐龄人群比活动水平低的乐龄人群，对生活的满意度更高，也更能够适应社会。乐龄人群应该尽可能长久地保持中年人的生活方式以淡化老年的到来，用新的角色来取代因丧偶或退休而失去的角色，从而把自身与社会的距离尽可能缩小。

活动理论是乐龄人群适应社会、适应老年期的个体行为选择模式，它提出了个体在老年时如何更好地、积极地适应社会，但它忽视了个性在乐龄人群社交活动过程中的作用。因此，又有学者提出了连续性理论（continuity theory）。该理论更加关注个性在乐龄人群社会参与中的作用，认为老年期的生活方式在很大程度上会受到中年期生活方式的影响，中年期开朗活跃者，老年期也会积极投入社会活动；中年期沉稳内向者，老年期一般也不会热衷于参与社会活动。

二、动机视角的理论框架

（一）需求层次理论

需求层次理论是由美国心理学家亚伯拉罕·马斯洛（以下简称马斯洛）1943 年在《人类动机理论》中提出的，可以用于解释乐龄人群社交活动的目的与动机[①]。马斯洛将人类需求比喻为阶梯，认为从低到高，人有生理、安全、爱与归属（社交）、尊重及自我实现等 5 个层次的需求。这些需求的满足对生活质量的影响是按照一定的顺序来实现的，当低层次的需求得到满足时，个体的基本生活质量得到保障。随后个体会寻求更高层次需求的满足，逐步提升生活质量。反之，当需求无法得到满

---

① 罗宾斯.组织行为学 [M].10 版.孙建敏，李原，译.北京：中国人民大学出版社，2005.

足时，个体的生活质量就会下降。

生理需求是人类最基本的生存需求，即能够维持人生存下来的需求。对乐龄人群而言，拥有健康的身体是乐龄人群从事一切活动的基础。人类由低层次需求转向高层次需求的前提是必须充分满足其生理需求。安全需求是当人们的生理需求得到了一定程度的满足之后，寻求的对人身安全、健康保障、工作保障、家庭安全等方面的需求。社交需求包括对亲情、友情、爱情及隶属关系等方面的需求，在生理需求和安全需求得到充分满足的情况下，则会产生社交需求，社交需要对人们会产生激励的作用。人是一切社会关系的总和，社会性是人在社会中生存发展的根基。尊重需求既包括个人对自我价值和自我成就的满意程度，也包括社会对个人的尊重与认可。每个人都渴望被他人尊重和认可，乐龄人群也是如此。自我实现需求是指实现自我价值或者充分发挥自身潜能和才能的心理需要，也是创造力和自我价值得到体现的需要。达到自我实现需求目标的人，既能接受自己的价值，也能接受他人对社会所做的贡献，同时，他们也要求自身解决问题能力强并具有自觉性。

随着年龄的增长，个体相继离退休，离开原来的工作岗位、工作群体，家庭成了他们的主要活动场所，也成为他们的精神寄托。乐龄人群在家中的大部分时间无所事事，子女也都成家立业，不在身边，因此乐龄人群很容易产生失落感和孤独感。他们希望能从家庭和社会获得更多精神上的关怀，有参与社会活动、融入各种团体的需求，以满足其爱与归属的需要。对于乐龄人群来说，社会性具有非常重要的地位，而由社交带来的愉悦对其晚年生活具有不可替代的作用。他们都期望自己仍是一个有尊严的个体，能拥有自己的生活和自主能力，不希望自己被当作完全的依赖者、失能者，即使当其认识到自身会受到生理等因素的限制而在行动上有所局限时，也宁愿相信自己仍然可以为家庭或社会做出贡献，可以找到自身存在的价值及生命的意义。为使自己的价值在生活中得到充分的体现，乐龄人群还有一定程度自我实现的需要，他们希望自身仍具有与社会相关的适应能力，并且希望这种正向能量对晚年生活起到调节作用。

对于乐龄人群而言，归属、社交或情感的需要，是乐龄人群参与社会活动的主导需要，也是自我实现需要的前提和基础。退休使乐龄人群从工作的压力中解放出来，拥有了更多的闲暇时光，获得了更多的独立与自由，从而有时间积极参与社交活动。这些活动能够让乐龄人群拓展新的社会角色，重新发现生活的意义，实现个人价值认同，还可以帮助乐龄人群维持其自我掌控感、价值感和成就感，维护其自尊与自信。社交活动有利于帮助乐龄人群维持积极向上的心理状态，而积极心态，如对生活意义的感知、自信，都能给人们带来幸福感，其最终目的就是实现自我价值，满足人的最高层次的需求。

（二）社会情感选择理论

社会情感选择理论（socioemotional selectivity theory）是由斯坦福大学心理学家劳拉·卡斯滕森从毕生发展动机角度提出的[①]，解释个体老化的同时社会互动减少的原因。

随着年龄的增长，个体愈发感觉到时间有限，不同目标的优先性会发生变化。个体一生都由各种社会目标指导，如寻求新奇事物、感情需要、扩展个人视野等。不同社会目标的相对优先性随着个体对时间感知的变化而变化，从而形成两条截然不同的发展曲线。就知识获得目标曲线而言，在人生的早期（从婴幼儿开始）呈上升趋势，并于青少年期到达顶端；随着老年期的到来，整条曲线开始呈下降趋势。而情感管理目标曲线则从婴儿期至儿童早期处于较高水平，而从儿童中期至成年早期逐步下降，至成年后期开始上升，于老年期达到最高水平。乐龄人群社会互动的一个重要功能就是帮助调节情绪和情感。随着年龄的增长，乐龄人群对未来时间的知觉降低，当人们感到时间非常有限时，情绪动机逐渐取代知识获取动机并占据主导地位，表现为通过与他人交往来实现情绪状态的优化，包括寻找生活意义的欲望、获得亲密的情感、追求生命的真谛，以及体验情感上的满足等，从而回避消极情绪状态，趋向积极情绪状态。

乐龄人群更倾向于与情绪上有意义的社会同伴一起度过时光。这种动机的转变带来在重要社会关系质量上更多的投入及对生活理解的提升，这种积极效应能够有效地提升乐龄人群的生活满意度和主观幸福感。在老年期，个体的社交网络会缩小，情感亲密的伙伴会继续维持而次要的社会伙伴会慢慢地被排除在外。乐龄人群的社交网络变小的主要原因不是死亡率，而是随着需要的变化他们调整了社会关系网。随着年龄的变化，个体缩小社会关系网络、优先选择亲密社会同伴，这对其自身的健康和主观幸福感是有益的。之所以优先选择熟悉的社会伙伴，是因为他们能够提供可信赖的情感回报。随着年龄增长，乐龄人群与社交网络中的成员交往频次减少，但是他们对当前的社交网络模式感到更加满意。

---

① Carstensen, L. L., Isaacowitz, D. M., Charles, S. T. Taking Time Seriously: A Theory of Socioemotional Selectivity[J]. *American Psychologist*, 1999(54):165–181.

社会情感选择理论对乐龄人群社交活动的开展有积极的指导意义。随着年龄的增长，乐龄人群的社会互动更讲究价值回报，这种价值主要体现在情绪和情感上。一方面要避免在乐龄人群社会交往活动过程中由社会组织或机构所进行的强制性安排；另一方面要大力发展多元化和多样性的乐龄人群的社交活动，为乐龄人群提供更多的、能够产生积极情绪体验的选择。

（三）社会交换理论

社会交换理论是由美国社会学家理查德·爱默森和彼得·布劳提出的，解释了乐龄人群参与社会活动的内在动机。[①] 该理论认为每一个人都有不同于他人的自我需求和资源资本，社会互动就是通过资源交换以满足自我需求的行为。在交换过程中双方都考虑各自的利益，企图以最小的成本换取最大的回报，因此双方会在某些利益上选择相互作用，当互动双方达不到自我目的时候，社会互动就会趋向停止。

詹姆斯·唐德首次将社会交换理论用于乐龄人群，认为应该从社会交换理论，即权利和资源不平等的角度去理解乐龄人群所处的地位。乐龄人群社会地位下降的根本原因在于乐龄人群缺少可供交换的权利资源和价值。因此，保持乐龄人群现有的资源资本，是提高其地位的根本保证。该理论认为，积极参与社会活动可以帮助乐龄人群提高其价值资本，以保持其在社会交换中的优势地位。社会交换理论进一步提出，发展与乐龄人群有关的政策和社会服务的原则，应当力求最大限度地增加乐龄人群的权利和资源，以保持乐龄人群在社会互动中的互惠性、活动性和独立性。

社会交换理论对我国的老龄化事业提供了一种发展指导。一方面，社会要为乐龄人群实现社会参与创造条件，并充分调动乐龄人群社会参与的自觉性和积极性，帮助乐龄人群拥有可供交换的资源，以提高他们的社会地位；另一方面，乐龄人群对社会所做的贡献应该得到承认和尊重，乐龄人群参与社会的具有公益性质的活动，应该得到弘扬和承认。

（四）老年亚文化论

老年亚文化论是由美国学者阿诺德·罗斯提出的，解释了乐龄人群参与社会活动的态度和行为，回答了乐龄人群参与社会活动的心理需求问题。[②] 乐龄人群身体衰弱、行动不便、反应迟钝等身体机能的退行性变化，都会妨碍其与年轻人的交往。

---

① 杨帆，曹艳春．基于社会交换理论的我国时间银行养老服务模式影响因素分析［J］．东北大学学报（社会科学版），2019，21（4）：381–387.
② 庞树奇，范明林．普通社会学理论［M］．上海：上海大学出版社，2000.

老人们比较怀旧，亲友之间的情谊较深，保留旧规范的行为也比较多，年轻人对乐龄人群有些歧视甚至反感，不愿意与老人一起活动或深入交往，反而促进了乐龄人群之间的互动。乐龄人群退休之后的社会地位及人际关系都急剧萎缩，其社会化的目标主要是与同辈老人来往或结识新朋友以维持其地位及关系。

该理论认为，只要同一领域成员之间的交往超出和其他领域成员的交往，就会形成一个亚文化群。乐龄人群参与同龄群体的活动及其对亚文化的体验，可以帮助他们顺利地向老年阶段过渡。乐龄人群只有在同群体中才能减少压力、获得快乐。该理论揭示了老年群体的共同特征，并认为老年亚文化群是乐龄人群重新融入社会的最好方式。

以上观点从不同角度提供了对乐龄人群参与社会活动的理论支撑。这些理论推动和促进了对乐龄人群社交活动的研究，但其着眼点大都集中在乐龄人群个体如何主动地通过参加社会活动来更好地适应社会上，是一种微观个体迎合宏观社会的范式。随着社会的发展和人们对老龄社会认识的深入，相关的理论更加注重乐龄人群与社会之间的相互影响和相互关系，究竟应该是乐龄人群自己去适应社会，还是社会要创造更好的环境帮助乐龄人群通过积极参与去适应社会，这是目前应该解决的主要问题。如象征性相互作用理论认为，环境、个体，以及个体与环境结合等因素的相互作用在老龄化过程中具有重要意义，制定适宜的政策并鼓励乐龄人群积极参与，是减弱老龄化消极影响的具体措施。社会重建理论则认为，社会环境的改变，能有效地促使乐龄人群境况的改善，可以改变乐龄人群生存的客观环境，帮助乐龄人群重建自信心。世界卫生组织在 1999 年提出"积极老龄化"口号之后，国际社会也开始将健康、保障和参与作为乐龄人群的权利，应对人口老龄化的战略从"需求论"转向了"权利论"，认为政府和社会应该为保障乐龄人群的健康、保障与参与权利制定相应的政策，提供充分的支持。因此，从理论基础上来讲，积极的社会参与不仅是乐龄人群个体更好地适应社会、适应老年期生活的选择，也是一个国家社会在应对人口老龄化过程中所必须面对和解决的议题[①]。

---

① 王莉莉. 中国老年人社会参与的理论、实证与政策研究综述 [J]. 人口与发展，2011, 17 (3): 35-43.

第三节　乐龄社交活动策划与组织

一、乐龄社交活动策划的目标

策划是指为了达到某种特定的目标，在调查、分析相关材料的基础上，遵循一定的程序，借助一定的科学方法，对未来某项工作进行系统、全面地构思，制订合理可行方案的一种创造性的社会活动过程。它以问题的沟通为起点，以解决问题的实施方案为终点。乐龄社交活动策划可以看成是对乐龄人群社交行为的一种预先筹划，是对乐龄人群活动过程和资源等进行精心设计和安排的过程，包括对乐龄人群活动目标的设定、内容的分析、活动过程的安排和调整、活动评估等。

乐龄人群社交活动的目标，是指通过乐龄人群社交活动所要达到的预期目的。乐龄人群社交活动的目标作为社交活动的第一要素，规定了乐龄人群社交活动的方向，指导和支配着整个社交活动过程，也是乐龄人群社交活动评价的重要依据。

由于策划者对乐龄人群的社会适应、社会需求及乐龄人群社交活动的理解不同，在策划乐龄社交活动中会体现出不同的价值观，从而表现出不同的目标取向。总体来说，乐龄社交活动策划的目标主要有3个方面：行为目标、生成性目标和表现性目标。

（一）行为目标

行为目标是将乐龄人群可观察和可测量的行为加以陈述而作为目标。比如，在"我很棒"的交流活动中，把活动目标设计为"乐龄人群说出自己最得意的3件事"，这就具体表明了乐龄人群在活动中将要做什么和期望得到什么样的结果。这样的目标表述，比把活动目标设计为"让乐龄人群感受过去的成功"更有利于实施。

（二）生成性目标

生成性目标是在社交活动过程中生成的目标，强调乐龄人群参与活动的过程，是参与者和组织者与活动情境交互作用过程中所产生的目标。比如提出"满足乐龄人群的好胜心，保持思维的主动性""让乐龄人群接受他人帮助，与人合作"等都是生成性目标的体现。与具体明确的行为目标相比，生成性目标具有一定的模糊性和不确定性，这也对策划者的专业素质和能力提出了较高的要求。

（三）表现性目标

表现性目标强调个性化，倾向于激发乐龄人群的积极性。表现性目标并不预先规定乐龄人群的行为变化，而是注重每一位乐龄人群在与环境的交互作用中具有的个性化表现，这对于乐龄人群个性的充分展示很有帮助。比如在"包饺子"活动中，从表现性目标角度出发，策划者关注的就不是"掌握包饺子的过程"，而是"讨论关于包饺子的趣事"或者"表达对包饺子的偏好"等。因而表现性目标在一些观赏活动、文学活动及智力活动中体现得比较多，它也对策划者的专业素质和能力要求比较高。

总之，在社交活动策划中，将行为目标取向、生成性目标取向、表现性目标取向相结合，体现了乐龄人群对主体价值和个性保持的追求。策划者应全面、辩证地看待行为目标、生成性目标和表现性目标三者之间的关系，根据乐龄人群的身心特点和社会发展的需要，科学合理地设计乐龄人群社交活动的目标，从而促使乐龄人群积极参与社交活动，促进乐龄人群整体和谐地适应老年生活的变化。

二、乐龄社交活动策划的流程

乐龄社交活动策划是一项系统性工作，是遵循乐龄人群的活动规律、按照一定的科学合理的流程进行的策划。乐龄社交活动策划的流程是指在策划过程中需要遵循的相对规范的过程和步骤。

（一）乐龄社交活动策划流程的基本思路

乐龄社交活动策划流程的基本思路包括 5 个 "W"，分别代表了 5 个相关问题，涵盖了乐龄人群社交活动策划流程中的概念和主体内容形成的各个环节。[①]

"为什么"（why）：代表为什么举办这次活动，不是简单地说明原因，而是需要说明活动的目的、意义、宗旨和主要方向。

"谁"（who）：代表谁是本次活动的利益相关者，需要说明活动参与者、组织者、发起者、承办者等相关群体。

"何时"（when）：代表什么时候举行，需要说明活动的季节气候、具体时间，应考虑季节性因素、节假日因素、时间协调和交通等情况。

"何地"（where）：代表在哪里举行，需要说明活动所处的地区，如是郊区还

---

① 张沙骆，刘隽铭. 老年人活动策划与组织 [M]. 北京：北京师范大学出版社，2015.

是市区，是海边还是山区，是大城市还是小城镇，了解各个举办地的优缺点。

"何事"（what）：代表活动的主要内容是什么，需要说明主题活动分为哪几个部分，每个部分的关键环节是什么，每个部分的亮点在哪里。

（二）乐龄社交活动策划的基本流程

乐龄社交活动策划的流程大致可以分为以下 6 个步骤。

1. 明确活动策划相关问题

在活动策划前，策划者需要与委托方及其上级领导进行沟通交流，明确活动策划的目标、意义、宗旨和方向，条理清晰地列出活动策划的范围、内容及活动过程中的重要环节和注意事项。明确活动策划中需要解决的各项问题，找出每个问题的本质和活动要解决的最核心问题，再把这些问题简单化、明确化、具体化，将问题进一步细化后，再从细节一一着手解决。

2. 调查和分析

乐龄社交活动策划必须充分考虑乐龄人群的需求和偏好，寻找具有新颖性、独特性、适合乐龄人群的活动主题。同时要了解活动中各利益相关者（如举办方、社区、赞助者、合作者、参与者和观光者等）参与的动机和目的。因此，在明确活动策划相关问题后，需要进行相应的调查和分析。一方面，要对活动参与者乐龄人群进行调查，通过调查结果分析他们的需求和偏好，从而策划让乐龄人群感兴趣的活动；另一方面，要对活动各利益相关者进行调查分析，了解其目的，让活动能符合各方期望从而顺利进行。例如举办一场"夕阳红"文艺演出，在活动策划阶段，需要了解乐龄人群想看哪些类型的节目、在什么时间举行比较合适等；还要了解主办方为什么要举办此次演出，为了达到什么目的，赞助商希望通过此次赞助实现什么目标等。通过调查分析，了解掌握各方需求，才能够很好地进行下一步策划活动。

3. 活动具体设计

活动具体设计是将活动的设想具体化、现实化，按照实际操作的需要进行细节策划和设计的过程。在这个环节，策划者需要从实际运作角度出发，对活动场地、时间、流程、内容、配套服务等各方面因素进行详尽的考虑。这是非常重要的一环，无论活动设想有多好，没有很好地具体设计并加以实施，就不会呈现很好的结果。因此，活动策划者需要在这个环节进行认真策划和设计，全方位考虑各项活动因素。

4. 策划书写作

策划书是策划方案的成果表现形式，是策划思想的实质性载体。作为乐龄人群社交活动的策划人，需要在策划方案确定之后，制作一份完整详尽的策划书，并将其提供给活动组织者及其相关部门。

5. 活动审查及审批

《中华人民共和国行政许可法》第二十九条规定：公民、法人或者其他组织从事特定活动，依法需要取得行政许可的，应当向行政机关提出申请，待取得相关部门批准后方可实施。其中的特定活动主要指：直接涉及国家安全、公共安全、经济宏观调控、生态环境保护及直接关系人身健康、生命财产安全等的特定活动。因此，在具体实施活动之前，一些活动还需要得到相关管理部门审核、备案和批准，对于这类活动，要事先办好相应的手续，以免影响活动的顺利开展。

6. 活动评估

乐龄社交活动的实施并非整个活动的全部过程，活动策划需要策划者以一个不断循环、提升的态度来对待每一个策划方案。所以，活动结束之后，策划者及活动组织方都需要对此活动的策划及实施进行评估和反思，从而不断提升策划者的能力和水平。评估和反思的过程就是对整个活动进行回顾的过程，从中吸取好的经验、改正不足之处，从而获得进步与提升。

三、乐龄社交活动的组织和管理

（一）乐龄社交活动的时间管理

1. 活动时间策划

活动时间策划是乐龄社交活动中非常重要的工作内容，关系到各项任务的起止时间和整个活动的完成时间，包括 3 个方面的内容：活动开放时间、活动准备时间及活动撤除时间。[①]

（1）活动开放时间

任何一项活动获得成功的一个重要条件是选择一个合适的时间，保证大多数人能够顺利出席。在策划时，策划人员要高度重视活动时的季节和天气因素，比如乐龄人群旅游的目的地是否正处于气候宜人适合游玩的舒适季节？游玩地是否处于风景优美的时节？活动时间内会不会出现大雪大雾等恶劣天气？同时也要关注节假日因素，比如计划的活动时间是否与一些重要的节假日发生冲突？春节前后不适合组织时间长、距离远的活动。同时还要考虑不同时间大家的繁忙程度等因素。

---

① 唐东霞. 老年活动策划与组织 [M]. 2 版. 南京：南京大学出版社，2019.

在最后确定活动日期之前，策划人员应该仔细研究多个因素，看看这些因素是否对此次活动产生影响。比如确定一天中的哪个时间段更合适举行活动，这需要工作人员充分调研，详细了解活动对象的时间安排，选择活动对象时间充裕的时刻，合理安排活动时间。同时因为是乐龄社交活动，要避免活动对象太过疲劳，活动时间不宜过长，原则上每次活动时间在一个半小时内，最多不超过两小时。

（2）活动准备时间

为了确保活动过程中所有事情不出纰漏、有条不紊地进行，工作人员必须有充足的活动准备时间。活动准备时间的长短受活动规模、工作人员的相关经验、资源获取难易程度和管理程序等多个因素控制。在活动准备过程中，要善于借助相关程序资料，如活动流程图，对时间加以调控，否则容易出现活动现场混乱、行事仓促等状况。

（3）活动撤除时间

在现场活动结束后，整个活动并没有完全结束，还有一系列的后续工作需要完成，如打扫场地、归还设备、撰写发布新闻稿、整理账目、对活动进行评估、写出评估报告等。这些工作需要在现场活动结束后立即开展，并在最短时间内完成，这样才能有足够的精力和时间投入下一场活动。

2. 制定活动进度表

活动进度管理的主要内容包括明确具体任务、活动排序、每项活动的合理工期预估、制订完整的进度计划、掌控项目进度等。制定活动时间进度表就是根据活动的组织目标，按照时间线索、各项任务的时间点，合理调度活动组织的各要素，从而保证活动各项任务的顺利进行。

（1）确定活动任务

首先，在活动筹备之初，可以把组织成员分成若干小组，在各小组中先开展头脑风暴，讨论组织这项活动必须进行的各项工作任务，尤其是关键性任务。随后，把各小组讨论的结果进行汇总和对比筛选。有些任务是完成活动必不可少的工作，有些则可能具有一定的隐蔽性，所以要以工作人员的相关经验为基础，将所有活动任务列成一个明确的活动清单，确保不遗漏任何活动环节。活动清单要以文档形式保存，便于项目其他任务过程的使用和管理。最后，在前期工作基础上制订可行的项目时间计划，进行合理的时间规划和管理。如果为了节省时间而把这些必要的前期工作省略掉，后面的工作必然会走很多弯路，会更耽误时间。

（2）活动任务排序

在列出明确的活动清单的基础上，找出任务之间的相互关系和工作顺序。此时，既要考虑组织团队内部希望的顺序和关系，也要考虑内部与外部、外部与外部之间的各种联系，以及为完成整个活动要做的相关工作。排序工作中很重要的一个内容是设立活动里程碑事件——里程碑是活动管理中关键的事件及关键的目标时间，是活动成功的重要因素，因此，在活动任务排序时要确定好里程碑事件。

（3）活动工期估算

活动计划中的另一个重要问题是确定活动工期，规划出每个任务需要占用的时间。活动工期估算是根据活动范围、活动规模、资源状况、团队经验等列出的活动所需工期。估算的工期应该有现实性、有效性并且能够保证质量。所以在估算工期时要充分考虑活动清单、资源需求、成员能力及环境因素等各方面因素对项目工期的影响，对每项活动的工期估算都要充分考虑风险性因素，充分估计各项工作所需的时间，在时间安排上要留有余地。因为在规定时间内提前完成某项工作，不会给活动组织带来太大的负面影响，但是如果不能在规定时间内完成某项工作任务，必然会影响整个活动的顺利进行。在活动工期估算完成后，就可以得到量化的工期估算数据，再将这些数据文档化，同时更新完善活动清单。

（4）安排进度表

活动进度表中包括几个重要因素。一是明确每项任务的开始和结束日期。这是一个需要反复确认的过程，需要根据估算的活动工期、资源状况、活动特征等统一考虑。一是明确每项任务的负责人。进度表需要让工作组的每一位成员都能清楚地知道有多少工作任务需要完成，每一项任务都要有专人负责，注明各项工作由一人单独承担还是多人合作。有些工作相对独立，有些工作则相互关联，对于彼此关联的工作，必须明确其先后顺序，并确保先期工作的组织者了解其工作对后续工作的影响。二是应尽量避免把工作任务交给由多人组成的委员会，否则可能会导致无人负责。三是需要团队合作承担的工作，一定要分清主要和次要责任人，每个人都要知道自己承担的角色及在工作中的任务。同时，要保证关键工作的责任人，不仅要有履行责任的能力，还应拥有相应的权力，否则责任就会变成一句空话。

3.进度控制

进度控制主要是监督进度的执行状况，及时发现和纠正偏差。在进度控制中，要考虑影响进度变化的各项因素、进度变更对其他部分的影响及进度变更时应采取的相应措施。时间进度表确定好后，应当发放给团队的每一位工作人员，并且张贴在醒目位置。设定工作的阶段性指标、控制标准和考核指标，告诉实施人员达到什么标准才算是完成计划。根据确定的指标，及时检查各个阶段的工作进度，及时解决问题，保证该项工作在最后期限之前完成。当所有人都了解工作任务、明确工作起止日期后，要严格按照进度表执行每个时间段的工作安排，检查进度，防止因某个环节工作出错导致多米诺骨牌效应。在活动正式开展前几日，应该组织团队成员参加活动预备会议，到活动现场视察、彩排，以保证每个环节都准确无误。

（二）乐龄社交活动地点管理

1.了解活动地点

（1）掌握活动地点的特征

活动地点往往与季节有密切联系，例如冰雪主题的活动自然要选择在冬季有冰雪的地区，水上活动最好选择在夏季有水上设施的场地。所以在策划时，要根据地点的季节性来选择活动地点，设计不同的活动。

（2）熟知活动场所的容量

在选择活动地点时，工作人员必须根据活动规模及参加活动的人数选择活动的具体场所。因此，在考察活动地点时，询问并了解每一个场地的容量并遵守相关规定，是很重要的一项准备工作。

（3）检查活动的场所设备

为乐龄人群组织的活动，必须从安全性出发，对于无障碍设施和场地等细节要求较高。因此，工作人员选择地点时，要对活动的全过程进行全面规划，确定室内是否有足够的无障碍设施，是否有良好的卫生间设备（包括残疾人卫生间），地面是否防滑，桌椅是否能够移动，空间动线如何设计才能合理避免拥堵，以便于乐龄人群行动。

总之，活动前，要认真检查室内场所的每个地方，查看有无设备破损、有无障碍物阻碍通道，活动场所有无残疾人专用通道、轮椅能否顺利进入，并确保消防出口安全通畅、安全出口标志常亮等。另外还要确定好离活动场所最近的停车场位置、路线，附近街道能否停车、能停放多少车，活动期间大致容量是多少。这些细节都需要工作人员事无巨细地去考虑，并实地考察落实。

2.布置活动场地

活动场地的布置围绕整个活动主题展开。在安排座位时，必须考虑座位的类型是固定的还是移动的，还有乐龄参与者的数量、参与活动的方式、安全因素等。

（1）剧院礼堂式

这种布置最前面是主席台，主席台有若干个座位，观众座位围绕主席台，有正面向座位、左面向座位和右面向座位。这种形式多适用于参与人数多、较为正式的活动类型，如会议、讲座、主题报告等。

（2）教室式

这种布置和学校教室相似，最前面是投影屏幕或黑板，接着是主席台，主席台后面有桌子和椅子，中间留有过道，便于主持人走进乐龄人群中间与大家交流互动，形式比较自由活泼。

（3）宴会式

这种形式相对比较随意，有利于乐龄人群之间的相互沟通和交流，更好地调动参与者的积极性。这种布置的形式多与饮食相结合。

（4）体育馆式

赛事比较多地采取体育馆式布置形式，座位设置在赛场四周，这种布置能提高观众对比赛的参与度和集中度。

（5）T 形台式

即主席台向观众区延伸，三面被观众席所环绕，可拉近表演者与观众的距离，便于参与者欣赏。

（6）U 形或圆桌式

这种形式可以把观众和组织者连在一起，整体氛围更加轻松随意，如茶话会形式。

（三）乐龄社交活动人员管理

1. 乐龄社交活动人员管理的基本原则

（1）科学标准管理与个性化的人际管理相结合的原则

①确定标准。没有标准就不可能具有衡量评估实际绩效的根据。标准可以作为比较过去、当前和将来行为的准则。

②科学管理。科学的管理方法是确保活动达到目标的重要条件。乐龄人群活动策划的推行，在人力资源上必须运用相关科学知识及方法进行管理，基于经验、权威等并不能取代科学的管理方法。

③尊重人才。组织一次成功的乐龄人群活动，既不在于政策条件的得天独厚，

也不在于资金的雄厚，而在于对全体组织者及人力资源的有效运用和管理，正确掌握处理人际关系的原则，是赢得人才并有效运用的关键。其中，个别差异、人格尊严、相互作用和激励是最为重要的因素。

④人尽其才。"金无足赤，人无完人"，用人不能求全责备，而是使其发挥所长，人尽其才是人力资源开发与管理中必须遵循的一条重要原则。

（2）挖潜与培养相结合的原则

目前，国家正在通过各种途径加速培养乐龄服务与管理领域的专业人才，但短时间内依然难以满足当下的社会现实需求。因此，乐龄人群活动的人才开发，应该坚持挖潜与培养相结合的原则。

①在社区内组织培训或者送到培训机构培养。

②挖掘现有人才的潜力，如合理调整岗位，将人员调到能发挥长处的岗位上来；返聘已退休但身体好、适合做乐龄人群服务工作的人。

③轮岗，如让有一定文化素质和组织能力的人员轮岗从事更具挑战性的工作，用其所长，在适合的岗位上发挥更大的作用。

（3）教育与培训相结合的原则

乐龄人群社交活动对策划者和活动推行者的素质要求越来越高，一方面，只有经过教育或者专门培训的人员才能适应各种新观念的运用和乐龄群体差异性的发展变化；另一方面，活动组织者可以要求工作人员学习活动手册或规范要求，也可以进行培训，以保证工作人员的能力随着活动要求的变化而不断发展，能够长期保持积极进取的活力。要通过教育和培训，让工作人员从工作态度、生活习性和精神状态都做出相应改变，增强他们对工作效率的关切感和对组织的忠诚度。

2. 乐龄社交活动人员的构成

与承担其他活动的组织机构不同，乐龄社交活动的组织机构要在比较短的时间内开展适合乐龄人群的特定主题活动，活动相关人员不仅有传统意义上的组织正式员工，也包括许多临时性的其他工作人员。

（1）自由职业者

因社会上对于活动行业的关注度与日俱增，对于那些正在寻找一个比当前的工作更加令人兴奋、更具有创造性的新工作的年轻人来说，自由职业肯定具有强大的吸引力。许多自由职业者愿意通过参加各种各样的活动来延伸他们可能的工作网络，活动的组织机构也可以雇用自由职业者作为临时性员工。对于自由职业者，活动机构一般不要求他们参与组织机构的全年工作，他们的价值主要体现在活动的职能管理方面。自由职业者一般在某一特定领域比较擅长，同时也愿意在这些活动中从事自己擅长的工作，比如组织策划、产品展示、活动宣传等。他们通常能给乐龄社交活动带来不一样的策划内容、组织形式等，所以是乐龄社交活动的重要人员构成。

（2）实习生

活动行业的迅猛发展，同样需要并且也吸引着越来越多的年轻人参与其中，他们也愿意到活动机构实习。实习生通常包括在校就读的中学生、大学生和研究生。实习生加入乐龄社交活动组织，对于雇佣双方都有益处，组织机构能为实习生提供实践锻炼和现实培训的机会及现金报酬，实习生的加入也可以弥补组织机构临时性的职位短缺，为机构贡献他们的力量和聪明才智。实习生可能缺乏甚至可能根本没有活动的实践经验，但他们的聪明才智、独特见解和敬业精神，可以使活动机构以最少的经费支出获得最急缺的人力资源。从组织机构发展的角度来看，活动机构雇用实习生，一方面能缓解当前人力紧张的问题，保持机构正常运行；另一方面有利于选拔和培养未来服务于机构的自由职业者和机构正式员工。乐龄社交活动的组织机构，同样需要以这种方式为以后机构的发展储备优质的人才。

（3）志愿者

乐龄人群社交活动组织过程中的大量工作是由志愿者完成的。志愿者是指不为获取物质报酬，基于良知、信念和责任，自愿为社会和他人提供帮助和服务的人。在开展乐龄社交活动尤其是一些公益性活动时，活动组织机构可以向全社会招聘所需的志愿者。但是，志愿者服务的无偿性质，使得组织机构对志愿者的管理不同于对活动中其他从业人员的管理，同时活动志愿者来源的多样性和广泛性，加上其不同于"正式员工"的身份，也增加了组织机构对其进行管理的难度。因此，组织机构对活动志愿者的有效管理，成为成功办好活动必须解决的问题。

①志愿者招募。志愿者的一个重要来源渠道是市民和互助性组织。这些互助性组织的使命之一就是为社区提供各种服务，因此，这些组织可以满足志愿者招募的要求。学校也是一个重要渠道，主要集中在高中和高校。有些地区学校对学生的志愿服务时长有要求，学校大都有各种各样的学生组织，他们都有提供志愿服务的任务和意愿。组织机构吸引这些学生志愿者的关键是："我能从中得到什么？"因此，要事先了解学生的需求，然后通过组织活动来帮助他们实现自己的目标，最终实现双赢。

②志愿者培训。参加乐龄人群社交活动的志愿者，需要接受 3 个方面的培训：活动基本框架、活动场地情况和具体工作任务情况。对于活动基本框架，要向志愿者提供乐龄人群社交活动的策划方案，让他们对活动有充分的了解，以便活动开展时志愿者能向每位乐龄人群提供最佳的服务和有用的信息。对于活动场地情况，要带领志愿者在活动场地进行现场考察，帮助他们了解所有场地设备和设施，了解现场各个不同区域的划分和服务程序。同时讲解各类突发事件的应急措施。对于具体工作任务情况，要让志愿者了解并知道如何履行自己的工作职责，在他们真正接触参加活动的乐龄人群之前，可以进行一些预演和角色扮演的练习，以便更好地掌握和熟悉工作内容。

③志愿者奖励。给予志愿者奖励是一个过程性事件，并且有多种形式，一般不要等到活动结束了才对志愿者说"谢谢"。给予志愿者经常性的、不间断的表彰，是建立一支强大有力、忠诚可靠的志愿者队伍最重要的保障。有很多组织通过发布志愿者新闻通报、感谢信等方式向他们表示感谢，还有一些组织会通过举行聚会等表达谢意。另外，还可以在志愿者队伍中开展一些竞赛，并进行奖励和表扬。总的来说，志愿者奖励可以分为物质奖励和非物质奖励。物质奖励有物品、证书、胸章、纪念品、团体聚会等。非物质奖励包括通过个人和团队的努力实现工作目标，以竞赛的方式获得与运动员、明星和艺术家会面的机会，表扬和口头认可，培训和技能发展等。

第四节　乐龄社交活动的风险控制

一、乐龄社交活动风险的识别

（一）识别乐龄社交活动风险的类型

乐龄社交活动可能会因时间、地点、人物、气候、活动内容等因素的改变而发生变化，每一个构成要素都可能导致活动潜在的风险。这些风险有可能是因为部分志愿者没有按时出席所导致的岗位空缺，也有可能是因为突然发生的暴雨雷电天气或者是看台倒塌造成的踩踏事件等。无论活动风险的高低，管理者都应该具有前瞻性，通过活动前制定相关措施与备选方案，尽可能减少风险带来的损失。因此，考虑活动的风险性，应该对其做全面的评估，包括人员、营销与公共关系、健康与安全、人群控制、交通等方面的风险。

1. 人员的风险

这类风险主要是由于组织结构不清晰导致的岗位缺失、健康安全保障缺失导致的人员工作环境危险等。

2. 营销与公共关系的风险

这类风险主要包括活动的宣传效果没有达到预期，媒体针对活动内容、活动相关人员及突发事件等方面的负面报道等。

3. 健康与安全风险

这类风险主要有活动期间食品供应出现的安全卫生问题、活动参与者的人身安全问题、大型公众活动的公共安全问题等。

4. 人群控制风险

这类风险主要有紧急出口人流控制的问题、人群过于拥挤导致的安全问题、活动场地倒塌的安全事故等。

5. 交通风险

这类风险主要有公共交通运送活动参与人员的安全问题、设备运送和使用中的安全问题等。

根据风险发生的可能性与影响程度，还可以分为可能性大影响小、可能性小影响小、可能性小影响大、可能性大影响大4种类型。对于可能性大且影响大的风险，管理者应通过各种措施来控制或降低风险，并做好风险发生的应急方案。

从风险起源看，主要分为自然风险与人为风险两种。其中自然风险主要是指活动期间因恶劣的气候条件所导致的风险，例如因暴雨对户外活动场地的电路造成损害、炎热天气所引发的火灾风险等。人为风险因素分为个人因素与群体因素，其中因个人犯罪，如盗窃、抢劫、恐怖行为等导致的风险，需要活动现场有严格的安保措施进行监管；对于一些偶然性行为，如观众在活动过程中因摔倒而导致的拥挤等，虽具有偶然性，但也需要经过风险预估及现场管理来降低此类事件发生后的危害性。

比如文艺汇演活动，可能出现的风险有很多种，其中最需要注意的是健康与安全风险和人群控制风险。因为文艺汇演活动是一种较大型的公众活动，并且活动对象群体是乐龄人群，这就需要格外注意这两类风险带来的破坏。

（二）识别乐龄社交活动风险的方法

乐龄社交活动的风险管理包含识别、评估、控制 3 个过程。[①] 管理者应根据经验与技巧，对举办活动可能存在的风险因素进行全面综合的考量，然后根据可能出现的危险进行可能性与后果分析，最后结合控制管理的方法与技巧降低风险。

组织一次活动，往往会涉及上百项具体工作，组织机构的管理人员需要集思广益，通过会议、调研、经验等方式来讨论和识别相应的风险；针对大型的活动，常常需要咨询专业的风险管理机构或人员，运用风险管理的专业知识对其进行识别。如果将风险识别工作详细具体到各个部门，并通过故障预测等方式对风险进行预估，就有可能预见到活动中存在的各类风险隐患，从而降低惨剧发生的可能性。识别风险的常用方法包括任务分解、活动测试、风险分类、风险预测、事故报告及紧急预案等。

1. 任务分解

很多活动的风险往往发生在容易被忽视的细节上，管理者应将工作分解成各部门能实际操作的具体工作，由各职能部门根据自己的技术和经验，对活动风险进行专业评估。例如，总策划人可能无法像专业技术人员一样预测针对设备故障、天气与电力影响、员工操作所造成的可能危害，将这些任务分配给对应的部门之后，风险就可能被识别。

2. 活动测试

为确保活动顺利举办，对于一些具备表演性且需要现场运行设备的活动，可以通过提前测试或彩排对各种可能发生的失误或风险提早发现与解除。例如舞蹈表演常需要表演者、相应的技术人员根据安排进行几次彩排以降低失败的风险；对于其他活动，则通常需要技术人员提早调试所有设备，包括灯光、音响等，以尽早发现可能出现的问题。

3. 风险分类

通过不同视角分析潜在的风险，也是识别风险的有效方式。风险可以分为内部风险与外部风险。内部风险是指组织机构内部计划与实施造成的各种风险，例如宣

---

① 刘嘉龙 . 休闲活动策划与管理 [M]. 上海：上海人民出版社，2012.

传未达到预期、员工旷工、操作不当等，这种风险通常可以根据更有效的人力资源管理来分析与解决。外部风险通常是无法预知的不可抗因素，如天气、观众行为造成的突发事件等，这种风险通常可以通过转移风险等相关策略来减少相应的风险与责任。

4.风险预测

通过预见风险的影响与结果，以进一步确定活动风险的可能性。如规模较大的活动，其风险可能是现场秩序管理，因此可以根据这一风险分析可能会导致这一危险的因素，比如携带危险物品、现场出现拥挤混乱等情况，管理者可以通过现场安检、增设指示牌和维持秩序人员来杜绝此类风险。

5.事故报告

为弄清以往或类似活动发生的风险与事故情况，事故报告可以帮助组织者从技术、管理、偶发性因素等方面查明事故原因，从而提出更有效的风险控制方案，防止类似风险或事故重复发生。对于重复性的活动，管理者应将以往的事故分析报告分发给各部门主管和员工阅读，让相关人员了解预防事故发生及发生后应采取的相应措施。

6.紧急预案

紧急预案包括详细的风险影响评估、决策步骤、应急响应措施等具体的工作指导。组织机构可以整合各部门的风险预估与管理建议，通过全面的紧急预案对活动的所有风险进行预测，并通过制定具体的措施对所有员工进行教育与指导。如活动现场工作人员通过学习紧急预案，能对现场运动员受伤的情况做出快速反应并采取相应的应急措施，包括担架使用、现场急救方式、救护车停放地点、入院手续操作方式等。

二、乐龄社交活动风险的评估

在识别乐龄社交活动风险后，需要组织管理者对其发生的概率、可能造成的危害对象进行测评，并根据这些信息制定出具体的控制措施。评估过程需要回答以下几个问题：需要评估的具体工作或活动是什么？该项工作或活动可能造成什么样的风险？面临这些风险的对象是什么？需要采取什么措施来消除或减少这些风险？

这些风险评估可以帮助管理者更好地了解各项活动的潜在危险，从而采取相应措施保护可能遭遇危险的对象（包括相关工作人员、表演者、嘉宾、设备等）。根据其可能对人员健康和安全造成的影响程度，活动的风险危害可以分为以下 3 个级别：A 级风险，这种潜在的危险可能导致死亡、重伤或永久性残疾或疾病；B 级风险，这种潜在危险可能导致疾病或工作中止；C 级风险，这种潜在危险可能造成需要紧急救治人员的伤病或疾病，包括火灾、洪水、炸弹和计算机故障等。

三、乐龄社交活动风险的控制

（一）风险应对的类型

在识别乐龄社交活动风险并对其危害内容、对象、级别进行分析的基础上，活动组织者的下一个目标是寻找切实有效的方法来管理控制这些危险。根据风险发生的概率及其影响程度的不同，活动的风险应对可以分为风险规避、控制、转移、接受 4 个类型[①]。

1. 风险规避

这一类型的活动风险后果非常严重，且发生的可能性很大，因此在没有更有效的策略来减轻这一风险的情况下，组织者通常通过主动放弃活动或调整相应的活动内容与方式来回避这一风险。如当天气条件非常恶劣且对活动现场危害很大的情况下，活动组织者通常采用推迟时间或取消活动来规避其可能带来的风险。在选用的风险管理手段上，可以考虑缩小活动范围，同时选择熟悉或有经验的合作团队以确保活动实施的安全性。

2. 风险控制

针对风险影响较小且发生概率较大的活动，组织机构通常选择风险控制的方式来降低风险发生的概率，比如采取紧急预案进行处理。紧急预案中很大一部分内容是针对可预见风险的应急措施。这些风险通常无预警信息，因此需要通过全面综合的风险识别与评估，并通过快捷高效的突发事件汇报与反馈系统进行控制。

3. 风险转移

针对风险发生概率很小、但会对活动本身或组织机构造成很大损失可能性的活动，通常可以通过风险转移的方式来降低机构所需承担的风险与责任。其中，购买保险或与承办商签订保证书、担保书、合同等，是风险转移的常见方式。通过合同或担保书的方式，可以要求承办商更好、更负责任地完成工作，并对各项安全负责；

---

① 戴光全，马聪玲 . 节事活动策划与组织管理 [M]. 北京：中国劳动社会保障出版社，2007.

通过购买保险，如员工安全保险等，可以降低机构对员工（尤其是临时用工）造成的风险；通过购买自然灾害险，如火灾险、地震险、洪水险等，可以减轻因恶劣的自然环境条件导致的活动延期或取消所造成的损失。

4. 风险接受

采取风险管理方法的成本超过风险本身带来的损失，且风险危害与概率较小的时候，组织机构通常采用风险接受的方式来处理。其中，主动接受风险常会预留时间、资金与资源来应对可能发生的风险，并将这些风险损失纳入活动成本；被动接受风险通常不采取任何行动，待风险发生时活动管理者或工作人员随机应变，根据个人经验与常见应急计划进行处理。

（二）控制的事项与常用措施

除了风险规避，风险控制、风险转移、风险接受这 3 种类型都或多或少应用了对风险的控制措施，这里暂统称为"风险控制"。风险控制所涉及的事项包括天气、舞台和讲台的安全、人群控制、交通管制、通信、用电等，对应着一些比较常用的控制措施（见表 2-1）。

表 2-1　乐龄社交活动中常见的风险控制措施

交通	所任命的司机具备多年驾驶经验、技术娴熟
	司机仅限驾驶活动所需车辆
志愿者	年满 18 周岁、经过父母同意
	根据培训结果和自身技能分配工作
	对活动具体职责和风险具有清楚的认识
场地	电线和插头被重新布置
	提供足够的照明
	雇用足够数量的安保人员
	准备好可替代的活动场地
	制订紧急计划（执行）方案
停车	不允许停车员代替停车
	停车场提供足够的照明
	为应急救援、救护车停放提供足够的空间
	为行人通过提供足够的空间
食物	保持食品温度
	员工与志愿者了解食品传染的预防知识

【思考题】

陈女士是某社区的社会工作者，重阳节将至，社区计划为全社区的老年人开展一次"最美夕阳红"文艺汇演活动，作为活动总负责人，陈女士要怎样策划本次活动？如何对活动时间、地点、人员进行有效的组织管理？要注意活动可能存在哪些风险？如何识别、评估这些风险？对于这些可能存在的风险有哪些控制或应对措施？

第三章

乐龄文化艺术服务理论与实践

随着我国进入老龄化社会，许多老人对养老生活的需求已不仅仅满足于老有所养、老有所医，还渴望实现老有所学、老有所为、老有所乐，乐龄人群的精神文化需求问题也日益凸显，"文化养老"的概念应运而生。2012年9月13日，中组部、中宣部、全国老龄办等16个全国老龄工作委员会成员单位联合印发《关于进一步加强老年文化建设的意见》，明确了加强老年文化建设的重要性和紧迫性，提出了老年文化建设的指导思想、目标任务、基本原则及加强老年文化建设的一系列具体措施、办法。2019年11月，中共中央、国务院印发《国家积极应对人口老龄化中长期规划》，提出要丰富老有所乐的精神文化生活，完善老年精神关怀服务体系；传承弘扬养老、孝老、敬老的中华民族传统美德，推动社会力量共同参与老年友好型社会建设。

文化养老，即以乐龄人群的物质生活需求基本得到保障为前提，以满足精神需求为基础，以沟通情感、交流思想、拥有健康身心为基本内容，以张扬个性、崇尚独立、享受快乐、愉悦精神为目的，是一种能体现传统文化与当代人文关怀的养老方式。

第一节　文化养老服务概述

一、基本概念与理论

（一）文化

"文化"一词，最早出自《周易》："刚柔交错，天文也。文明以止，人文也。

观乎天文，以察时变；观乎人文，以化成天下。"①《现代汉语词典》（第7版）对"文化"的解释是："人类在社会历史发展过程中所创造的物质财富和精神财富的总和，特指精神财富，如文学、艺术、教育、科学等。"文化包括3个层次：一是物质文化，指凝聚着一个民族精神文化的生产活动与物化产品的总和；二是制度文化，指一个民族在生产与生活过程中形成的各种规章制度，包括法律、道德规范和行为准则等内容；三是精神文化，指一个民族共有的意识活动，包括人们的价值观念、思维方式等内容。1871年，英国文化学家爱德华·泰勒在《原始文化》一书中提出了狭义文化的早期经典学说，即文化是包括知识、信仰、艺术、道德、法律、习俗和任何人作为一名社会成员而获得的能力和习惯在内的复杂整体。

文化具有以下几个方面的特征。

1. 精神性

这是文化最基本的特征。所谓精神性是指文化必须是与人类的精神活动有关的，与人类精神活动无关的就不能称之为文化。

2. 社会性

文化具有强烈的社会性，它是人与人之间按一定的规律结成社会关系的产物，是人与人在联系的过程中产生的，是在共同认识、共同生产、互相评价、互相承认中产生的。

3. 集合性

文化必须是在一定时期、一定范围内的许多人共同的精神活动、精神行为或它们的物化产品。它是由无数的个体组成的集合，任何个人都无法构成文化。

4. 独特性

文化是构成一个民族、一个组织或一个群体的基本因素。这些民族、组织、群体的差异性就形成了不同的文化，不可能有两个完全相同的文化存在于两个民族、组织或群体中。

5. 一致性

一致性是指在一个民族、一个组织或一个群体中，文化有着相对一致的内容，即共同的精神活动、精神性行为和共同的精神物化产品。一定时期一定范围内的相对一致性，不仅构成一种文化的基础，也使各种文化有了各自的内涵。

---

① 王弼. 周易注 [M]. 北京：中华书局，2011.

孝是中华文化的根基之一，孝一直被认为是孔子仁学的基础。孔子曾经十分系统地阐述过孝，说"天地之性，人为贵，人之行，莫大于孝""夫孝，德之本也，教之所由生也"。因此，孝学也就成为儒家思想中很重要的一个部分。以家庭伦理推及社会伦理，形成了所谓"百善孝为先"的格局，深深影响了中华文明。中国传统的孝文化，特别注重对乐龄人群精神需求的满足。《礼记·祭义》载"曾子曰：'孝有三：大孝尊亲，其次弗辱，其下能养'"[1]；《礼记·内则》载"曾子曰：'孝子之养老也，乐其心，不违其志，乐其耳目，安其寝处，以其饮食忠养之'"[2]；《孝经·纪孝行》载"孝子之事亲，居则致其敬，养则致其乐"[3]。可见在古人看来，孝养父母，物质上的赡养不过是最低的要求，更重要的是尊老敬老，做到让家中老人老有所乐，要做到这一点，必须让老人在精神上得到满足。

（二）文艺

文艺是指文学与艺术，也指文艺与生活。在现代社会，文艺与审美文化紧密结合，更加关注大众日常生活与文艺之间的关系。鲁迅先生曾说："文艺是国民精神所发的火光，同时也是引导国民精神的前途的灯火。"这个论断十分贴切地概括了现代性的文艺价值。

现代性文艺表现出以下三大特征。

1.感性化特征

审美文化是一种以主体的自由体验和形式观照为主导的社会感性文化。文艺的现代性，表现在具有实用性、大众化和享受性等特征的感性文化氛围正在逐步形成，以满足人的需要和普遍高涨的审美要求。

2.形式化特征

审美文化在结构形态方面表现出不断延伸和移位的状态，它突破甚至取消了传统美学的学科边界，呈现突出的形式化特点，真正成为一种"有意味的形式"。

3.消费性特征

与传统审美注重精神性、情感影响等相比，当代审美文化更加突出了消费性特征。审美文化的消费性促使艺术和审美从过去那种特定的神圣文化圈中走出来，更加贴近日常生活、大众真实的生存状态。大众直接同艺术家、艺术作品进行交流对话，

① 孙希旦.礼记集解（卷46）[M].北京：中华书局，1989.
② 孙希旦.礼记集解（卷28）[M].北京：中华书局，1989.
③ 皮锡瑞.孝经郑注疏[M].北京：中华书局，2016.

参与艺术的生产过程，自由地选择和认同他们最需要的审美对象。

当代审美文化无可争辩地把新的美学价值、观念和理想自觉地融入人的生活形式之中，审美实践也因此成为一种有价值、有意义的人生状态的呈现；生活不再是一种质量低下的重复性过程，而成为一种隐藏着丰富人生趣味的过程。审美文化消费性最直接的成果是导致了"休闲文化"现象，它把大量的日常生活时间转化为一种特殊的审美性时间，促进身心和谐与多方面能力的发展，从容地享受人生、创造有意义的生命价值。

文化艺术能极大地充实乐龄人群的精神生活，在进行文艺活动的过程中，乐龄人群能充分与社会接触，找到兴趣相投、志同道合的伙伴，从而在社会活动中获得归属与爱的需求和尊重需求，而不必过分依赖子女或产生社会孤独感。乐龄人群通过参加文艺活动，能更好地正视他们的体力、心力和健康每况愈下的现实，积极地进行自我调整和适应，避免乐龄人群因空虚无聊而产生消极悲观等不良情绪，使人格更为健全。在文艺等方面有一定天赋和特长的乐龄人群，甚至能在各种活动中找到新的人生目标并实现新的人生价值，从而满足自我实现这一最高层次的需求。

（三）文化转型

"文化转型"（culture change）是西方国家在应对"老有所养"问题时，以养老机构为依托、以服务质量为重点、以服务形式为切入、以服务理念转型为目标、以服务模式创新为手段的养老服务设计与实践体系。

"文化转型"的理念诞生于 20 世纪 80 年代的美国。当时，美国乐龄人群对养老机构服务质量参差不齐、服务态度冷漠粗暴等问题极为不满，呼吁养老机构转变工作作风。随着改革呼声的日渐高涨，1983 年，美国养老机构改革国民联合会发布了《关于养老机构制度体系建设原则的消费者声明》，要求养老机构必须尊重乐龄人群的自主、自尊、独立等多项权利。3 年后，联合会又发布了《养老机构服务质量优化研究报告》，首次提出养老服务发展的关键在于养老机构的建设，而养老机构建设的重点是以服务为本，打造类似"居家"的环境，而并非以"医治"为核心。

1997 年，美国就养老机构的养老服务发展问题进行了深入探讨，主要产生了 3 项成果：第一，肯定了推动养老服务转型的必要性，要在服务形式、服务内容、提供机制等方面满足乐龄群体的需求；第二，将这种转型正式命名为"文化转型"，这也标志着文化转型概念的正式确立；第三，组建"先行者联盟"，推动文化转型理念的实践与试点建设工作。此后，文化转型理念不断深入，时至今日已成为美国养老服务创新与优化的代名词。

文化转型具有改革与创新的特征，其指导思想主要包括 4 个方面：第一，充分相信乐龄人群具有潜力，尊重个人的自主权、自决权；第二，在保障个体独立性的前提下，引入志愿者、社会工作者等多样化的服务者来源，建立广泛而牢固的支持体系，并使乐龄群体之间紧密相连，形成互帮互助的机制；第三，以"养老"为核心，要求乐龄人群做好乐龄期生活规划，有效应对乐龄期生活风险；第四，鼓励自我反省，以促进发展为己任，强调文化转型的动态性特征，它是一个过程，而非终点。

进入 21 世纪以来，文化转型的影响力开始走出美国本土，并迅速拓展到加拿大、欧洲、大洋洲、亚洲的日本与韩国等地区。我国也逐渐开展了机构养老服务的文化转型实践。

文化转型的实现形式之一体现为更好的养老服务，它不仅表现为养老环境的舒适、安全与便利，更体现在对乐龄人群的关爱，尊重乐龄人群的独立性和自主权等方面。其基本准则包括：认识并认同每一位乐龄人群都具有独特性；对全体乐龄人群一视同仁；致力于建设乐龄人群友好型的养老环境，实现乐龄生活无障碍；帮助树立积极、正面的乐龄人群形象。因此，敬老、爱老、乐老，是对在机构中居住的乐龄人群服务时所应当遵循的最起码的工作原则。

（四）乐龄文化服务

综上所述，基于理论与实践的相互关联性，文化养老的概念涉及文化友好、文化转型、文化服务、文化促进等多个维度的理解与建构：一是文化友好，体现在敬老、孝老、养老的社会文化营造，老年友好型社会形成等；二是文化转型，体现在为老服务机构（社区）的管理模式及工作者的文化转型；三是文化服务，体现在为满足乐龄人群的需求提供多样性的文化艺术形态，并为审美文化生活方式提供产业支撑；四是文化促进，体现在为乐龄人群积极开展自我调整与社会适应从文化层面加以促进。

本章首先关注的是第三个维度的文化服务，即提供"老有所乐"服务的文艺形式与内容，以此为切入口，进而对文化养老的各个领域产生影响，更充分地满足乐龄人群精神与情感需求。

为特定对象提供文化艺术服务，必须具有针对性，因此需明确乐龄人群对文化艺术服务的需求，表现为以下 5 个方面。

1. 情感需求

文化艺术是表达情感最好的出口。乐龄人群离开工作岗位后，往往容易产生强烈的孤独、苦闷等情绪，而子孙忙于工作和学习，难免疏于陪伴，因此乐龄人群需要借助文化艺术等方式进行情感的表达与宣泄，通过参与音乐、舞蹈等艺术活动与人分享快乐，因此文艺活动能较好地迎合乐龄人群的情感需求。

2. 社交需求

乐龄人群退休后会逐渐与社会脱节，反而会产生更强烈的社交需求，而文艺活动中的合唱、广场舞等都可以很好地激发乐龄人群的参与热情，乐器、戏曲、朗诵等也可以成为乐龄人群交友的桥梁，因此文艺活动能有效帮助乐龄人群实现社交需求。

3. 学习需求

现代社会是一个学习型社会，提倡"活到老学到老"，广大乐龄人群也希望老有所学，如此，乐龄教育自然成了乐龄文化艺术服务中的重要一环。开设老年大学，培养专业人才，开展适合乐龄人群的教育课程，能很好地满足乐龄人群的学习需求，实现"老有所学"。

4. 陶冶情操需求

文化艺术有利于陶冶情操，能让广大乐龄人群学会感受美、发现美、欣赏美、享受美，有利于他们在美的熏陶中养成乐观的心态，带着欣赏的眼光看待世界，进而提升乐龄人群的精神面貌和心理健康。

5. 自我实现需求

自我实现需求是马斯洛需求层次理论中最高层次的需求。有许多乐龄人群年轻时为了生存、养家，往往不得不放弃自己的爱好和理想，选择更为稳妥的职业。退休后，他们终于可以去追寻自己曾经的理想，即便身体条件不支持，也可以作为爱好给他们带来身心的愉悦。在人生晚年，能重新放飞他们热爱的文化艺术之梦，无异于"重生"般的一次实现自我。

随着社会经济的快速发展，乐龄人群对于文化艺术服务需求的意识也在增强，进而对服务类型和质量的要求也在提升。对此，应积极创新、培养专业人才，以更好地开展适合广大乐龄人群参与的文化艺术服务。

二、文艺内容与主要形式

丰富多样的文化艺术服务，可以让乐龄人群老有所学、老有所乐、老有所为，可以很好地满足乐龄人群对精神文化的需求，可以让乐龄人群再度发现、发掘和发挥自己的人生价值，是"乐龄享老"理念的重要载体。

根据乐龄人群的身体和精神状况，乐龄文化艺术服务应以轻松愉悦、便于开展、具有一定社交功能的内容和形式为主，大致分为：曲艺舞蹈、琴棋书画、花鸟鱼宠、凝神屏气、游走天下等5个内容集合。不同的文化艺术内容，表达了不同的审美旨趣，乐龄人群不同的性格、阅历、兴趣、生活方式、身体状况等主体及其诉求的差异性，在主题内容与形式要求的选择上也大相径庭。乐龄人群根据自己的意愿对可供消费的文艺内容或内容组合进行排序，这种排序反映了消费者个人的需要、兴趣和嗜好，服务组织者应依据乐龄消费者的偏好来进行活动策划或提供产业支撑。

（一）歌舞曲艺

1. 声乐

声乐是所有音乐活动中唯一具有具体的、明确的歌词的特殊形式，更容易直接唤起人们的情感和精神共鸣。[1] 形式上，声乐可分为独唱、合唱；演唱内容上，可分为流行歌曲、民族歌曲等。对于乐龄人群来说，声乐既不用重新学习过多的技巧或花钱购买工具，也不受场地限制，无论在家中还是在小区、公园，都可以一展歌喉，享受音乐带来的快乐；同时可通过参加乐龄合唱团等组织，与同龄人社交、结识新朋友，一举多得。因此，声乐是最适合乐龄人群开展的文艺活动之一。目前，社会上已有很多乐龄声乐团体，如老年大学开办的声乐课、社区组织的乐龄合唱团、民间乐龄人群自发组织的合唱社团等，都是乐龄人群开展文艺活动、参与社会交往非常好的途径。

2. 舞蹈

舞蹈是当今最热门的乐龄文艺活动之一，尤其是广场舞已成为中国一种特别的文化现象，不少发展较好的街道、社区都有了专门的广场舞队、领舞人员、统一的服装和道具，还会定期举办广场舞比赛。乐龄人群既有了消遣娱乐的途径、锻炼了身体，又有了参与社交的途径，在比赛中获奖还给了乐龄人群一定的成就感。当然，在乐龄人群开展广场舞活动时，应注意场地的保障，跳舞的时间也应有所控制，以

---

① 姚西勇. 社区公共文化服务建设背景下的老年声乐教学研究 [D]. 重庆：西南大学硕士学位论文，2020.

免影响到其他群众或引发不必要的冲突。另外，兴致高或有特长的乐龄人群，还可以到老年大学学习民族舞，掌握几个简单的成品舞。

3. 朗诵

朗诵是一种能够充分表达情感的形式，适合情感充沛、有一定表现欲望的乐龄人群参加。有朗诵爱好的乐龄人群可以选择线上、线下的课程学习，掌握一定的朗诵技巧，并加以练习；社区及公共服务机构也可组织相应的朗诵团队和表演活动，便于乐龄朗诵爱好者找到有归属感的组织，并从表演中获得成就感。

4. 戏曲

戏曲是中国的传统艺术形式，历史悠久，且各地都有颇具地方特色的戏曲形式，如京剧、川剧、越剧、豫剧、粤剧、秦腔……国家一直致力于保护和扶持戏曲艺术，如央视专门设有戏曲频道，各地也有地方知名的戏剧团体，甚至有专门的戏曲剧场、票友们固定的活动地点。乐龄人群是戏曲爱好者的主力军，退休后有了时间和人生阅历，更能欣赏传统戏曲中的韵味，约上三五票友，看一场戏曲表演，或在公园里唱戏、自娱自乐，都是非常不错的方式。

（二）琴棋书画

1. 书法

书法是我国传统文化的瑰宝，不少乐龄人群年轻时就有过习字的经历，到了晚年，他们丰富的人生阅历演变为宝贵的精神财富，此时他们的书法作品更会自带一份厚重。也有不少乐龄人群重在参与，享受写字的过程和乐趣，追求精神愉悦。在杭州西湖边，每天清晨都可以看见几位老大爷，提着大型毛笔和水桶在湖边写字，他们的字再精美，不一会儿就消失了，可他们非常享受这种方式，这何尝不是一种快乐呢？如今，各式各样的老年书画院、书画协会、老年书画展、书画赛事等，为有书法爱好的乐龄人群提供了广阔的发挥天地。

2. 篆刻

篆刻艺术是书法与镌刻的结合，兴于先秦，盛于汉，衰于晋，败于唐、宋，复兴于明，中兴于清，迄今已有 3000 多年的历史。相比书法，篆刻需要更多的工具和专业的教师，同时对乐龄人群的身体、精力和文化水平也有更高的要求。但篆刻是一门需要时间和耐心、蕴含厚重历史底蕴的艺术，会获得一部分乐龄人群的喜爱，也会有专门的印谱、展览供人观赏。

3. 乐器

乐龄人群的手指灵活度、肺活量、对乐谱的理解能力等都大不如前，因此在乐器种类的选择上，应在尊重乐龄人群意愿的前提下，选择一些轻松、易上手的乐器，如萨克斯、二胡、葫芦丝等；在乐曲的选择上，以简单又动听的曲子为首选。当然，在个人精力允许的情况下，年龄并不会完全成为限制乐器和乐曲选择的因素，主要还是应从乐龄人群的兴趣出发。需要注意的是，练习乐器的过程不可避免地会打扰到邻居，要在老人家里做好隔音措施或者到由社区提供的乐器练习场地练习。

4. 绘画

绘画容易引起人的兴趣，也有更广的受众。乐龄人群可根据自身的兴趣爱好，购买一些画具，报选一些课程，国画、素描、油画、水彩……种类丰富，可任意选择。同时，社区、老年大学、养老院等机构也会定期举办讲座、沙龙、画展等活动，博物馆、美术馆也会定期举办一些画展。乐龄人群可以以画为媒，积极参与到社交活动中来，这既可以给乐龄人群美的享受，又可以让乐龄人群与社会保持适度的联系。

5. 弈棋

古人云："古今豪杰辈，谋略正类棋。"棋类运动可以培养人的独立思考与逻辑推断能力、增强人的竞争意识，对乐龄人群来说，更重要的是以棋会友、增进友谊。古人谈"棋"，主要是指围棋；而在现代社会，棋类运动可选的范围大大增加，如中国象棋、国际象棋、军棋、跳棋、飞行棋……可谓"棋"乐无穷。我们常常可以看到这样的场景：夏日傍晚，老人们吃过晚饭，在树荫下摊开一张小桌子，摆上两张小凳，两人对弈，周围一群老大爷或背手，或摇扇子，兴致勃勃地围观。可见下棋确实能给乐龄人群带来很大的快乐。

（三）花鸟鱼宠

1. 插花

插花的受众群体以女性乐龄人为主。花朵本身充满生命气息，其美丽又能够吸引大部分女性的喜爱，且插花不需耗费体力，裁剪花枝、设计布局又充满乐趣，最终的成品还能作为礼物送给老伴或儿女，自己放在家里做装饰也很好，因此插花是一项非常适合乐龄女性修身养性的活动。如今已有不少社区举办插花活动，请专业的插花师来指导，广大乐龄群众热情参与，老年大学也可设置专门的插花课程。

2. 家宠

老龄化时代，儿女往往在外打拼，难以时时陪伴在父母左右，养一些家宠便是不错的选择。猫、狗是最常见的家宠，适合作为乐龄人群的陪伴，成为他们的某种情感寄托。狗狗需要训练才能更好地陪伴主人，因此乐龄人群在选择宠物时最好挑选性格温和又便于饲养的品种，如金毛、柯基、泰迪、中华田园犬等，每天带出去遛狗，能让乐龄人群保持一定的活动。养猫相对来说更省心，猫咪也能给主人很好的陪伴，但老人养猫也要注意猫的特性、生理特点及生活习性，尽量保持猫的卫生，用心饲养。也有一些乐龄人群喜欢养鸟，家庭养鸟同样要注意清洁卫生、精心照料，家鸟或学人说话，或放声"唱歌"，能为乐龄人群带来乐趣。此外还有养兔子、乌龟、蛐蛐等宠物的。总之，养宠物能充实乐龄人群的生活，为乐龄人群提供精神寄托。

3. 钓鱼

钓鱼可以使人的思想充分集中，放松肌肉，大脑神经得到有效调节，对身体起到积极的作用。尤其是对一些患有慢性病的老人，钓鱼有辅助疗效，如易烦躁、情绪不定的高血压患者，钓鱼可以平定心绪，使血压保持相对稳定。身体健康的乐龄人群坚持钓鱼，则可以缓解疲劳、休息大脑、调节神经、振奋精神，使免疫功能得到加强。户外钓鱼不仅是一种积极的休息，更是一种轻松的体育活动，对保养身体有百利而无一害。当然，傍水钓鱼，寒暑相易，乐龄人群要注意衣食调节，乐趣中也有隐患，要注意安全。

（四）凝神静气

1. 太极拳

太极拳作为世界级非物质文化遗产，蕴含着中国传统的阴阳辨证理念，既可颐养性情，又可强身健体，一直广受乐龄人群的喜爱。乐龄人群在参与这项运动时，首先应对自己的身体情况有一个基本的认识，根据自身体质选择合适的运动强度。运动场地可以选择广场、公园、小区空地等，老人可以独自锻炼，也可结交三五好友，社区、老年大学还可定期请专家来指导。总之，太极拳是一项选择多样、方式灵活的运动。

2. 瑜伽

瑜伽是一项动静结合、内外兼修的舒缓运动，其姿势需要一定的技巧性，但通过练习不难掌握。坚持练习，能促进身体、心灵与精神的和谐统一，其受众群体以女性年轻乐龄人为主。瑜伽更适合在年纪较轻的乐龄人中开展，要选择专业的教练，运动强度不可太大，同时要注意坚持每日练习，这样才能达到更好的效果。约上三五好友一起，锻炼的过程会更快乐。

3. 阅读

正所谓"仓廪实而知礼节，衣食足而知荣辱"，在经济繁荣的今天，乐龄人群的文化需求愈加突出，对阅读的需求也越来越高。"阅读"是一个很宽泛的概念，读书、读报、读电子读物……都可以说是"阅读"。"阅读"的门槛也很低，泡一杯茶就可以在图书馆坐一天，可以借阅任何感兴趣的读物。对于不方便出门的老人，也可以买一些书籍放在家中，或是下载更方便保存的电子书。只要愿意，随时随地可以阅读。

4. 收藏

随着年龄增长、阅历积淀，部分乐龄人群以收藏为乐趣，古玩、字画、书刊、邮票、钱币、家具等无不成为其收藏的对象，同时这些藏品也都有一定的投资价值。收藏融社会性、历史性、观赏性和文艺性于一体，可陶冶人的情操、增长人的知识、提高人的审美水平，在寻求和获得藏品的过程中延伸快乐。但以收藏为爱好，首先要有一定的财力；其次还要有一定的知识水平，能够辨别真伪；最后还要有定力，不被轻易忽悠，谨防上当受骗。因此，收藏是一项门槛较高的爱好，入门需谨慎。

（五）游走天下

1. 登山

登山可以充分接触大自然，呼吸新鲜空气，是乐龄人户外锻炼、强身健体的好方式。中国有不少名山大川，退休后的闲暇时光游遍全国、打卡不同的山，也是一件充满吸引力的事。同时，要注意登山前备齐所需装备，最好带一名有经验的向导，保证自身的安全。平时也要注意保持锻炼，才能有足够的体力储备去登山。

2. 摄影

在经济快速发展的背景下，越来越多的老人有能力购买好的摄影器材，将摄影作为退休后的兴趣爱好。同时，随着科技的发展，摄影器材的种类也越来越多，机身、镜头种类多样，从中低端到高端产品，从入门级到发烧友皆可按需选择。摄影是光的艺术，有一定技巧，要想完全掌握其中的技术，从相机操作、构图、焦距、光线运用、图片后期制作等，都得不断地学习和创新。有时为了拍出好照片，需要扛上大大小小的设备在户外奔走，间接起到了锻炼身体的作用。老年大学、摄影协会等相关机构，可以开展乐龄摄影课程、组织乐龄摄影活动、举办乐龄摄影比赛和摄影展，乐龄摄影爱好者们可以借机互相交流摄影技术和各自的作品，尽情享受创作的乐趣和收获的成就感。

3. 游泳

游泳是不拘形式与内容，不受性别、年龄限制的一项体育运动，是最受欢迎的大众健身项目之一。适当地进行游泳锻炼，不仅能给人带来心灵上的愉悦，塑造流畅和优美的体型，还能增强心血管系统的机能，增强体质，提高协调性。对身体尚有活力的乐龄人群来说，夏天游泳不仅能消暑，也能强身健体，只要提前做好热身、注意时长和强度，游泳是一项非常好的运动。也有一些老人喜欢冬泳，认为更能锻炼身体，那就更需要注意安全，选择正规的游泳场馆。

如果不想要太大的运动量，泡温泉也是不错的选择。温泉中含有对人体健康有益的微量元素，泡温泉对于皮肤病、神经系统疾病、早期轻度心血管系统疾病等都有一定的疗效。国内一些温泉聚集的地区已经开设了温泉疗养院，旅行社可以开辟专门的温泉疗养线路，引导有相关需求的乐龄人群进行温泉疗养。

4. 走路

世界卫生组织将走路定为"世界上最好的运动"。研究表明，走路有利于心脏、大脑、骨骼健康，还能减重，远离糖尿病，延年益寿。按正确的姿势行走时，人体主要的肌肉群都在动，从增强体质和免疫功能上来说，步行是一种最理想的运动方法，实践轻松，几乎没有门槛，同时也不会为乐龄人群带来太多运动的负担。每日步行半小时至一个小时，最好到微微出汗的程度，就可以保持身体的健康和活力。每日和家人饭后散步，或约上三五好友去徒步，还可以在运动的同时交流情感，获得愉悦的心情，满足乐龄人群的情感需求。

以上列举了5类比较常见、容易开展的乐龄活动，但属于乐龄人的文化活动还大有可开发的余地。各地可以因地制宜，充分利用地方资源，探索适合乐龄人群的各类公共文化服务，如博物馆、图书馆、美术馆招募乐龄志愿者，开办针对乐龄人群的公益课堂、讲座，并积极宣传，让乐龄人群乐于参与到本地文化活动中来；大型医院可以组织社区宣讲，为乐龄人群带去健康关怀；乐龄人群是传承地方传统文化的宝贵资源，可以让有特殊技能的乐龄人群将传统手艺传承下去，保护地方文化……总之，丰富多样的文化艺术服务，将文化要素与乐龄人群文化价值观和精神生活需求相结合，通过良性互动产生出强大的精神文化，从而能够发挥文化养老的真正价值与作用。

第二节　乐龄文化艺术服务供给体系

文化养老是由政府主导、多元主体共同参与，以满足乐龄人群的精神文化需求、丰富其精神文化生活为内容，以提升乐龄人群文化生活质量为目标而提供文化福利的制度安排。政府、市场、社会（非营利组织）、家庭等多个文化福利的供给主体在各自所侧重的领域发挥作用。养老问题的民生性质、乐龄人群福利的公益性质和福利实践形式的服务性质，共同决定了政府在文化养老制度安排中发挥着主导作用。[①]具体而言，政府主导作用主要表现在承担制度规划、资金筹集、质量监督等责任，体现在完善法律法规、设计公共政策、提供财政资金支持、探索多元筹资渠道、鼓励引导市场参与、培育扶持非营利组织、支持保护家庭功能、监督其他主体的服务质量等方面。市场和非营利组织则主要在乐龄人群文化福利的具体供给过程中发挥作用。在文化福利生产、传递过程中，市场主体因其在组织资源上的效率优势可提升供给效率，避免资源浪费；而非营利组织则因其具备灵活、贴近服务对象的优势与非营利导向，有助于保证文化福利的公益性质，以有效满足乐龄人群的需求。家庭是传统养老功能的主要承担者，为乐龄人群带来的亲情关怀与情感保障是乐龄人群重要的精神慰藉，依然具有无可替代的作用。

从实践层面来看，文化养老服务的供给主体，较为集中地存在于社区、文化馆（站）、媒体、互联网新业态中，以下将分节论述。政府职能直接体现在这些供给主体的政策执行、公共资源利用绩效评价及文化养老提升生活质量等结果导向上；家庭单元嵌入社区文化服务体系，通过社区主体职能的建设来满足家庭文化养老的高质量发展；广阔的市场主体在其不同的产业链中都可能与文化养老服务产生交集，各有侧重。

---

① 邢占军，王从.生活质量视角下的文化养老研究与政策思考 [J]. 理论学刊，2021（6）：140–146

一、社区文化养老服务供给

我国的社区文化建设经历了从政府主导推动到鼓励群众与社会力量参与、从侧重硬件设施建设到兼顾硬件条件与软件管理水平建设的变化。社区文化建设的机制主要有政府主导、社会参与、居民认同3种形式，政府、社会和居民3个建设参与方各展其能、层层带动、相互促进，参与到社区文化建设中，构成了互动关系。

社区文化是人与社区环境等在互动过程中产生的文化与生活方式的总和，通过建设的方式促进文化的繁荣、社区的良性发展，给人带来更好的生活体验。乐龄文化建设已成为社区文化建设中不可或缺的重要组成部分，社区乐龄文化建设的优劣，关系到乐龄人群生活质量的好坏，社区乐龄文化建设有助于增强社区乐龄人群的凝聚力，加强对社区的认同感，调动参与社区文化活动的积极性，提高社区乐龄人群生活的满意度，让乐龄人群积极应对老化，愉快充实地度过晚年生活，促进社区关系的和谐。

（一）基本情况

1. 文化基础

中国孝文化源远流长，崇尚尊老、养老、爱老的传统乐龄文化，早已深深根植于中华儿女的血脉中。乐龄文化同时也是现代社会弘扬中华传统文化的基准点，继承传统乐龄文化是构筑社会和谐发展价值体系的内在要求。发展文化养老事业，不仅仅体现了现代社会的人文关怀，更体现了坚定的文化自信，既能补充社会层面乐龄文化的部分缺失，又能满足现阶段社会乐龄群体的需求，对解决我国逐步迈入老龄化社会所面临的挑战是刻不容缓也是极其关键的。

2. 政策基础

近年来，我国众多老龄政策的出台及积极部署，为社区开展文化养老服务提供了有力的支持。党的十八大以来，党和政府以关注民生、"人民至上"的为民情怀，重视增加乐龄人群持续的幸福感和获得感，并通过了以养老问题为核心的政策措施。国务院办公厅在《关于推进养老服务发展的意见》中指出，着力扩大并优化养老服务供给结构，满足乐龄群体需求的内容多样性，促进供需匹配。"十四五"规划建议将积极应对人口老龄化上升为国家战略，健全基本养老服务体系。在健全老龄工作体制机制方面，提出"四个转变"的发展思路，为文化养老服务工作的开展提供了依据，强调了文化养老的民生导向要适应时代的要求。

3. 治理基础

随着社区治理体系建设的发展，社区逐步完善了基本公共服务设施的建设，同时"共建共治共享"的观念逐步根植于基层工作者的心中，社会治理新格局已经显现。目前，城市社区通过率先发展，为文化养老模式发展奠定了基础，主要体现在以下4个方面：第一，各城市社区设置了综合性社区服务中心，建设了社区图书室、自习室、健身房、活动中心等场地，保障了文化活动的场地资源；第二，大多数社区成立了各类兴趣小组或相关组织，巩固了社区参与机制；第三，目前较大型的城市社区都已形成了比较开放的格局，为与各类社会组织或文化事业单位联合开展文化养老服务合作提供了基础；第四，居民的社区意识逐渐浓厚，自主成立业主委员会或各类基层组织的现象层出不穷，为文化养老服务的人员参与提供了可靠的保障。

（二）存在问题

伴随我国经济与社会的长足发展，社区乐龄文化建设已经有了长足的进步，也取得了一定的成果。但在实际工作中，仍然存在一些问题。

1. 文化养老概念认知偏差

文化养老的认知普及面较窄，即便是社区工作者，也对社区文化养老的内涵和实际内容了解不多，这让乐龄人群在接受文化养老服务时往往显得被动。文化养老作为新兴的养老模式，社会各界对社区文化养老认知误差大，文化养老的形式也非常有限，致使文化价值观的建设与引导一直缺乏应有的力度。

2. 服务内容和服务对象单一

目前社区内尚未形成多层次的文化养老服务内容体系，服务形式和内容不够丰富，且服务对象覆盖面窄，没有适合的活动项目、没有适合的场所和设施是其主要原因。对乐龄人群的喜好和需求缺乏系统性的了解，没有按照乐龄人群的兴趣爱好开展活动组织与设施安排。

3. 供给不足和资源浪费情况并存

社区文化服务设施、服务活动的供给与老龄化社会的文化养老需求不相匹配，是当前老龄事业发展的困境。在现实中，一方面存在着文化养老服务供给不足的情况，另一方面又存在着文化资源闲置、浪费的情况。面对新的经济社会发展形势，如何处理乐龄人群消费文化行为与社区乐龄文化建设的关系，如何打开公共公益事业的局面，理论研究与实践工作都还在探索中。

4.参与者队伍的结构性失衡

文化养老事业的可持续发展，需要有完备的组织机构和物质保障，需要充足的人力资源。目前，大多数社区文化养老工作队伍呈现党员居多、居委会成员居多的特点，同时他们还身兼数职；乐龄人群参与社区文化建设的作用被轻视；队伍整体而言专业化水平不高，服务质量和能力素质良莠不齐等，都直接导致文化养老事业的发展难以达到高质量、高标准的要求。

社区乐龄文化建设应通过从传统文化中汲取养分，结合当代现实需求，借鉴国外优秀文化成果，来丰富社区文化建设的内涵与方法。应关注乐龄人群的文化和消费活动，将他们视为新的动力来指导社区建设与发展，更准确地把握当今社区乐龄文化发展的脉络，引导社区乐龄文化建设更好地发展。

（三）主要举措与具体实践

随着社会经济的发展，乐龄人群从退休到生活失去自理能力的时间段在不断延长，发展社区文化养老服务模式是解决乐龄人群精神文化空虚、获得自我价值完善的重要途径之一。文化养老作为一种新兴的养老模式，以社区作为其建设与发展的重要空间载体，在一定程度上能回应乐龄人群日益多样化的服务需求[①]。以下从社区文化养老服务模式框架的价值创造、主体平台、服务内容、递送渠道、社会支持网络等 5 个方面展开讨论。

1.塑造社区文化共同体

注重社区乐龄文化建设的特色，尊重社区乐龄居民现实的精神需求，突出文化与价值观建设地位，积极从优秀传统文化中寻找智慧，明确社区乐龄文化价值观建设的内容与方向。建立具有个性与特色的独特社区文化价值取向体系，增强社区认同与归属，以文化力量凝聚社区共同体建设。加强老龄化国情宣传，让社会全体成员积极辩证地面对这一社会现象，更多地把乐龄人群看作社会发展的智慧与财富而非发展的包袱。强调发挥乐龄人群的主观能动性，以积极豁达的心态挖掘自身的精神文化需求，主动参与到社区文化生活当中，谋求乐龄人群应有的幸福文化生活。

2.建立平台协同机制

社区作为社会关系网络的"结构洞"，在社区文化养老的职能中还承担着治理网络的中心角色，需要链接多方组织，规范社区居委会、业主委员会、社会组织、

---

① 孙建娥，罗敬宁.城市社区文化养老服务模式发展困境及对策研究 [J].湖南行政学院学报，2022（3）：107–115.

辖区内入驻共建单位等其他单位和文化养老服务机构之间的合作，理顺各类社会参与主体在社区文化养老模式中的角色、任务与职能，以实现社区与社会组织、文化企事业单位和乐龄人群等多方良性互动。把握文化养老工作在本社区的定位，强化社区文化养老资源整合及治理能力，大力开发社区内外可利用的文化资源，有预期地对文化养老进行科学统筹规划，搭建系统完备的社区文化养老服务体系，涵盖文化养老的资金投入、人才队伍建设、服务内容体系、组织管理、标准化建设等多方面内容。将文化养老纳入养老系统工程，注重与本社区其他类型养老服务的配套衔接措施，持之以恒发展，长效推进。

3. 健全服务内容体系

"文化养老"以人为本，更需以乐龄人群的真正需求为导向来丰富社区文化养老内容体系。利用大数据赋能优势，社区文化养老工作可采取全面收集相关信息，利用技术优势精准识别和预测乐龄人群不同层次的文化养老需求，准确捕捉对文化养老需求产生影响的各类因素及各因素的影响程度与影响机制，包括乐龄人群健康状况、个人爱好、生活条件、教育背景、代际关系、社交情况等指标。基于乐龄人群需求特点和发展规律，策划动态更新、供需匹配的社区文化内容方案，建立社区嵌入式文化养老服务的递送渠道。多措并举，提升文化养老的包容性、公平性、均衡性，争取实现供给覆盖面和受益面的最大化。发挥老人自主管理的潜能，形成不同层次和类型的兴趣小组，丰富文化养老供给的种类和形式。在增加文化产品供给数量的同时，注重文化形式创新，根据地域文化特色来提供高质量的文化服务活动，通过为乐龄人群提供更多喜闻乐见的文化服务，实现文化养老内涵式发展。

4. 畅通服务递送渠道

一是线上递送渠道精准化。发挥社区"信息筛选器"的功能角色，利用数智化将所收集来的各类文化养老服务信息有侧重地传递给乐龄人群。如对有学习能力及学习兴趣的乐龄人群，应以乐龄教育为宣传重点，而对有特长的乐龄人群可以邀请他们参加大型文化活动，或者鼓励他们牵头组成兴趣小组或基层文化养老协会。二是线下递送渠道多样化。可以利用本社区的活动场地进行服务供给，还可以有更多样化的社区场地外服务供给，如参观红色旅游基地、参观各类展览馆、观赏音乐会及与其他社区文化活动共建联谊等。从"线下"供给延伸至"线上"供给，不断完善社区线上平台，进行文化养老服务活动的发布与更新，开设智能化手机等设施学习课程、在线教育平台、数字化课程等，逐渐突破文化养老内容与形式单一的局限性。

5.拓宽社会支持网络保障

一是以社工组织助力社区乐龄文化组织发展。借助社工组织的专业性，使社区文化养老服务扩展增值，并协助基层乐龄文化组织自我管理、自主开展活动的能力得到孵化和锻炼，使其成为基层中拥有独立开展文化活动能力的文化养老服务类组织。二是联合文化教育单位开展文化养老活动。文化教育事业单位承担着养老事业中精神文化服务所对应的责任和义务，能与社区达成双向合作机制。文化教育单位还能向社区输送人才和技术，通过发挥其专业知识技能进行文化养老服务及文艺活动开展，扎根基层为社区乐龄人群提供文化及教育方面的支持。三是积极发挥家庭文化养老的作用。家庭是社区中最基本的社会生活单位，也是社会组织最基本的单元，良好的家庭氛围是乐龄享老的重要基础，也是社区文化养老工作的基本组成，优秀的文化艺术服务能够为家庭良好氛围的形成提供有效助力。中国人历来重视"家风"，礼乐教化在家风建设中发挥着重要的作用。新时代的中国，依然十分重视家风建设。习近平总书记在会见第一届全国文明家庭代表时的讲话中说："家庭和睦则社会安定，家庭幸福则社会祥和，家庭文明则社会文明""家风是社会风气的重要组成部分""家风好，就能家道兴盛、和顺美满；家风差，难免殃及子孙、贻害社会"。[①]一个拥有良好文化艺术氛围的家庭，通常会是一个氛围良好的家庭。家庭兴则社区兴，社区和谐则社会和谐。

家庭文化艺术建设案例

在这方面，天津市河东区的家庭文化艺术建设，提供了良好的范例。[②]

二、多样化文化养老服务体系

（一）乐龄大学文化艺术服务

1983年，我国第一所老年大学"山东省红十字会老年大学"成立；1984年，我国第一所民办老年大学"广东岭海老人大学"成立；1988年，中国老年大学协会成立；2000年，我国第一所民办社区老年大学北京"怡海老年大学"成立。经过几十年的发展，我国的老年大学已经形成了一个相对完整的体系，成了乐龄教育和文化艺术服务的中坚力量。文化艺术服务是全国大部分老年大学重点建设的课程类型。有学者对全国部分老年大学的课程资源建设进行了调查和统计，得到如下数据（见表3-1）。

---

① 习近平.在会见第一届全国文明家庭代表时的讲话 [N].人民日报，2016-12-16（002）.
② 曹鋆.浅谈河东区家庭文化艺术建设 [C]// 魏大威.新时代文化馆：改革 融合 创新：2019中国文化馆年会征文获奖作品集.北京：国家图书馆出版社，2019.

表 3-1　部分老年大学课程资源建设现状 [①]

序号	学校名称	课程体系建设			备注
		系或学科	专业	课程	
1	上海老年大学	10 个：书画、保健、文艺、文史、家政、计算机、钢琴、器乐、游学、外语	无下设专业	约 188 门	另设体育保健、音乐表演、摄影摄像 3 个学历教育专业
2	武汉老年大学	5 个：政文美术、音乐戏曲、舞蹈体育、医学家政、电脑摄影	89	176 门	课程分为公共课、专业课、特色课 3 类
3	宁波老年大学	8 个：书画摄影、文学语言、医学保健、计算机应用、音乐戏曲、体育舞蹈、综合应用	无下设专业	118 门	
4	金陵老年大学	9 个：书法、美术、文史语言、卫生保健、生活艺术、声乐、器乐、舞蹈、电脑	92	216 门	
5	长沙市老干部大学	7 个：政治、文史、中医保健、音乐、舞蹈、书画、综合艺术	无下设专业	70 门	
6	哈尔滨老年大学	7 个：声乐、舞蹈、生活与保健、美术、语言艺术、电脑与摄影、器乐	59	154 门	
7	山东老年大学	5 个：美术、声乐、器乐、舞体、培训	80	不详	课程设有初级、中级、高级班
8	云南老年大学	8 个：文学、书画、音乐、舞蹈、器乐、家政、英语、计算机	无下设专业	约 37	课程设有初级、中级、高级班
9	四川老年大学	8 个：书画、舞蹈、声乐、器乐、语言文学、信息技术、营养保健、武术拳剑	42	不详	课程设有初级、中级、高级班
10	厦门老年大学	7 个：卫生保健、生活艺术、文学语言、音乐文艺、体育健身、实用计算机、书画篆刻	无下设专业	83 门	
11	天津市老年人大学	9 个：文史外语、书法、绘画、生活艺术、健身养生、医学保健、舞蹈戏曲、音乐、计算机	66	355 门	课程设有初级、中级、高级班
12	广州市老年干部大学	6 个：声乐舞蹈、综合科普、医疗保健、语言文学、钢琴民乐、书法绘画	无下设专业	约 160 门	课程分为公共基础课、专业基础课、专业课 3 类

---

① 谢宇 . 协同治理视角下老年教育资源配置困境与优化策略：以广州市为例 [J]. 成人教育，2022（1）：39-45.

从表 3-1 可以看到，各地老年大学开设的课程各有特色，但都开设了语言、文史、音乐、舞蹈、美术等文化艺术类课程，说明文化艺术类课程在乐龄教育中的重要性及其受欢迎的程度。各地应加大对地方老年大学文化艺术类课程的资金投入，聘请专业师资，设计科学合理的课程，建设专业的训练场地，提供课程展示的舞台，以更好地激发乐龄人群学习的热情，提高乐龄人群的学习质量和学习体验。

同时，应注重地方特色文化的融入。人到乐龄，对一个地区的特色地方文化会有更深厚的感情，将地方文化融入课程设计和文艺活动，能更直接地触动乐龄人群的心灵，让他们更有归属感。例如，各地可与地方剧团合作，开展当地特色戏曲的教学和观演活动，既让乐龄人群享受到文艺服务，又推广了戏曲文化；山东、东北地区有地方特色鲜明的民间秧歌，也可以融入乐龄文艺服务中；各少数民族聚居地区可以因地制宜，在乐龄文艺服务中融入本民族歌舞，发扬民族文化……将地方特色文化融入乐龄文化艺术服务中，可以增加服务的多样性和趣味性。

（二）馆站文化艺术服务

在城市中，博物馆、图书馆、美术馆、剧院等场所，是重要的文化艺术服务资源。这里以杭州为例，列举可以为乐龄人群所利用的馆站场所。

1. 博物馆

杭州是历史文化名城，大大小小的博物馆有 50 多个，主题多样，各有特色，无疑是乐龄文化艺术服务的优良资源。如浙江省博物馆是浙江省内规模最大的综合性人文科学博物馆，已形成包括孤山馆区、武林馆区、沙孟海旧居、黄宾虹纪念馆、古荡文物保护科研基地等在内，集收藏、研究、保护、展示和教育等多功能于一体，范围广大的新格局，馆藏文物及标本 10 万余件，文物品类丰富，年代序列完整。其中河姆渡文化遗物、良渚文化玉器、越文化遗存、越窑和龙泉窑青瓷、五代吴越国及宋代佛教文物、汉代会稽镜、宋代湖州镜、宋代金银货币、历代书画和金石拓本、历代漆器和革命文物等，都是极具地域特色和学术价值的珍贵历史文物。杭州博物馆毗邻河坊街历史文化街区，是一座展现杭州历史变迁和文物珍藏的人文类综合性博物馆，有着浓郁的本地文化特色。还有中国茶叶博物馆、中国丝绸博物馆、南宋官窑博物馆、杭州京杭大运河博物馆……这些博物馆主题鲜明，对某一领域有深入的展示和讲解，坐落于杭城各地，乐龄人群可就近选择博物馆观展和参加活动，社区也可组织乐龄参观团，或与博物馆联系定制专门的活动，都可极大充实乐龄人群的精神文化生活。

2. 图书馆

杭州有大量规格不一的图书馆和城市书房，浙江图书馆是国内创办最早的省级公共图书馆之一，馆藏文献 700 余万册（件），以珍贵古籍丰富、地方文献齐全为特色，全年免费开放，设阅览座位 1800 席，开架中外文书刊 145 万余册，形成"文澜讲坛""文澜展窗""文澜读书""文澜社会大课堂"四大读者活动服务品牌。同时，整合浙江全省公共图书馆资源，开通"浙江网络图书馆"，提供了覆盖全省的公益性数字阅读服务。杭州图书馆隶属于杭州市文化广电旅游局，是一家公益性文化服务机构，定位于"平民图书馆、市民大书房"，以保障公民自由获取知识和信息的权利为己任，通过提供各种形式的资源与服务，向公众提供"平等、免费、无障碍"的图书馆服务，通过"中心馆—总分馆"模式，建立覆盖杭州市 13 个区、县的公共图书馆服务体系，并建有多个主题分馆，实现全市范围的文献资源通借通还和活动共享，其中的生活主题分馆和康养主题分馆，就十分契合乐龄人群的需求。

3. 美术馆

以浙江美术馆和中国美术学院美术馆为代表。浙江美术馆坐落于杭州市南山路西子湖畔，毗邻万松岭，主要职能是代表国家承担美术作品和美术文献的展览、陈列、征集、收藏，并利用美术和美术馆资源开展学术研究、教育推广、对外交流和公共文化服务。自开馆以来，浙江美术馆以"中国风"作为自己的风格追求，每年举办各类展览约 50 次，公共教育活动近 300 场次，已成为大众享受公共文化服务的重要场所。观众不仅可以免费看展，还可以听讲座、看话剧、参加教育工作坊、欣赏艺术电影、和艺术家一起创作艺术作品，免费参与各类公共教育项目，尽享公益性文化机构所提供的高品质艺术生活。中国美术学院美术馆地处南山路，毗邻西湖，以艺术史的视觉呈现、核心价值观的艺术表达为手段，探讨当代艺术的时代使命、传统艺术的创新表达，服务公共文化体系建设，是一座集展示陈列、收藏研究、学术传播、公共教育诸功能于一体的综合性美术馆，常年免费向公众开放。优质的美术馆是高质量乐龄文化艺术服务不可或缺的资源。

4. 剧院

剧院为喜爱音乐、舞蹈、戏剧的乐龄人群提供了优质文化资源。杭州剧院和杭州大剧院是杭州的两大代表性剧院，常年为市民提供音乐会、舞剧、话剧、音乐剧和戏曲等各类演出，可由社区定期向乐龄人群提供演出资讯或组织乐龄人群集体观剧。位于曙光路、保俶山下的小百花越剧场于 2019 年开放，状似蝴蝶，是杭州戏剧界的新地标，以越剧为主题更加迎合本地乐龄人群的喜好。剧院内的"经典剧场"里有山有景、有曲有调、有茶有食，是一个欣赏越剧等所有戏曲作品的专属地。

上述所列馆站，皆面向全年龄的市民开放，证明只要一个城市重视文化建设，就绝不会缺少乐龄文化艺术服务的资源，但要善于发现和利用。

（三）媒体文化艺术服务

媒体是传播信息的媒介，是用来传递信息与获取信息的工具、渠道、载体、中介物或技术手段，也指传送文字、声音等信息的工具和手段。在乐龄媒体文化艺术服务中，开发乐龄综艺是一个创新性较强的发展方向。乐龄综艺是综艺界一种较新的节目形式，在老龄化社会和文化养老的背景下应运而生，已经取得了一定的发展成果，但尚存在较大的发展空间。

综艺节目积极探寻乐龄题材，是综艺制作者积极破除桎梏、实现节目形态创新的表现，以新的切入点，通过媒体让观众从更多样的视角上丰富对乐龄人群的认知。长期以来，媒体对于乐龄人群形象的建构，存在一种刻板印象：乐龄人群多被定位为需要帮扶与救助的弱势群体，荧屏中的乐龄人群形象也多带有无能、糊涂、衰弱、孤单、僵化等负面标签，乐龄电视节目的制作也惯用俯视的眼光与居高临下的扶弱模式。这种对乐龄人群主体地位的"弱化"，在某种程度上会造成乐龄群体的"失语"。乐龄人群丰厚的人生体验有着充分挖掘与展现的价值，其文化娱乐需求亟待被重视和关注。用镜头呈现乐龄人群真实、健康的生活现状，凸显社会温暖，增强人文关怀与公益属性，挖掘与展现新时代乐龄群体的自我价值和存在感，不仅是乐龄综艺节目的创作路径，而且有着深刻和广泛的社会现实意义。

近年来，国内外涌现出一批优秀的乐龄综艺，将乐龄人群放到主体地位，观察他们的喜怒哀乐和人生价值，展现了更高层次的人文关怀。在国外，以色列综艺节目《奶奶的力量》，邀请三位奶奶作为年轻一代的导师，为参与节目的青年人解决现实问题；在韩国综艺节目《银发义和团》中，10 位平均年龄达 71 岁的老人用自己的人生经验，为遇到烦恼的年轻人提供解决方案；英国综艺节目《玛丽的银发服务》成立了一家职业介绍所，为退休老人寻找工作，助力老人打造一个全新的企业。这样的综艺让乐龄人群感受到他们仍然有社会价值，赋予了参加节目的乐龄人群极大的成就感，也让乐龄观众间接获得认同感。

在国内，一些乐龄综艺也突破了以往乐龄人群在类似《养生堂》等节目中的旁听者角色，出现了更多不同的身份。如《忘不了餐厅》聚焦阿尔茨海默病，由 3 位年轻的店长携手 5 位患有轻度认知障碍的乐龄服务生组成"忘不了家族"，共同经营一家可能会上错菜的中餐厅。节目采取综艺与科普双向并重的模式，通过真实记录患认知障碍的老人与明星互动、与餐厅中的食客互动，让观众关注到乐龄人群、关注到认知障碍，也让老人能够走进人群、积极参加社会活动，在收获积极乐观的心态的同时延缓病情。央视的《乐龄唱响·全国老年合唱大赛》则是国内首档乐龄音乐综艺节目，以"追忆峥嵘岁月，唱响时代歌声"为定位，全力打造乐龄人群的专属舞台。32 支合唱团、2000 多名老人用歌声讲述他们的峥嵘岁月，展现了新时代乐龄人群积极乐观的生活态度和昂扬向上的精神风貌，传递出满满的正能量。

当然，国内的乐龄综艺仍有较大的创新发展空间，以下 6 个方面的创新路径实践探索正引起学者们的讨论。

第一，实现主体身份转变，让老人从"听"到"说"。

第二，实现节目形态的转变，从"题材 + 老人"变为"老人 + 题材"，凸显老人的主体地位。

第三，转变创作题材，从"消费悲情"到"人性关怀"。

第四，转变创新逻辑，从"全新模式"到"IP 延伸"，在现有 IP 的基础上延伸到乐龄关怀。

第五，转变资源配置，从"同类聚焦"到"家庭辐射"。

第六，转变营销策略，从"线上流量"到"用户沉淀"。

尽管前路漫漫、道阻且长，但随着我国文化艺术软实力的发展，相信乐龄综艺终将迎来百花齐放的时代。

上海市第十三届老年文化艺术节

（四）网络文化艺术服务

互联网对人们的生产生活方式产生了全方位的影响，在此背景下，"互联网 + 享老"是乐龄文化艺术服务发展的必然方向。

互联网在乐龄文化产业中有其独特的优势。乐龄人群的精神文化需求必须借助一定的载体才能实现，如乐龄大学、社区服务、图书馆、博物馆等，但这些资源相对分散，乐龄人群难以精确找到合适的文化艺术产品。利用互联网，将文化资源进行整合，及时推送文化艺术产品、活动的相关信息，能极大提高乐龄文化艺术服务的效率。此外，还可以开发一些线上文化艺术服务，如乐龄网课、线上活动、直播课程等，相关的互联网产品已较为成熟，针对乐龄用户群体研发一些产品，可提高乐龄文化艺术服务的质量。世界早已进入互联网时代，手机等移动终端的普及带来用户下沉，广大乐龄人群也渐渐学会使用网络，因此必须重视乐龄网络文化艺术服务。

网络文化艺术服务与上述社区（乡村）、馆站、媒体文化艺术服务有所关联。大部分老年大学和中国老年大学协会都有自己的官网，用于报名、宣传、发布重要资讯等，为广大学员提供便利。博物馆、图书馆、美术馆和剧院也都有自己的官网、官博、微信公众号，大家可以查询自己感兴趣的展览、网上预约书籍、线上报名参加活动或观看讲座直播、线上购票等，可以很便利地享受到公共文化艺术服务。另外，也可以利用互联网为乐龄人群提供更精准的文化艺术服务，如创设专题网站、文化养老公众号，专门提供适合乐龄人群的文化艺术资讯；网络信息繁杂，乐龄人群的辨别能力较弱，容易信谣传谣，可以由具有权威性的机构开设专门账号，针对乐龄人群开展辟谣和问题咨询服务……总而言之，利用好网络资源，可以为乐龄人群提供更加全方位的文化艺术服务。

2019 年相关资料显示，当前国内各级各类的老年学校有约 7.3 万个，而我们的乐龄人群人口有 2.41 亿，AgeClub 的调研数据显示，中乐龄人群人口量级、线下用户数和老年大学供给不成正比，彻夜排队报名、择校难入学难、一座难求的现象还很普遍。同时，乐龄教育资源相对匮乏，基层乐龄服务队伍力量不强，线下老年大学存在着人员少、兼职多、不专业等问题，基层乐龄组织缺乏经费来源和专业指导。

基于此，线上的乐龄文化艺术服务更加适合做线上教育，相比之下，线上、线下最主要的区别在于，线下教学更多的是有一种社交场景的体验，但"学习性"较弱。而线上老年大学具有可以不断巩固、反复观看学习的优势。通过调研，大量数据告诉我们，乐龄人群想通过线上学习来获取一些在线下学不到的东西，并且能更好地辅助线下展示。乐龄人群如果愿意为线上教育或者知识付费花钱的话，那么他们在线下付费的意愿会更强烈。

当然，"互联网＋享老"还存在不少问题。一是适合乐龄人群的互联网产品供应不足。目前，互联网产品的目标用户群体还是以年轻人为主，无论是电子产品还是 APP，为乐龄人群量身定制的产品并不多见，这在无形中为乐龄人群使用互联网服务设立了门槛。二是受制于乐龄人群自身的问题。不少乐龄人群的学习能力、反应能力都比较

目 "互联网＋
享老"案例

慢，而互联网的更新迭代速度较快，多数乐龄人群学起来较为吃力，有的老年大学

还专门开设了手机、电脑使用的相关课程，教乐龄人群运用电子产品。对此，社会应给予耐心和包容，并加速开发适合乐龄人群使用的互联网产品。三是城乡发展不均衡。城镇乐龄人群集中，互联网和文化艺术服务资源较为丰富，农村的养老服务业起步晚，互联网的普及度也不如城镇，客观上造成了城乡发展的不平衡。

面对以上问题，乐龄文化艺术服务的创新需要从以下几个方面发力。

第一，提供政策支持。"互联网＋享老"不断形成新业态、新问题，需要政府出台政策支持。如《浙江省老龄事业发展"十四五"规划》中提到的推动"互联网＋老年教育"大力发展，由政策提出发展方向并予以支持，为乐龄互联网产品的发展提供了强大动力。

第二，积极推进技术研发。互联网企业应积极针对乐龄人群的需求进行研发，开发适合乐龄人群使用的互联网产品。

第三，积极推进跨界融合。广泛利用图书馆、博物馆、美术馆、剧院、社区、老年大学等，将互联网产品与文化资源进行跨界融合，打造适合乐龄人群的互联网文化艺术产品。

□ 文化养老方面的相关法律及政策

第四，为老人创造宽松包容、积极学习的社会环境。乐龄人群的反应能力较慢、学习能力较弱，在互联网的使用上更不占优势，社会应当予以包容和鼓励。一个宽松包容的社会环境，能够鼓励乐龄人群积极学习、参与文艺活动，从而满足他们的精神文化需求。

第三节　乐龄文化艺术服务组织与策划：
以乐龄茶生活服务为例

"乐龄"是对 60 岁以上老人的别称，其所表达的内涵就是开心、快乐、愉悦，甚至是幸福、享受等。"乐龄"一词与当今社会老年人群的实际生活状况与心理需求相吻合，有利于他们养成一种更为健康积极的人生态度。一杯茶，既洋溢着琴棋书画诗酒茶的情调，又饱含柴米油盐酱醋茶的质朴，翻开中华民族 5000 年的文明画卷，每一幅都飘出清幽茶香，每一卷都洋溢着茶诗茶韵。让更多的乐龄人知茶、爱茶，共品茶香茶韵，共享美好生活，共同建设乐龄友好型社会，是乐龄茶生活服务体系的价值诉求。

一、乐龄茶生活概述

中国是茶的故乡，茶叶深深融入中国人的生活，成为传承中华文化的重要载体。2019 年 11 月 27 日，为了"赞美茶叶的经济、社会和文化价值"，第 74 届联合国大会宣布，每年 5 月 21 日为"国际茶日"，以促进全球茶业的可持续发展。茶是中国的，更是世界的；"茶是世间纯洁的象征"（林语堂《生活的艺术》），茶文化带给人类的福祉也逐渐在全球被普遍认同，茶文化也在全世界受到越来越多人的追捧。

（一）茶的价值特征

在中国，茶不仅是一种饮品，更是崇尚道法自然、天人合一、内省外修的东方智慧。茶作为一种价值与信仰而存在，有两个主要因素。

1. 追求身体健康的自然力

由于东西方文化的差异，追求健康长寿的方式方法也不同。在东方，"道法自然"影响深远，个人与宇宙之间的关系紧密，因此，尤其注重饮食健康，在饮食的合理选择上，认为它是用最自然的方式来帮助身体的，即"药食同源"。自茶被发现利用、传播、发展至今，历经千百年，多种古籍、论文，从各个方面论述了茶的保健功效。唐代陈藏器《本草拾遗》中就有"诸药为各病之药，茶为万病之药"的记载；20 世纪 60 年代，开始利用科学仪器和手段进行茶与健康的研究，进一步发现，茶不仅是一种含有多种营养成分的风味型饮品，而且调节人体生理机能的功效显著，在抗氧化和清除自由基、抗癌等研究领域也有重大贡献。茶叶由中国传至日本，在日本茶道开创者荣西禅师所著《吃茶养生记》一书中，也开宗明义地说："茶乃养生之仙药，延龄之妙术。山若生之，其地则灵。人若饮之，其寿则长。"因此，饮茶成为一种健康的养生方式，逐渐融入中国人乃至东方人的日常生活之中，不可或缺。近年来，茶叶在国内的人均消费量为 1.5 ～ 1.8 千克，无愧为国饮。饮茶还带动了健康的生活方式，也直接拉动了茶的消费、流通和生产，衍生出中国特有的茶文化，体现出文化自信。

2. 获得精神慰藉的审美力

饮茶本质上是体味"啜苦咽甘"，人们也将"啜苦咽甘"的饮茶体验投射到生活与生命历程之中。精益求精地炮制一碗茶，也不能改变其苦涩的滋味，当人们徐徐体验其苦涩味时，喉底在告诉人们其实是一种美妙的甘甜滋味。犹如人们平凡的人生，总是想通过勤勉努力来改变辛苦的日子，虽然日子总是多有波折，当人们能仔细品味苦难岁月时，才知道其实已获得人生的丰满回报。不以苦为苦，反以苦为乐，犹如"孔颜之乐"。让普通人直接这样理解是十分困难的，需要途径，在主体和客体之间实现相互改造的价值关系，彼此产生情感联系。于是，仪式化的饮茶方式便受到推崇。

陆羽提出"为饮，最宜精行俭德之人"，构建了从茶器、用水、烹煮到品饮等一系列的茶礼仪规范。日本的饮茶仪式则体认到枯寂的审美趣味，归纳要旨为"和、敬、清、寂"。如今，中国茶艺融精神、礼仪、沏泡技艺、巡茶艺术、评品质量于一体。品茶时，注重环境、艺境、人境、心境等意境俱美，使得身心放松。在沏茶前，首先要凝神屏气地仔细选择"茶、水、器、火、境"茶艺要素，获得入场的资格；然后为一杯好喝的茶汤凝神屏气地关照沏茶的每一个动作和步骤；最后，凝神屏气地体察茶艺过程中瞬间气氛、情绪的变化，唤醒共同的情感。当捧起茶盏、人茶合一的那一刻，凝神屏气的压力感一下得到了释放，涌上不可名状的美与和谐，刹那间体会到了灵魂的震颤。此刻，品尝到的已不仅仅是茶汤的味道，而是激荡心灵的情感倾诉。茶艺，将茶人情化，以一杯茶展现世间百态。

茶艺即代表了一种生活方式，其价值在于将茶道的精髓融入每个平凡人的生活里。中国饮茶方法经过唐代烹茶、宋代点茶、明清泡茶，形式一直在创新，而人们对茶的喜爱一直未变。

茶文化将生命价值追求与乐龄饮茶生活方式结合起来，使乐龄人的生活更加有滋有味。乐龄人的饮茶、茶事活动、敬老茶会、茶人组织、茶文化学术研讨等，呈现出典型的文化艺术服务要素，由被服务者积极地把控主动性和发展方向，并不断创新内容与形式，呈现出一派生动气象。

（二）茶的基本知识

我国茶的利用历史悠久，茶圣陆羽在《茶经》中称："茶之为饮，发乎神农氏。"茶大致可分为绿茶、红茶、乌龙茶、白茶、黄茶、黑茶等。

1. 绿茶

绿茶是指采取茶树新叶，未经发酵，经杀青、揉拧、干燥等典型工艺制成，其成品的色泽、冲泡后的茶汤，较多地保存了鲜茶叶的绿色主调和鲜叶内茶多酚、咖啡碱、叶绿素、维生素等天然物质。绿茶以茶汤色碧绿清澈、茶汤中绿叶飘逸沉浮的姿态最为著名，其滋味收敛性强，品之神清气爽。绿茶的名茶很多，有西湖龙井、洞庭碧螺春、黄山毛峰、太平猴魁、六安瓜片、景宁惠明茶、庐山云雾、安吉白茶、南京雨花茶、都匀毛尖、恩施玉露等。

2. 红茶

红茶是以茶树的芽叶为原料，经过萎凋、揉捻（切）、发酵、干燥等典型工艺精制而成。红茶加工时不经杀青，萎凋使鲜叶失去一部分水分，发酵使所含的茶多酚氧化，产生了茶黄素、茶红素等新成分。这些成分一部分溶于水、一部分不溶于水，积累在叶片中。红茶具有红叶、红汤的外观特征，色泽明亮鲜艳，味道香甜甘醇。目前，我国红茶有红条茶和红碎茶之分，按初制方法的不同，红条茶又分为工夫红茶和小种红茶。工夫红茶茶叶外形条索紧细、色泽乌润、汤色红艳明亮、滋味鲜醇甘甜、香气清香持久，有带花香、果香、蜜香等香型，如祁门工夫、滇红工夫、政和工夫、坦洋工夫、白琳工夫、福宁工夫、宁红工夫等。小种红茶分为正山小种和外山小种。

3. 乌龙茶

乌龙茶，属半发酵茶，是中国六大基本茶类中独具特色的种类，主产于福建、广东和台湾。其加工工艺流程为：鲜叶—萎凋—做青—杀青—揉捻—干燥。乌龙茶综合了绿茶和红茶的制法，以其特有的做青工艺，配合炒青、造型和别具一格的干燥工艺，形成了独特的品质风格。乌龙茶味甘浓而香气馥郁，无绿茶之苦、红茶之涩，香久益清，味久益醇。乌龙茶具有"绿叶红镶边"或"三红七绿"的色泽，外形壮结、匀整，高级的乌龙茶还讲究"韵味"，如武夷岩茶具有岩骨花香之岩韵、安溪铁观音具有香味独特的观音韵等，使此类茶叶奇妙无比。按产地不同，乌龙茶分为福建乌龙茶、广东乌龙茶和台湾乌龙茶，其中福建乌龙茶又分为闽北乌龙茶和闽南乌龙茶两种。

4. 白茶

属轻微发酵茶，为我国特种茶类之一，主产于福建福鼎、政和、建阳、松溪、寿宁等地，生产历史悠久。按照加工方式的不同，白茶分为传统白茶和新工艺白茶。

传统白茶制法独特，不炒不揉，只有萎凋和干燥两道工序（鲜叶—萎凋—干燥），成茶满披白毫，色泽银白灰绿如银似雪。按照茶树品种的不同，传统白茶可分为大白、水仙白和小白3种；按照芽叶嫩度又可分为白毫银针、白牡丹、贡眉、寿眉等。

5. 黄茶

属轻发酵茶，主产于浙江、四川、安徽、广东、湖南、湖北等省。黄茶加工工艺与绿茶相似，因在加工过程中采用"闷黄"技术（鲜叶—杀青—揉捻—闷黄—干燥），形成了"干茶黄亮、黄汤黄叶"的特点，故得名。按照鲜叶原料的嫩度和大小的不同，黄茶可分为黄芽茶、黄小茶和黄大茶3种。黄芽茶，如君山银针、蒙顶黄芽；黄小茶，如北港毛尖、沩山毛尖等；黄大茶又称叶茶，如黄大茶、广东大叶青等。

6. 黑茶

属后发酵茶，是我国特有的茶类，生产历史悠久，产品以黑毛茶压制成紧压茶为主，主要销往边疆地区，是我国边疆少数民族日常生活中一种必不可少的饮料，故又称"边销茶"。黑茶主产于云南、湖南、湖北、四川、广西等地，按照产地的不同，可分为湖南黑茶、湖北黑茶、四川黑茶、广西六堡茶等；按照加工方法及外形的不同，可分为散装黑茶和压制黑茶两大类。散装黑茶主要为黑毛茶和部分成品茶；压制黑茶是以各类黑毛茶为原料、经过汽蒸压制再加工制成的紧压茶和篓装茶。黑茶产品原料通常较为粗老，基本加工工艺流程为：鲜叶—杀青—揉捻—渥堆—干燥，其中渥堆是决定黑茶品质的关键工序。

7. 再加工茶叶

即把毛茶再加工为花茶、紧压茶等。

（1）花茶

利用清高芬芳或馥郁甜香的香花和茶叶拼合，茶叶吸收鲜花的香气窨制而成。按照窨制所用的花类和茶坯类别等，分别将花茶冠以不同的称谓，如茉莉花茶、白兰花茶、玫瑰红茶等。

（2）紧压茶

将加工好的松散的茶叶半成品蒸热软化后，施加一定的压力加工成不同形状的团块茶，称为"紧压茶""压制茶""蒸压茶"等。紧压茶是茶叶半成品经过再加工制得的茶产品，如云南七子饼茶、普洱青饼、沱茶、砖茶等。

8. 调和茶

即茶与其他食物组合拼配饮用，在民俗中具有一定的文化意义。中国地大物博，茶文化源远流长、类型多样。大家平时喝茶都习惯煮与泡，有的少数民族则形成了与众不同的"吃茶"文化，不同的品茶方式贯穿人们的生活，并且在传统的基础上不断演变，成为人们文化生活的一部分。不同的地区有着自身独特的茶俗文化，不同的民族也有着五彩缤纷的饮茶习俗。比如白族的三道茶、苗族的八宝油茶汤、土家族的擂茶、基诺族的凉拌茶、藏族的酥油茶、回族的三炮台茶、纳西族的龙虎斗、裕固族的"甩头茶"等。

（三）茶的选择

1.饮茶时间的选择

对于中国人来说，喝茶养生是流传了几千年的传统。近年来，关于茶叶的健康功效研究也越来越多，比如抗癌、保护心血管、防辐射等，似乎人们生活中所有的健康隐患，都可以靠一杯茶来化解。但是什么时候喝茶好呢？对照《黄帝内经》可知，喝茶是有时间规律的，不同时间点喝茶，对健康的作用也不同。

（1）清晨空腹

白开水后饮淡茶水。经过一昼夜的新陈代谢，人体消耗大量的水分，血液浓度加大。早起后不宜直接饮茶水，最好先喝一杯白水，之后再饮淡茶水（红茶较好），这对健康有利。饮淡茶水是为了防止损伤胃黏膜。

（2）早餐之后

此时饮茶提神醒脑，精力充沛，抗辐射，上班族最适宜。

（3）午餐之后

若不午休，中午时分会肝火旺盛，此时适宜喝清香型乌龙茶，消食去腻，清新口气，提神醒脑，以便继续全情投入工作。

（4）午后三点

此时喝红茶可调理脾胃，预防感冒，如若腹空可以补充一点零食，此时喝茶是一天中最重要的时刻。

（5）晚餐之后

该时刻为人体免疫系统最活跃的时间，适宜喝黑茶，有助于分解积聚的脂肪，既暖胃又助于消化，还有助于舒缓神经、放松身体，便于入睡的功效；神经衰弱的人群，可选择喝少量半发酵的中性茶。

喝茶喝得舒服才是最重要的。尽管饮茶具有多种保健作用，还是不能把它当作包治百病的灵丹妙药，只需把它当作一种健康、天然的饮品，通过饮茶或品茶而获得身体的健康、情操的陶冶和精神的愉悦。

2. 茶叶的选购鉴别

茶叶品种繁多，如何选购茶叶成了人们首先要学的功课。一般说来，选茶主要从嗅觉、视觉、味觉和触觉等方面来鉴别甄选。品质优异的茶叶，在外形、色泽、香气、滋味等方面都比品质一般的茶叶有较为突出的表现。

（1）外形

选购茶叶，首先要看其外形，外形匀整的茶往往较好，而那些断碎的茶则差一些。在选购时，可以将茶叶放在盘中，使茶叶在旋转力的作用下，依形状大小、粗细、轻重、整碎形成有序的分层。其中粗壮的都在最上面一层，紧细重实的集中在中层，断碎细小的沉积在最下层。各茶类大多以中层茶多为好。上层一般滋味较淡，粗老叶子多，水色较浅；下层碎茶多，冲泡后往往汤色较深、滋味过浓。除了外形的整碎，还需要注意茶叶的条索如何，一般长条形茶，看松紧、壮瘦、圆扁、弯直、轻重；圆形茶看颗粒的匀正、轻重、松紧、空实；扁形茶看平整光滑程度等。一般来说，身骨重、条索紧，说明原料嫩，做工精良，品质也好；如果条索松散、颗粒松泡、叶表粗糙、身骨轻飘，就算不上是好茶了。

（2）色泽

种茶都有着不同的色泽，但无论如何，好茶均有着光泽明亮、油润鲜活的特点，因此，我们可以根据颜色识别茶的品质。总体来说，红茶看起来乌黑油润，乌龙茶呈青褐色，绿茶翠绿鲜活，黑茶呈黑油色等，呈现这种色泽的各类茶往往都是优品。而那些色泽不一、深浅不同或暗而无光的茶，说明原料老嫩不一、做工粗糙、品质低劣。高山绿茶，色泽绿而略带黄，鲜活明亮；低山茶或平地茶，色泽深绿有光；若杀青不匀，也会造成茶叶光泽不匀、不整齐；如果制作工艺粗劣，即使鲜嫩的茶芽也会变得粗老枯暗。还可以根据汤色的不同辨别茶叶的好坏，好茶的茶汤色一定是鲜亮清澈的，并且带有一定的亮度，而劣茶的茶汤常有沉淀物，汤色也浑浊。

（3）香气

香气是茶叶的灵魂，无论哪类茶叶，都有其各自独特的香味。红茶略带焦糖香，乌龙茶独有熟果香，绿茶清香，花茶则有花香和茶香混合的强烈香气。选购茶叶时，可以根据干茶的香气强弱、是否纯正及持久程度判断。手捧茶叶，轻轻嗅一嗅，以那些鲜爽、纯正、浓烈、持久并且无异味的茶叶为佳；如果茶叶有烟焦味、霉气和熟闷味，均是品质低劣的茶。若是商家允许的话，购茶之前最好冲泡尝试一下。冲泡好的茶，香气更加馥郁，带着各类茶独特的香味，更易于鉴别。

（4）滋味

茶叶种类不同，各自的口感也不同，甄别的标准也往往不同。不过各类茶中的好茶口感大体却是相同的，如绿茶茶汤初尝略涩，后转为甘甜；红茶茶汤甜味更浓，回味无穷；花茶茶汤滋味清爽甘甜，鲜花香气明显。茶的种类虽然较多，但均以少苦涩、带甘滑醇厚、能口齿留香的为好茶，以苦涩味重、陈旧味或火味重者为次品。轻啜一口茶，细品茶中的味道，闭目凝神，让茶香融化在唇齿之间，或甘甜，或香醇，或润滑，或细腻，相信每一类好茶，都是令人回味无穷的。

3. 茶叶品鉴的重点

茶叶质量的品鉴，外形紧结度好、锋毫显、身骨重的嫩度好；外形色泽油润有光泽，嫩度较好；汤色以明亮度好、清澈度高的为佳；香气以细腻优雅、馥郁、鲜爽、持久为好；滋味要求口感丰富度、饱满度好（醇度），润滑度好（甘鲜度），汤香融合度好，协调性、平衡度好为宜；叶底评判嫩度、匀度、色泽，以嫩度高、匀齐度好、色泽明亮为佳。

茶汤香气的嫩鲜度、细腻度、丰富度，是香气品鉴的重点。嫩鲜度是茶叶等级高低最重要的因子，等级越高嫩鲜度越嫩，嫩鲜度和粗气的强弱判别，是香气排序的关键点。茶汤滋味品鉴重点是醇度、稠厚度、甘鲜度、细润度；以嫩鲜度在滋味中最清晰的"润滑醇鲜"呈现为切口，滋味的醇鲜甘润和糙粗的强弱，是滋味排序的关键点。

二、乐龄茶艺教与学

充满生活气息的饮茶活动，不仅有益于乐龄人群的身体健康，也可以通过对茶艺技法的研习，调节心情、陶冶情操。以茶会友的方式，更是丰富了乐龄人群彼此的情感交流，满足了互相陪伴、自我实现的社交需求。

乐龄茶艺是指乐龄人群在日常生活中，遵循一定的礼仪规范，运用茶艺技巧进行茶汤冲泡和品饮的生活方式，包括稳重规范的茶艺礼仪、科学实用的沏茶技艺和体现生活审美的茶席布置与茶艺演示等内容。乐龄茶艺的教与学的主要目的是通过倡导健康饮茶的生活方式，促进乐龄人群的身体健康、心理健康，倡导科学养生的生活理念。

（一）乐龄茶艺礼仪

饮茶是人们生活的一部分，茶艺礼仪从生活中来，又蕴含丰富的传统文化，体现出人们对美好生活的追求。乐龄人群茶艺礼仪的训练，应注重在学习礼仪规范的基础上，突出乐龄人群本身已积累的对人生的理解与感悟，引导其从饮茶的行为过程中去沉淀与升华，通过茶艺练习，传递乐龄人群沉稳的智慧与精神。

1. 仪容仪表干净整洁

乐龄人群学习茶艺，仪容仪表的要求主要是干净与整洁，包括个人的精神面貌与饮茶环境的清洁与卫生。

（1）保持个人良好的精神面貌

在妆饰上，可以化淡妆，妆容要稳重典雅，提升自己的精神面貌；不使用气味太重的香水或化妆品，不涂护手霜等有气味的物质，避免干扰茶的品赏；不宜佩戴太多、太抢眼的首饰，影响沏茶素净的美感；发型要整理干净整齐，不使之散落到前面，以免破坏沏茶动作的完整性；沏茶时尽量不要说话，以免唾沫或口气沾染了茶叶、茶汤。在服饰上，要符合茶境，舒适素雅，不穿宽袖口的衣服；鞋子的选择要注意舒适与方便。

（2）保持清洁整齐的饮茶环境

清洁是人类文明的基本要求，也是茶人要通过训练养成的良好的生活习惯。干净是以清洗等方式使物品、环境和个人不留污渍，干爽卫生，这对茶器具尤为重要。一般器具清洗后都要求沥干、拂干、晒干或烘干，并达到卫生要求。清洁不仅指茶人在茶事活动中保持茶具、环境和个人的清爽洁净，也强调人与自然更贴切的对话，指向内心的清洁与澄净。

整齐是以有秩序、无障碍等标准，使物品、环境和个人保持整齐和光洁。在开展茶艺活动时，展示的和不展示的茶器具都应该整齐、有序地安置，环境的整洁尤其重要。

2. 姿态保持端正稳重

姿态是身体呈现的状态，姿态的外在表现与心灵的态度基本是一致的。乐龄人群往往因为年龄的关系，容易产生心态上的失落，导致体态的疲倦感。茶艺礼仪通过姿态的训练，使乐龄人群保持良好的精神状态和心态。优雅稳重的姿态，传达着自己良好的生活态度。

端正与稳重是习茶者的基本礼仪要求，保持端正稳重的姿态，有益于乐龄人群的身体健康。端正，要求习茶者在沏茶时，尽量保持身体的端正，两臂、肩膀、头不要因为持壶、倒茶、冲水而不自觉地抬得太高，甚至歪向一边。沏茶时全身的肌肉和心情要放轻松，沏茶动作才会给人一气呵成、气韵生动的感觉。

茶艺姿态的训练主要包括坐、站、行过程中的姿态练习。

3. 礼仪的具体表达

茶艺演示开始和结束，主客均要行鞠躬礼。根据鞠躬的弯腰程度，可分为深礼、中礼、浅礼 3 种。"深礼"用于主客之间见面初始之时，年长者在社交场合中会受到尊敬，"深礼"在仪式感较强的场合使用。"中礼"用于主客或客人之间，在茶艺展示开始、奉茶及演示结束的时候使用。"浅礼"往往用于说话交流前后，使用频率较高。乐龄人群行礼时需要注意与呼吸相配合，弯腰下倾时吐气，身直起时吸气，注意调息，避免身体的不适。

另外还有常见的伸掌礼、叩手礼等。

（二）乐龄茶艺技法

茶艺是仪式化的产物，赋予人一种特殊的精神风貌和气质，在一定规则和长期仪式化的训练中强化行为特征的规范性。对于乐龄人群而言，学习茶艺的技法，一方面可以学习科学健康的饮茶知识，另一方面通过仪式化的练习能够达成精神修养的目的。茶艺技法的训练同时也伴随肢体的行动，是乐龄人群健身养生的一种温和的运动方式。

1. 茶艺的技术要素

茶艺技法需要遵循一定的规则和技术要领，综合考虑茶、水、器之间的关系，协调好茶水比、开汤时间、开汤温度、冲泡次数 4 个方面的要素，按照合理的冲泡流程去艺术化地呈现一碗茶汤。茶叶冲泡是否得法，在很大程度上决定着是抑制还是促进茶叶品质的发挥。

（1）茶水比

茶水比即在多少水量的情况下放置多少茶叶。由于茶叶加工的差异，不同茶类有不同的茶水比，也与沏茶使用的主泡器功能的利用有关。不同类型的茶叶沏泡使用的茶水比不一样，一般情况下，红茶、绿茶、黄茶、花茶之类，适宜使用直杯法冲泡，每克茶叶加入 50 ～ 60 毫升水为好，茶水比大约为 1∶60；通常冲泡水量达到 180 毫升的茶杯，投入 2 ～ 3 克茶叶是合理的。倘若冲泡乌龙茶、普洱茶等，可以使用茶汤分离的功夫茶的冲泡方法，茶水比大约为 1 : 20；紧压后的黑茶砖，可以选择煮饮的方式，通常 3 克左右茶，加水 500 毫升，煨在壶内煎煮 3 ～ 8 分钟品饮最佳。使用保温杯闷泡原料粗老的黑茶，也会有利于黑茶内含物的析出。

饮茶提倡适宜，不要过量饮浓茶。一般中乐龄人群每天饮 4 ～ 5 杯淡茶为好，每天不宜超过 5 克茶叶。

（2）开汤时间

茶叶开汤后有效物质就逐渐浸出，开汤到品饮之间的时间长短，表明了对茶叶内含有效成分利用的多少，是品饮时感知茶汤滋味的又一重要环节。据研究测定，茶叶经沸水沥泡，首先从茶叶中浸提出来的是维生素、氨基酸、咖啡碱等，一般开汤后 3 分钟左右，上述物质析出的浓度使茶汤喝起来有鲜爽醇和之感；随着开汤时间的延长，茶叶中的茶多酚类物质陆续被浸出，当开汤超过 5 分钟时，茶汤喝起来鲜爽味减弱，苦涩味等相对增加。

茶叶各物质在沸水中浸出的快慢，还与茶叶的老嫩和加工方式有关。细嫩的茶叶比粗老的茶叶开汤时间宜短些，反之则要长些；松散型的茶叶比爆压型的茶叶开汤时间宜短些，反之则要长些；碎末型的茶叶与完整形的茶叶开汤时间宜短些，反之则要长些。掌握好其中的规律，对品饮到美味的茶汤至关重要。

（3）开汤温度

当沥茶方式为水加热后冲点开汤，要掌握的是水的温度；当沥茶方式为煎煮法，开汤温度就关系到火候和候汤的过程。开汤温度的高低，与茶叶种类及制茶原料密切相关：较粗老原料加工而成的茶叶，宜用沸水直接开汤；用细嫩原料加工而成的茶叶，宜用降温以后的沸水开汤；有些茶则直接通过火的加热来呈现茶汤。

开汤温度的合理控制，可使茶汤清澈明亮、香气纯而不钝、滋味鲜而不熟、叶底明而不暗，饮之可口，视之动情，使人获得精神和物质上的享受。

（4）冲泡次数

除了用茶量，不同类型及外形的茶叶开汤后各种物质浸出程度有较大的差异，饮者会感觉到茶汤滋味、香气的变化，这涉及茶叶冲泡的次数要求。一般而言，绿茶、黄茶、花茶、低发酵乌龙、工夫红茶等类型茶可冲泡 2 ～ 3 次，乌龙茶可实现"六泡有余香"，袋泡红茶一次性冲泡即可。

2.龙井茶直杯撮泡法

龙井既是茶名，又是茶种名、地名、井名、寺名，可谓"五名合一"，"龙井茶、虎跑水"被称为杭州双绝。龙井茶品质超群，茶形扁平、光滑、挺直，色泽绿中显黄嫩，如同新春嫩柳，汤色清澈碧亮，香馥如兰而不俗，滋味鲜醇。

（1）注水基本技能训练

"凤凰三点头"是高冲水的用语，指在茶叶浸润后，将提梁壶或执壶里的水，有节奏地三上三落，冲入茶杯，完成沏茶的过程的技术。

（2）基本流程与技术要求

①备具。茶盘内分置茶储、茶荷、茶匙组、玻璃杯、汤瓶、水盂、茶巾。

②出具和列具。将备好的器具按顺序陈列在茶席桌上的规定位置。

③赏茶。拨茶入茶荷，双手捧茶荷，先自己观赏，而后向前举展示给观众。

④温杯。提起汤瓶，用回旋法注入热水，约占茶杯容量的 1/3，然后弃水。

⑤置茶。取茶匙拨茶入杯，投茶量应精准、统一。

⑥浸润。注入玻璃杯 1/4 的水量，取杯轻摇，使茶叶与水接触浸润。

⑦高冲。提起汤瓶，用"凤凰三点头"的手法依次冲点。

⑧奉茶。双手端茶盘，行至宾客面前，并行手势礼："请品茶！"

⑨品茶。奉茶完后，茶客们一同品饮茶汤。待茶汤凉至适口，小口品啜茶汤滋味，缓慢吞咽，让茶汤与舌头味蕾充分接触，细细领略茶的风味，舌鼻并用，嫩茶嫩香，沁人心脾，此谓一回茶，着重品尝茶的头泡鲜味与茶香。至杯中茶汤尚剩下 1/3 的水量时，再续水，谓之二回茶，二回茶汤正浓，饮后舌本回甘，余味无穷，齿颊留香，身心舒畅。饮之三回，茶味已淡，却是回味绵长。

⑩续水。一般在茶水只剩 1/3 杯时须续水，用"凤凰小点头"手法续水。

⑪收具。先收茶桌上的茶具，最后收宾客喝完后的杯子。

3. 花茶盖碗撮泡法

花茶是用茶叶和香花进行拼合窨制、使茶叶吸收花香而制成的香茶，亦称"熏花茶"。窨制花茶的茶坯主要是绿茶中的烘青绿茶，也有少量的炒青绿茶和部分细嫩绿茶，红茶和乌龙茶窨制成花茶的较少。花茶的名称有按花名取的，如茉莉花茶、桂花茶、玫瑰花茶；有把花名和茶名连在一起的，如茉莉烘青、珠兰大方、玫瑰红茶、茉莉水仙等。各种花茶独具特色，但总体品质均要求香气鲜灵浓郁、滋味浓醇鲜爽、汤色明亮。

沏泡花茶要选择能维护香气不散失的主泡器。有些花茶茶坯特别细嫩，茶坯本身具有欣赏价值，因而还有显示茶坯特质美的要求。所以，花茶一般用瓷质盖碗沏泡，特高级名花茶用玻璃盖碗沏泡。盖碗沏泡高档花茶的程序与规则，大致与前同，不同之处在于茶类属性不同及茶具的差异性，在茶艺过程中需要细细甄别。

4. 小壶酾茶法

酾茶法是指茶汤分离的一种冲泡品饮法，生活茶艺还多用盖碗作酾茶用具。这里介绍乌龙茶双壶双杯法。

乌龙茶属半发酵茶，是介于不发酵茶(绿茶)或全发酵茶(红茶)之间的一类茶叶，因其外形色泽青褐，因此也称"青茶"。乌龙茶成品外形紧结重实，干茶色泽青褐，香气馥郁，有天然花香；汤色金黄或橙黄，清澈明亮，滋味醇厚，鲜爽回甘。下面以台湾高山乌龙茶为例展示茶艺流程。

（1）静候佳音

此环节要完成选茶、备席、备具、候水等内容，并确定茶叶、茶具、用水、用火、场所，洁净所有器具。

（2）鸿雁传信

水初沸后，用热水冲淋茶盘上的壶、盅、杯，提高茶器具的温度，将茶席预热起来。比起传统酾茶法，过程要多加公道杯，提高闻香杯的淋烫。

（3）叶嘉入宫

即置茶。

（4）晨露初醒

一种是高冲水注满小壶溢出片刻来醒茶，将游出的水沫轻轻刮去的手法称为"春风拂面"；另一种是立即将壶内茶汤全部倾倒在公道盅、品茗杯，直接用茶夹倒杯中水。

（5）茶热焕发

又称孟臣沐淋。头道茶汤沏泡后，往往再用沸水浇淋主壶提高壶温。

（6）玉壶出汤

即斟茶，包括从主壶到公道盅到闻香杯再到品茗杯的过程。

（7）茶香三味

即品香、品茶、品艺。共叙情谊，主客皆礼，回味不尽。

5. 茶艺作品演示

人们在初学泡茶的时候，重视的是如何泡好一杯茶，应注重每一步操作的准确性。当人们能熟练地泡好每一杯茶后，就会将泡茶的过程提升，使之艺术化，也就是将茶文化、茶礼仪融入泡茶过程中，让泡茶过程艺术化。这不仅丰富了我们的生活，也提高了我们的生活品质和情趣，更能提高自身的素质和修养，同时也为人们提供了精神文化的享受。

为了便于理解创作的步骤，我们以案例分析的方法来展示作品创作的要点、方法与过程。现以《小雪》作品为对象来说明创作者以节气为思路创作的这个作品。

小雪时至，凝露为霜，化雨为雪，大地已呈初冬之象。在此时节，首先要确定沏茶类型，创作者选用了陈皮普洱和红茶。上好的陈皮普洱，可以润肺化痰、防咳养阴、理气调中、健脾和胃、消积化滞，其味属辛、甜、苦、温。辛能散，甜能悦，苦能泻燥，温能和百病。整个冬季，普洱茶、红茶都是当令之茶，喝来既可养身又可养心。红茶红汤红叶，味甘性温，可养人体阳气。红茶中含有丰富的茶多酚和茶多糖，生热暖腹，能增强人体的抗寒能力；红茶还可以助消化、去油腻。熟普洱亦可暖胃驱寒，还可消食化积。这两款茶都牢牢扣住了"小雪"这个冬天节气的特点，符合冬季饮茶的特性。

茶席设计的环节，暖白和橘红的桌布席面，带给人一种舒适的感觉。纯白和蓝色的桌旗代表着蓝天白云。设两方茶席，一席的席面上放置的白瓷梨壶瓷白如雪，青白釉瓷四方杯色呈淡青，胎质细腻，陈皮普洱和红茶红浓的汤色就像烧红的木炭发出的火光，在寒冷的冬天能温暖每一个人。另一席青瓷果盘中火红的山楂，与邻席呼应，带给人一种温馨的感觉。

音乐的选用也十分重要，开头采用儿童唱念的儿歌《节气歌·小雪》，童真童趣给观众一种轻松愉悦的感受，也吸引了观众的眼球。正式泡茶阶段采用《风筝误》，节奏舒缓，旋律优美，曲调悠扬动听，唯美的古风意境，让人心情愉悦又平静。

饮茶的艺术实践过程，集中关注以下几个方面：一是茶艺过程的清洁，这涉及茶艺具体器物的表现及茶人的清洁气质；二是茶艺的和敬，体现以儒家文化为指引的行为态度、生活理念和人际关系等要求；三是茶艺的俭简，从茶性的俭朴到生活的简素，倡导崇俭的社会风尚，茶人在简素宁静的生活中更有利于反省自我；四是怡乐，茶艺反映了日常生活的生动乐趣，提供了自我肯定的方式及温良情感的审美路径。因此，"清、和、简、趣"的精神倡导，贯穿茶艺的行为模式、生活方式，以及茶艺的技艺、礼法、审美和修养等领域。乐龄人群通过饮茶文化的学习与践行，有助于养成优雅的行为规范，维护身心健康的状态，更多希求获取精神上的修炼，从而使精神世界逐渐变得清明纯正而客观。

第三节　乐龄茶事活动组织与策划

乐龄茶事活动集文化性、娱乐性和健康性于一体，伴随着近年来乐龄人群对物质和精神生活不断提升的追求而出现。在古代，茶事活动主要是指与茶相关的文化、活动及其他；现代的概念则主要指围绕茶开展的茶会及其他活动，包括一些会议和展览等。乐龄茶事活动专以乐龄人群为服务的对象，包括乐龄茶会议、乐龄茶展览、乐龄茶会活动及其他活动。

一、乐龄茶事活动的策划原则

乐龄茶事活动策划应遵循以下原则。

（一）文化性原则

乐龄茶会活动策划，要把茶文化的精神内涵融入茶会的整体中，提高活动所蕴含的文化服务内涵和质量。

（二）健康性原则

茶事活动设计在主题、内容、流程等方面，都应把健康性作为一个重要指标，包括活动主题和内容的健康属性及活动形式的安全性等。

（三）经济性原则

茶事活动的举办，应在贴合主题及内容、办好活动的前提下，倡导经济节约，既要把茶事活动策划好，又要提高性价比，把活动经费花在刀刃上。

（四）大众性原则

参加茶事活动的乐龄朋友，所受教育水平的差别较大，对茶事活动的认知也参差不齐，因此在策划活动时应考虑策划一些雅俗共赏、适合大众广泛参与的茶事活动。

二、乐龄茶事活动的组织流程

一场成功的乐龄茶事活动，必须依赖于科学的活动组织与策划，按照一定的流程与步骤开展活动。

（一）前期策划

1.活动调研

组织茶事活动前，先要对举办原因、活动相关人、举办时间、举办地点、活动内容等关键问题进行前期调研，同时要确定调研渠道和调研方法，如问卷调查、典型调查、抽样调查等。要以书面形式写成调查报告，对调研结果进行分析和总结，了解当代乐龄人群对于茶事的了解程度、参与意愿等信息，以确定活动内容、活动形式等，为后续工作奠定基础。

2.活动策划

从核心要素来看，活动策划的内容主要包括主题策划、活动预算、地点策划和时间策划。

完成前期调研后，先要根据调研结果的分析，确定本次活动的主题。乐龄茶事活动的主题可以围绕不同乐龄人群对茶事的了解程度、不同季节适宜开展的茶事等前提来确定，要因时制宜、因地制宜，同时还要贴合活动人群。

主题确定后，应及时制定预算，进行成本预估，确定活动各环节成本，从而得出活动总成本。一般来说，组织活动的成本费用主要包括场地费、宣传推广费、管理费、交通费、材料费及其他费用。制定预算的过程也是在预计活动各环节的资源需求情况，从而将预估成本分配到活动的各个具体环节中，以制作活动预算表，便于进行财务管理。

活动的地点和时间策划至关重要。活动地点的选择，需要综合考虑的因素包括但不限于：是否符合主题、交通是否便利、环境是否安全、有何限制性规定、是否适合开展大型活动、是否符合乐龄人群的需求等。活动的时间管理包括活动日期、筹备时间、撤除时间3个方面。首先，活动日期的确定要综合考虑天气、时长、合作方等多重因素，选择最合适的日期；其次，为了有条不紊地、成功地举办活动，需留出充足的活动筹备时间，可以制作一份活动进度表，将活动的筹备工作进行细化，具体到工作内容、负责人员、完成日期，按照既定计划推进，并在过程中注意控制进度，及时发现和纠正偏差、错误；最后，活动结束后应尽快清理场地，完成后续工作。

综上，一次活动的策划，包括前期调研、确定主题、活动预算、确定活动时间和场地等主要环节，最终需以书面形式形成一份活动方案和报告。

（二）活动组织

完成前期的策划和人力、物资的准备，便可按计划实际组织活动，但在实施过程中要注意根据实际情况及时做出调整。活动举办的过程中容易产生突发状况，需要及时灵活应对，因此在做好前期准备工作的基础上，也要认真对待活动的实际组织工作，并在活动结束后及时总结复盘，不断积累经验。

（三）宣传报道

活动结束后，要及时撰写宣传稿，在相关公众号、网站上发表。若是大型活动，也可以直接联系报社、电视台等媒体，进行相关活动的采访和报道。在互联网时代，一定程度的宣传曝光，可以吸引人们对活动的关注度，也能引起乐龄人群参与活动的自豪感和热情。

三、乐龄茶事活动的组织执行

乐龄茶事活动的组织执行是一项重点和难点工程，要做好组织执行工作，首先要熟悉茶事活动的形式和内容。

（一）乐龄茶事的分类

按时间分类，可分为早晨茶事、拂晓茶事、正午茶事、夜晚茶事、饭后茶事、专题茶事和临时茶事。

按季节分类，可分为春季茶事、夏季茶事、秋季茶事、冬季茶事。

按节气分类，主要分为立春茶事、谷雨茶事、立夏茶事、小满茶事、芒种茶事、夏至茶事、小暑茶事、大暑茶事、立秋茶事、白露茶事、秋分茶事、寒露茶事、立冬茶事、小雪茶事、大雪茶事、冬至茶事等。

按节日分类，主要分为重阳节茶事、中秋节茶事、端午节茶事、春节茶事等。

按主题分类，可分为健康养生茶事、文化传承茶事、聚会交友茶事、行业交流茶事、民俗茶事、宗教茶事等。

（二）乐龄茶事组织执行内容

1. 四季茶事

通常组织者可根据不同季节来组织茶事活动，根据春季、夏季、秋季和冬季四季不同的特点来进行。

（1）主题

如春季茶事策划主要以"春"为核心，围绕春天带给人们的喜悦之情，以踏春赏花品茗怡情为主；夏季主要考虑如何围绕清凉消暑这一主题进行策划；秋季可从养生解燥方面去策划；冬季可从踏雪寻梅、温暖人心方面入手。

（2）场地选择

春季、秋季茶事适宜户外，可以选择风光旖旎和极具田园特色的乡野、院落等；夏季和冬季则适宜室内，可根据活动的规模选择场所。

（3）物品准备

四季茶事均应准备茶叶、茶具、茶席布及简单茶点等物品，有条件的还可以配备一些当季的水果、茶点、鲜花及插花所需的器具。

（4）组织及策划内容

一是进行茶会现场环境布置，如果是户外则可将携带的地垫或矮桌放置于适宜的地方，根据需要铺设茶席布及其他布置；如果是室内则按照事先规划的场地活动图进行布置，主要有半围式、全围式、上下相对式、品字式等，并把茶具按照茶艺要求进行艺术陈列。二是茶会现场执行时，待人员到齐后主持人可宣布活动开始，按照制定的现场执行脚本展开各环节工作。

中小型乐龄茶事活动一般按照以下流程进行：主持人或活动召集人宣布活动开始，旁边工作人员事前应准备好开水，提供给大家或表演者，也可由茶艺表演人员自行煮水。随后可根据需求进行相应季节的茶艺表演，并示意大家可以开始品茗。其间可组织文艺交流，可吟唱与春相关的诗歌，可进行乐器演奏等。整个活动过程中需要注意的是，必须要有仪式感，要让活动参与者感受到什么才是真正的好茶，通过仪式化的活动，提升大家的审美水平，传播对乐龄人群有益的健康的理念和知识。

2. 节气茶事

节气茶事也是乐龄茶事活动组织的主要类型，主要以时间为载体，与传统结合在一起易于乐龄人群认知，能让他们更加积极地参与到茶事活动中来。

（1）主题

节气茶事策划的主题选择，一般需要根据各节气所蕴含的本意，抓住各节气的核心要素来策划，如立秋时节，秋高气爽，适宜远足，可登高望远，毅行与品茶是最好的组合。不同的节气策划的对象和内容均不同。

（2）场地选择

场地也要根据节气做适应性选择，春季和秋季可选择户外，夏季和冬季可选择室内。当然，也可根据需求去适合的场所。总之，应根据活动的目的和希望达到的效果去选择场地。

（3）物品准备

节气茶事活动的准备比较精细，除了常规的一些准备，在细节方面还应当做到各节气的物品配备应一一对应。如立秋茶事，活动准备的物品应与自然融合，色彩应以蓝色和黄色为佳，代表着秋天的天空和大地；茶壶用紫砂，象征着丰收的红色，简单自然，静心安乐。

（4）组织及策划内容

一是对节气进行调研，熟知该节气的内涵及相关知识，并搜集与该节气相关的古诗词、典故等资料；二是确定活动的目的和主题；三是确定活动的规模及项目构成；四是确定活动的时间及流程，并着手展开各项准备工作；五是策划好正式节气茶事活动的各个环节。

3. 主题茶事活动

（1）品鉴茶事活动

这一类型茶事活动是最为常见的乐龄茶事活动，主要活动流程如下：一是组织者应选定 2～3 款茶作为活动的主打茶，茶的选定可根据季节、活动目的和活动属性去进行；二是确定茶事活动的目的及主题，确定活动的规模及项目构成；三是确定活动时间及流程；四是进行活动的推广与宣传，可设立一定的门槛，以提升活动参与者的获得感，如会员制、收费制、答题制等方式，并着手展开各项准备工作；五是正式开始节气茶事活动；六是活动结束后进行总结。

以"茶"品鉴为核心的茶事活动，要求活动中注重仪式感，关键在品不在娱乐社交，要让参与活动者切身感受到与平常饮茶的区别，达到观、止、行的效果。"观"就是集中注意力观赏老师或表演者的行为举止或泡茶时的流程；"止"就是在整个过程中要克己、静心，要有顿悟；"行"就是知行合一，重在亲身实践，要有所得。

（2）健康养生茶事活动

乐龄人群非常重视自身的健康，因此这种类型的茶事活动往往更能吸引乐龄人群的参与，也能够让乐龄人群学习到更多养生保健的茶知识。茶通过与水的融合，形成茶汤，乐龄人群通过饮用茶汤，可令身体获得各种元素、全身血脉畅通、精神焕发。主要活动流程如下：一是结合季节对乐龄人群当下所需的健康保健知识进行调研，做到心中有数；二是确定茶事活动的目的和主题，确定活动的规模和形式；三是确定活动的时间和流程；四是进行推广和宣传；五是进行正式的茶事活动；六是活动结束后进行总结。

（3）以"人"为主题的茶事活动

这一类型茶事活动比较易于开展，数量众多，可借鉴古今中外的元素，如经典茶著作、茶诗歌朗诵会、传统技法和现代汉服秀等，组织策划相关主题茶事活动。主要活动流程如下：一是进行调研，因为该类型茶事活动要求具有一定的历史文化背景，在活动策划之前应请教相关专家和老师，使活动更加符合历史，尽量还原历史风貌；要搜集古代茶画或其他古画，更加直观地再现当时的场景；要搜集文史资料加以斧正，从细节上去深入挖掘。二是确定茶事活动的目的和主题，确定茶事活动的规模和形式，在服装及物料配备方面要更加用心。三是确定活动的时间和流程，主要是根据调研的结果进行设计。四是进行活动的宣传和推广。五是正式开展茶事活动。六是活动结束后进行总结。

【思考题】

1.简述乐龄文化艺术服务供给体系。

2.以小组为单位，尝试组织并策划一次乐龄茶事活动。

第四章

乐龄旅游服务理论与实践

据联合国数据预测，中国乐龄人口数量在 2025 年将达到 2.8 亿人左右，占总人口的比重接近 20%；到 2050 年，乐龄人口将突破 4.8 亿人，占总人口的比重将达到 36.5%。如此庞大而且蕴藏着诱人市场价值的乐龄人群，无疑为我国的乐龄旅游发展提供了广阔的空间。据全国老龄工作委员会调查显示，目前我国乐龄旅游人数已占到全国旅游总人数的 20% 以上，作为一个旅游消费群体，乐龄人群出行率较高、出行时间较长、旅行花费较高，且这一群体出游意愿更为强烈，是拉动旅游经济的重要力量，在未来将成为重点旅游细分市场。乐龄旅游也成为全社会关注的热点问题。

第一节　乐龄旅游服务概述

我国对乐龄旅游的研究多侧重于对乐龄旅游市场、乐龄旅游产品的开发及乐龄旅游消费行为特征等方面的研究，现有的乐龄旅游研究较少提及乐龄旅游的概念，也没有统一的定论，更缺少实例和理论相结合的、概念性的描述。有学者在《中国老年旅游研究述评》中给出了乐龄旅游概念：乐龄旅游又称"银发旅游"，是以对旅游主体乐龄人群具有强烈吸引力的自然风景和人文特色为客体，兼顾医疗保健等功能的旅游，认为乐龄旅游包含养老旅游型、探亲怀旧型、观光求异型和其他形式。也有学者将乐龄旅游定义为：是指一定年龄阶段和健康状况下的老人，不以工作、定居和移民为目的的，为了提高自己的晚年生活质量，出于健康、享乐、怀旧、圆梦、审美和人际等动机而离开常住地，连续时间不超过一年的在其他地方进行包括观光、度假、疗养和其他活动在内的一系列休闲旅游活动的总称。

一、乐龄人群旅游需求特征

在现代化的社会发展进程中，我国家庭结构正在逐步发生转变，传统的四世同堂家庭正在逐步向"三口之家"或"两口之家"的小家模式过渡，这也造成了目前我国十分严重的"空巢老人"问题。中国老龄科学研究中心的调查数据表明，在我国的城市中，有接近 50% 的乐龄人群处于"空巢"状态，农村地区也有四成左右的"空巢老人"。在城市中，乐龄人群往往是退休在家，老两口大部分时间都比较孤独，所以更希望有适合的活动，让退休后的老年生活更加精彩。很多城市乐龄人群愿意通过旅游的方式，与外界更多地接触，同时也更多地追求个人的精神生活。特别是对于 65 岁以上的乐龄人群而言，在退休后都希望借助有限的时间，游览祖国的名胜古迹，所以乐龄人群存在着旅游的潜在消费需求。对于农村的乐龄人群而言，随着互联网的普及及手机的广泛使用，农村乐龄人群的传统思想也在逐渐改变。尤其是在城乡一体化的发展进程中，农村乐龄人群的思想正在向着城市乐龄人群的想法过渡。

在行业层面，乐龄人群作为一个重要的细分市场，受到了旅游行业的高度关注，如携程、途牛等国内旅游服务商平台，以及中国际旅行社总社、凯撒旅游等线下旅行社，纷纷布局乐龄旅游市场。2016 年 9 月，我国首个针对乐龄旅游的国家级行业标准《旅行社老年旅游服务规范》开始实施，对规范乐龄旅游市场秩序和旅行社的经营行为起到了重要的指导作用。

在学术层面，越来越多的学者对乐龄旅游需求进行深入完善的研究。首先，乐龄人群旅游需求具有多样性特征。乐龄人群旅游需求较为传统，以游览观光、健身疗养和探亲访友为主，而且乐龄人群消费具有节俭的特征，旅游过程中注重物有所值，对价格敏感。在旅游过程中需要很多的帮助，比如需有专人陪伴、及时提供医疗帮助、减少交通障碍、专业行程安排和特殊的餐饮安排等。乐龄人群的旅游安全意识也相对比较薄弱。其次，乐龄人群旅游需求具有复杂性的特征。与其他年龄层次相比，乐龄人群的旅游行为存在着巨大差异，不同类型的乐龄人群旅游需求偏好存在着显著不同。国外有学者将乐龄旅游者分为 3 个类型：家庭型，偏好与家庭成员进行短途旅游及重复前往同一目的地旅游；活跃型，偏好利用假日参观人文历史景点；年长型，偏好包价旅游或度假旅游。也有将乐龄旅游者划分为 7 个类型的，即怀旧型、友谊型、学习型、逃避型、思想型、探索型及养生型。还有一种直接将乐龄旅游者划分为消极型、热情型和文化型。

乐龄旅游群体可以被分成很多个细分市场，这些群体的人口学特征、旅游偏好及旅游决策外显特征存在很大差异，总体来说，乐龄人群旅游需求呈现出以下四大特征。

（一）出游需求增加

乐龄人群退休后有着大量的闲暇时间，而且多数乐龄人群都有着一定的经济基础。另外多数乐龄人群的孩子因为忙于工作没有时间陪伴他们，所以为了打发他们的时间、充实他们的晚年生活，晚辈们更愿意让乐龄人群通过旅游的方式来放松身心，他们为乐龄人群的出游提供充足的经济支持。再者，多数乐龄人群不愿服老、不愿意忍受孤独与寂寞的折磨，他们中的多数人有着强烈的出游欲望，希望通过旅游的方式来结交新朋友、丰富晚年生活。基于以上因素的共同影响，乐龄人群的出游需求必然增加。

（二）注重性价比和服务

我国现阶段的乐龄人群大多经历物资匮乏年代，有勤俭节约的传统习惯，不喜欢乱花钱。当然随着目前生活水平的普遍提高，乐龄人群也不再一味追求低价格，相反，乐龄人群也更加注重性价比。相关调查显示，约有三成的乐龄消费者关注质量等品质因素，约有三成的乐龄人群考虑价格合理等经济因素，同时大约有三成的乐龄人群考虑到方便省事等便捷因素，多数乐龄人群愿意参加性价比高的旅游团、注重旅游过程的体验。毫无疑问，舒适、休闲的旅游体验及高标准的旅游服务，已经成为乐龄人群出游的首选。

（三）喜好团队出游

大多乐龄人群在出游方式的选择上更倾向于团队出游的形式，这是由乐龄人群特殊的心理和生理需求决定的。一方面，因为乐龄人群上了年纪之后行动开始迟缓，腿脚开始变得不够利索，身体健康状况开始呈现下降趋势，需要结伴互相照顾，而且多数乐龄人群上了年纪之后害怕孤独，这些都决定了他们喜欢结伴而行；另一方面，出于对身体精力、安全方便等各方面因素的考虑，乐龄人群觉得团队出游的方式是最省事、省心的选择。

（四）注重健康养生，需求趋于多样化

乐龄人群喜欢怀旧，喜爱有利于身心健康的旅游环境，特别是随着乐龄人群年

龄的增加，健康已经成为乐龄人群关注的焦点。所以乐龄人群旅游多以观光健身疗养、探亲访友为主，这样不仅可以远离城市的喧嚣、拥挤的人流，更能在清净优美的湖光山色之中享受轻松而自由的旅游活动，从而达到养生保健的目的。此外，因为乐龄人群深受中国历史及传统文化的影响，他们有着特殊的怀旧思乡情结，因此那些以文化历史、红色怀旧、山水观光、康体保健、城市观光等为主的旅游，一直是乐龄人群青睐的对象，而且他们不再满足于走马观花、蜻蜓点水般的旅游方式，乐龄人群的旅游需求趋于多样化。

随着社会经济的有序发展，越来越多有钱、有闲的乐龄人群加入旅游大军，他们的旅游需求旺盛。2019年携程发布的《老年群体旅游行为报告》显示，65%的乐龄出游用户每年出行3次以上。与此同时，乐龄游客的旅游需求也在不断变化。除了传统的跟团旅游，不少乐龄游客开始选择定制游、自驾游等。尤其是进入疫情防控常态化之后，乐龄游客也更加青睐安全度、舒适度更高的定制游。面对日新月异的新技术，乐龄游客们也一直在积极学习、摸索，需要用更多的方式来帮助他们跨过"数字鸿沟"。针对旅游需求上的变化，需要为乐龄人群开发更适宜的产品，为银发旅游增添更多温度，让他们积极融入新旅游，这不仅关系着旅游业的高质量发展，也将对应对人口老龄化起到积极作用。

二、乐龄旅游市场特征和问题

不同于其他旅游消费群体，乐龄人群一般具有身体健康状况呈下滑趋势、渴望关怀与尊重、怀旧心理与补偿心理并存、消费习惯固定平稳等身心特点。多年来，我国乐龄旅游市场都被作为特殊市场对待，在旅游行业快速发展的进程中，乐龄旅游市场的特征已经特别明显，主要表现在以下5个方面。

第一，旅游目的和内容明确。在旅游目的地选择及旅游活动行程安排方面，乐龄人群相对谨慎且目的性十分明确。便捷性与安全性是乐龄旅游的关键信息，所以在旅游之前，乐龄人群会通过多种媒介来了解旅游目的地的情况及具体的行程安排情况。

第二，消费心理成熟和理性。从消费行为而言，乐龄人群相对成熟也相对理性，在旅游消费当中，乐龄人群更愿意在吃、行、住和游等方面消费，很少有购物习惯。

第三，注重健康舒适和安全。对于乐龄人群而言，旅游的行程安排与旅游体验要尽可能地以休闲、舒适和安全为主，乐龄人群非常注重健全、完善的医疗安全保障体系。

第四，喜好结伴和组团出行。与年轻人的一人出游或家庭出游不同，乐龄人群旅游常常以团队活动为主，要么是与街坊邻里一起，要么是和一群社区朋友共同前往，并且团队旅游活动的目的一般是探亲访友、健身理疗或观光游览。

第五，怀旧和补偿心理明显。乐龄人群更喜欢在旅游中游览历史遗迹、名人古迹，或者是拥有特殊历史、文化气息的场所。对于乐龄人群而言，怀旧心理在旅游中的作用非常明显，一些怀旧的事物、景色，都会引起乐龄人群极大的兴趣。

现在的乐龄市场发展火热，越来越多的旅游业者纷纷加入，但也暴露了发展过程中的一系列问题。

（一）乐龄旅游市场服务没有跟上市场发展的步伐

国内乐龄旅游的服务对于乐龄人群而言还是不足的，乐龄群体身体素质远没有青年人好，对于服务感知较为敏感，传统的旅游服务并不能使乐龄人群感到满意和舒适。目前旅行社所委派的导游、领队对于如何服务乐龄人群没有经验，在各个方面并不能完全照顾到老人的特殊需求，容易引发乐龄人群的情绪波动，使满意度降低，进而影响了乐龄人群的出游动机，降低出游的兴趣。

（二）乐龄旅游的适用性差，缺乏专业的设计和测试

目前市场的乐龄旅游产品大多只是普通的观光型旅游产品，仅仅打着"夕阳红"的幌子，缺少乐龄旅游产品的专业性设计。对于乐龄人群来说，这些产品不仅使他们身体和心理上感到不舒适，同时也影响了乐龄人群外出旅游的兴趣。

（三）乐龄旅游市场细分不明确

当下的乐龄市场可能起步晚，没有像其他旅游市场一样做相应的、具体的市场划分。对于旅游经营者而言，自身条件和供给能力的有限，也使得乐龄旅游产品并不能满足和适应所有乐龄旅游者。

（四）乐龄人群出游保险意识不足

现在旅游保险除了法律规定的游客必须购买的保险外，还有一项自愿购买的旅游意外伤害险。大多数旅行社本着游客自主决定的原则，在介绍时也没有过多地去解释和宣传，大多数乐龄游客从认知上觉得自己已经买了一份保险，不需要再多花一份钱去购买这样一份保险。但是，在事故发生的时候，乐龄人群的受伤概率和程度往往会很严重，从而造成旅游纠纷和投诉，也会给旅行社形象造成一定的影响。

（五）恶意推出低价旅游产品扰乱市场秩序

在目前的旅游市场，不时会出现一些旅游企业推出恶意低价竞争的旅游产品，导致旅游市场的混乱，从而造成浑水摸鱼的状况频频发生。同时低价团大多是通过强制购物来收回成本，甚至达到暴利，这严重地抹黑了旅游业的形象，同时对旅游业的发展造成严重的阻碍。

三、乐龄旅游服务内容及要求

乐龄旅游服务是专门针对乐龄群体的旅游服务，是保证乐龄人群在食、住、行、购、娱等旅游活动中享受旅游服务的过程。而乐龄人群又是一个比较特殊的群体，无论其生理特征还是消费行为特征，都直接决定了乐龄旅游服务的特殊性。如何丰富充实乐龄人群的晚年生活，一直是社会热切关注的问题，而乐龄旅游活动恰好极大地丰富了我国剧增的乐龄群体的晚年生活，乐龄人群参与旅游活动的过程，正是促进乐龄享老行之有效的方式方法，这不仅可以改善乐龄人群的生理健康、精神状态，提高乐龄人群的生活质量，同时也可以保障乐龄人群参与社会的权利。发展乐龄旅游，可以促进积极老龄化的贯彻落实，实现乐龄人群的老有所为、老有所乐，达到乐龄享老的目的。

2016 年 9 月 1 日开始正式实施《旅行社老年旅游服务规范》，使乐龄旅游服务从此"有标可依"。新规对旅游景点、活动安排、交通工具、购物安排等乐龄人群旅游诸多环节的服务提出了明确的要求。如"连续游览时间不宜超过 3 小时，可安排一定时间的午休""连续乘坐汽车时间不应超过 2 个小时，每个景点应安排充裕的游览时间""乘坐火车应安排座位，过夜或连续乘车超过 8 小时应安排卧铺，宜尽量安排下铺"，等等。新规要求，乐龄团的行程要"节奏舒缓"，使行程安排更适合乐龄人群自身的特点。新规对乐龄旅客出行的软硬件保障措施也格外重视。硬件上要求"客车上应配备轮椅、拐杖等辅助器具"；软件上则要求"具备紧急物理救护等业务技能"的导游 / 领队全程随团服务，"包机、包船、旅游专列和 100 人以上的乐龄旅游团应配备随团医生服务"。目前我国乐龄旅游市场占整个市场的 30% 左右，这一市场具有错峰出游、旅游资源"平峰填谷"的特点。针对乐龄人群较多的旅行团，新规中有很多降低风险、更好保护乐龄人群的安排，包括不安排清晨深夜出游、控制合适的游览时间、限制车程时长等。新规对乐龄旅游服务做出了明确的规定，乐龄人群旅游过程中的合法权益得到了进一步的保障，旅行社运营乐龄团时也更加有据可依。

（一）乐龄旅游产品的开发

虽然针对乐龄旅游市场设计的旅游产品不少，但是现有的旅游产品并不能有效满足乐龄人群的需求特点，具有较大的升级与创新空间。大部分人认为，乐龄人群的群体具有保守内向、适应力差、依赖心理强、容易烦躁、内心体验深刻等心理特征，因此乐龄旅游应开发具有安全性、成熟性、参与强度弱、精神体验丰富等特征的旅游产品，应将安全和医疗保健放在第一位。有学者提出，乐龄人群的旅游需求不仅具有同质性的特征，也具有异质性的特征，可以综合考虑乐龄人群不同的需求，创新乐龄旅游产品，推出知识旅游、孝心旅游及健身旅游等产品。

目前旅行社针对乐龄旅游市场开发时大多强调促销适度、合理定价，通过组成旅行社联合体，扩大市场规模，降低成本，以低价拓展乐龄旅游市场。有学者主张向美国等发达国家学习，为乐龄人群设计的旅游线路应以便利、舒适为主，避免交通时间过长；在市场开发中应根据乐龄人群的消费能力推出差异化的产品，为要求高端的客人提供高价优质的产品，为收入较低的乐龄群体提供平质优价的产品，并应认识到开发乐龄旅游市场对旅游淡季的特殊意义和价值。另有学者认为，乐龄旅游市场的开发应关注到乐龄群体消费观念的变化，候鸟式养老和度假式养老等旅居养老产品具有较大的市场前景，未来可以着重发展候鸟式、文艺赏鉴式、疗养式、田园式及社区式的旅居养老产品。

📄 乐龄人群短途旅游项目案例

因此，要做好乐龄旅游市场的产品开发，不能将乐龄人群仅仅作为一个同质性的群体，应充分关注乐龄人群对旅游需求的差异性和复杂性，并且也不能仅认为乐龄人群就是保守节俭、关注安全的传统消费者，而应更多关注乐龄人群市场上出现的新需求、新趋势，而这种新需求、新趋势集中体现在观光、疗休养、休闲等方面。

旅行社在提供乐龄人群旅游产品时，重点在于完善乐龄旅游的安全保障，必须要注意以下几点。

第一，线路宽松。根据乐龄游客生理、心理特点，游览路线应尽量时间充裕，放慢游览节奏；尽量选择适合乐龄人群的、体力消耗少的景点，避开高原、沙漠等对游客身体素质要求较高的目的地，劳逸结合，动静结合，防止意外发生。

第二，淡季出游。由于乐龄人群时间充裕，可以避开旅游旺季，选择在气候舒适的淡季出游，避免黄金周等高峰期人满为患的拥挤状况，从容出行。例如国内具有影响力的乐龄旅游品牌——中润旅游的"我送爸妈看北京",是中国乐龄学会乐龄旅游专业委员会重点推荐的旅游品牌,已成功举办 71 期,接待 31000 多人,无一例质量投诉,其特点就是基本上避开黄金周和节假日及寒冷的冬季和炎热的夏季。

第三,注重交通工具的安全性和舒适性。交通工具的安全性和舒适性决定了旅行的满意度和舒适度。乐龄人群长途旅行建议选择卧铺或飞机出行,出发和到站时间都应尽量选择在白天,旅行日程安排以宽松为主,活动量不宜过大。

第四,服务保障到位。针对不同健康水平的乐龄人群,要在专业医生的指导下推荐长度、强度不同的线路,给每种乐龄旅游产品设置相应的年龄和健康门槛。由于乐龄人群年老体弱,长途劳累或气候变化易诱发疾病,乐龄旅游团配备专业随团医生是对旅行社组团的最基本的要求。随团医生除了协助完成旅游计划外,其主要任务是每天密切关注游客的健康状况,提供医疗保健服务,每天早晚量血压,经常询问乐龄游客的睡眠、饮食、肠胃和体力状况,提醒常年服药的乐龄游客定时服药等。

(二)乐龄旅游服务的特性

乐龄旅游服务作为旅游服务的一个重要组成部分,应遵循旅游服务的基本特征。通过对乐龄旅游特征的分析,可以了解乐龄群体在旅游过程中的独特性,主要表现在以下几个方面。

1. 安全性

乐龄旅游者由于自我保护能力的减弱,对旅游安全和医疗保健方面的需要更为强烈。乐龄群体在旅游过程中首先要考虑安全和健康问题,乐龄旅游团最重要的就是要有完善的医疗安全保障体系,保证乐龄人群在出游过程中的人身安全和财产安全,这也是区别于一般旅游团的显著特点。乐龄旅游服务的安全性要求旅游目的地的旅游企业、服务人员及政府部门必须把乐龄人群的安全放在首位,建立乐龄旅游安全保障体系,在设计线路和旅游产品时要确保乐龄游客的安全,各个旅游服务网点的安全设施要齐全,保证乐龄群体在食、住、行、游、购、娱各环节的安全,为乐龄群体营造一个安全的旅游环境,解决乐龄游客的后顾之忧。

2. 全面性

乐龄旅游服务的全面性包括乐龄群体在旅游过程中的全方位服务和为全部乐龄旅游者提供服务。强调的是旅游目的地为乐龄群体提供全方位的服务,同时在旅游过程中还要提供连续性的照顾。旅游过程中的全方位服务注重在旅游过程中及在目的地为乐龄群体提供的各项服务内容，这种全方位的服务与以往只走过场的形式不同，而是更加注重乐龄旅游服务的内涵，根据乐龄群体的需要为他们提供全面服务；为全部乐龄旅游者提供服务强调的是要将所有的乐龄旅游者同等对待，为他们提供同样的服务，而非有选择性地提供差别化服务。

3. 适老性

乐龄旅游服务的适老性不仅要求目的地的服务设施要符合乐龄人群的身体机能和行为特点，还要求在旅游过程中的各个环节充分考虑乐龄群体的生理和心理特征，为乐龄旅游者提供特殊化、人性化的服务，满足乐龄人群的旅游需求。旅游目的地的景区、食宿等服务点要考虑乐龄群体的特征，建设相应的适老化服务设施，包括实现无障碍设计、健全紧急救助系统等，为乐龄群体创造更为便利的旅游环境。在旅游行程、旅游线路的安排上也要区别于一般旅游团，日程安排宜松不宜紧，活动量不宜过大，使旅游服务不管在硬件方面还是在软件方面都更具适老性。

4. 关怀性

乐龄人群退休后大多赋闲在家，与社会的接触减少，思想上无所依托，情感上多处于孤独寂寞的状态，比起经济上的补偿，此时乐龄人群最需要精神上的慰藉。但由于子女常年不在身边，乐龄人群的精神生活也不尽如人意。而目前，乐龄旅游的兴起，正是因为乐龄人群可以通过旅游活动排解内心的寂寞空虚，达到心情上的放松和精神上的慰藉。在人口老龄化日益加剧的背景下，乐龄旅游服务的关怀性强调坚持以人为本，充分体现出对乐龄群体的人文关怀。旅游目的地在为乐龄群体提供旅游服务时，住宿、餐饮、游览及导游等服务人员要投入更多的情感因素，在服务的各个环节都要以"情"字贯穿始终，让老人在旅游过程中感受到被关怀、被重视的亲情氛围。

（三）新型乐龄旅游服务的特点和必要性

根据目前我国老龄化现状及趋势、乐龄人群身心特点及旅游需求特征，提出了新型乐龄旅游服务的特点及实行新型乐龄旅游服务的必要性。

1. 新型乐龄旅游服务的特点

（1）全方位服务与连续性照顾相结合

全方位服务与连续性照顾相结合，是新型乐龄旅游服务区别于传统旅游服务的重要特点。新型乐龄旅游服务是一种全方位的服务模式，包括整个旅游全部过程的服务、旅游过程中的全方面服务和给全部乐龄旅游者提供的个性化服务。它强调的是给乐龄旅游者提供面面俱到、无死角的全方位的服务，在服务过程中实现对乐龄旅游者的连续性不间断的照顾。旅游全部过程的服务主要分为乐龄人群购买前的旅游服务、享受过程中的旅游服务和享受完后的旅游服务。这种全方面的服务不同于以往那种走马观花式、只求过场的形式主义，而更加注重旅游服务内涵，根据乐龄人群的需求提供全方面的服务。

（2）特殊化与情感化结合

特殊化与情感化结合主要是为乐龄旅游者这个特殊群体提供特殊化、人性化、情感化的服务。因为乐龄人群本身就属于一个比较特殊的群体，中国有句老话说"老换小"，就是在说人一旦上了年纪就变得像小孩子一样。所以针对乐龄人群这个特殊的旅游群体，新型乐龄旅游服务一定要强调特殊化与情感化结合。这种特殊化与情感化的结合是专门针对乐龄人群的、有别于其他旅游群体的服务。乐龄人群特殊的生理和心理变化都是我们需要关注的，而且乐龄人群在经历"老换小"的角色转变之后，更像是一个孩子，所以在情感上我们要投入更多的关注，不仅要侧重基础类服务的特殊化，更要注重乐龄人群的真正需求，使全部乐龄旅游者在旅游全过程、旅游过程的全方面都享受到被呵护、被关爱的感觉。

（3）尊老敬老传统文化贯穿始终

我国有着 5000 多年的文明史，是礼仪之邦，从古至今处处彰显着大国的风范，尊老敬老的传统文化也一直被我们世世代代的国人所传承。新型乐龄旅游服务更要秉承尊老敬老的传统文化，在旅游服务中贯彻尊老敬老的传统文明，让乐龄人群感受到自己被充分的尊重、被大家所爱戴，这不仅可以在很大程度上消除乐龄人群的消极老龄化思想，特别可以消除那种觉得上了年纪出门不方便、容易讨人厌、就愿意宅在家里等着老去的消极想法，同时，可以满足乐龄人群渴望被关注、被重视的心理需求。当然，在满足乐龄人群心理需求的同时也会给他们带来极大的精神愉悦，这种精神的愉悦对乐龄人群的身心健康都将起到积极的作用。总的来说，把尊老敬老传统文化贯穿乐龄旅游服务的始末，将极大地推动乐龄享老观念的实现，更有助于整个旅游服务活动的开展。

2. 实行新型乐龄旅游服务的必要性

（1）改善乐龄人群生活质量

乐龄人群在经历了几十年的忙碌工作后，面临着退休后角色的转变，从家里的顶梁柱、工作中的骨干等角色上退居幕后，变成一个每天有着大把闲暇时间的闲人，可能很多乐龄人群短时间内会极度不适应，会觉得无所事事、百无聊赖、不知所措，各种失落、空虚、消极的负面情绪也随之而来。而旅游在一定程度上正好弥补了这种缺憾。我们都知道，旅游本身就是一个放松身心的过程。在旅游过程中，乐龄人群不仅可以享受旅游服务带来的乐趣，也可以重新为他们的乐龄生活定位、找到人生晚年的新目标、发现人生晚年的乐趣。新型乐龄旅游服务可以改善乐龄人群的生活质量，保证乐龄人群享受到一种高品质的晚年生活。这样乐龄人群才能以更加积极健康的心态快速适应角色转变，生活质量不断得到改善。

（2）丰富乐龄人群精神文化生活

由于我国之前实行计划生育政策，现有很多独生子女家庭。随着生活压力加大、生活节奏过快及一些始料未及的因素，产生为数不少的"失独老人"；也有越来越多的年轻人为了生计不得不背井离乡、四处奔波，"空巢老人"也开始成为一种常态。越来越多的乐龄人群虽然衣食无忧，但是他们不得不忍受孤独与寂寞，甚至遭受疾病的折磨，他们的精神状态堪忧。而旅游就是一个结交朋友、丰富精神世界的过程。多样化的旅游服务，不仅有利于乐龄人群排解寂寞、增长见识、开阔视野，也可以让乐龄人群在享受旅游服务的过程中找到自信、焕发青春，精神文化生活不断丰富。乐龄人群享受旅游服务的过程就是缓解老龄化带来的种种问题、实现乐龄享老的过程。"参与"旅游活动，享受旅游服务带来的"健康"及"保障"，可以有效缓解老龄化加剧带来的一系列社会问题，实现老有所乐、老有所为。

（3）促进乐龄旅游健康发展

对新型乐龄旅游服务的研究，有助于提高乐龄旅游服务的质量，更全面地关注乐龄旅游群体，关注乐龄旅游中存在的问题，从而发现问题、解决问题，引导乐龄旅游的健康可持续发展。新型乐龄旅游服务更能保证高品质的旅游服务，那么乐龄人群在享受旅游服务的过程中会更加肯定旅游带来的乐趣，越来越多的乐龄人群愿意参与到旅游活动中来，对整个乐龄旅游市场的影响是极其长远的。

（4）促进我国经济社会协调发展

新型乐龄旅游服务研究不仅可以有效地应对我国的老龄化问题，而且有利于促进我国经济社会的协调发展。在未来的10年、20年甚至更长时间内，随着老龄化的加剧，我国将由快速老龄化阶段向加速老龄化阶段发展，乐龄人群势必会成为未来旅游市场的消费主体。所以倡导乐龄享老理念下的乐龄旅游服务研究，不仅可以鼓励乐龄人群以积极的心态应对老龄化，更能通过乐龄旅游服务的完善来促进整个旅游市场的发展，为我国带来巨大的经济效益，促进我国社会主义和谐社会的发展，进而对我国整个经济社会的协调发展都产生极其重要的影响。

第二节　乐龄旅游策划

一、乐龄旅游策划原则

旅游策划的核心是策划主题，以及对未来旅游产品生产、营销与交换活动的运筹、谋划、构思和设计，策划的灵魂在于新颖、独特、实用的旅游创意。因此，好的乐龄旅游策划是应对旅游产品同质化、需求个性化、竞争白热化的有效手段，既是应对人口老龄化形势的重要举措，也是提高乐龄人群生活质量的必然要求，是社会经济发展本身的需要。我国乐龄旅游策划关系着乐龄旅游产业的可持续发展，必须遵循科学的发展原则。

（一）市场导向原则

市场导向原则是市场经济规律的要求和体现。乐龄旅游产业是市场化程度非常高的行业，乐龄旅游产品是否能反映乐龄旅游者的需求，是否被乐龄旅游者接受并喜爱，最终需要通过市场来检验。因此，乐龄旅游企业应对乐龄人群的旅游动机、旅游决策影响因素、行为特征与消费偏好等一系列市场需求因素进行分析，结合旅游市场日益扩大和乐龄旅游消费需求日益大众化和多元化的发展趋势，推陈出新，提供针对乐龄旅游者特点、符合乐龄旅游者需求的乐龄旅游产品，优化乐龄旅游产品结构，提高乐龄旅游者消费的满意度。

（二）以人为本原则

以人为本原则就是指不论在何时何地，发展乐龄旅游产业都应将乐龄旅游者的需要和利益摆在首位，实现好、维护好、发展好乐龄旅游者的需要和利益。以人为本原则要求乐龄旅游产品和乐龄旅游活动应一切从乐龄旅游者特殊的生理条件和心理特点出发，从乐龄旅游活动的路线设计、行程安排、车辆配备、景区选择、营养配餐，以及酒店入住、导游服务、活动组织、健康照料、旅行保险、危机处理、权利维护等方面，保证乐龄人群安全出游、放心出游、舒心出游。同时，以人为本的原则也要求乐龄旅游产品在满足乐龄旅游者物质需求的同时，还应满足乐龄人群的精神文化需求，全面满足乐龄人群的需要。

（三）质量第一原则

乐龄旅游产品质量是乐龄旅游企业争夺市场、招徕顾客的核心竞争力和赢得顾客满意度、获得可持续发展的基石，是乐龄旅游企业的生命线。一方面，以标准化为手段，乐龄旅游行业组织应着力建立健全统一的《乐龄旅游服务规范》等相关标准体系建设，乐龄旅游企业应按照标准化体系的要求全面贯彻实行，整体提高乐龄旅游标准化水平；另一方面，以个性化为方向，在标准化基础上寻求个性化发展，提升乐龄旅游从业人员的服务意识和服务水平，全面提升乐龄旅游服务的质量，着力提高游客的满意度。

（四）协同发展原则

乐龄旅游产业作为一个涉及众多相关行业的综合性产业，涉及面广，影响因素多，对其他相关产业和保障体系的要求较高。为了满足乐龄旅游者的需求，乐龄旅游产品不仅要提供包括吃、住、行、游、购、娱在内的各种直接旅游服务，而且还要提供医疗保健、通信、保险金融、代订代购等其他多种辅助性服务，同时对公共交通、信息咨询、安全救助、旅游行政服务等也有较高要求。因此，乐龄旅游的可持续发展必须坚持协同发展原则，这依赖于多方主体的通力合作、共同发展。

（五）微利原则

乐龄旅游产业属于典型的老龄产业，属于微利产业。乐龄旅游市场开发成本高、收费低、利润少，尤其是风险成本较高，而提供乐龄旅游产品获得的平均利润相比从事其他产业或者其他类型的旅游产品来说，相对较小，这与目前中国乐龄消费群体的购买能力比较低、乐龄人群的消费观念比较保守等多种因素有关。因此，政府主管部门应给予相应的扶持政策，同时，应鼓励倡导保险金融产业与乐龄旅游产业全面深度合作，共同抵御经营风险，促进乐龄旅游产业的可持续发展。

二、乐龄旅游策划步骤

从实际运作的角度进行分析，一项完整的旅游策划的编制过程可以划分为 8 个环节，即接受委托、明确目标、实地考察、搜集资料、创意形成、方案确定、修改完善、反馈调适。创意的形成是整个策划过程的关键步骤，也是旅游创意策划的核心环节。

根据各阶段工作重心的不同，创意形成过程又可划分为 3 个步骤，即明确策划定位、酝酿主题概念、形成策划创意。

（一）明确策划定位

策划定位就是明确作为策划对象的产品或项目的性质、功能、市场指向的过程。策划定位是开展创意活动的指导思想，决定着策划方案的编制方向、层次、水平、质量。策划定位必须统筹考虑旅游市场需求、竞争对手情况、资源依托状况，立足现实，把握潮流，放眼未来，为旅游产品或项目选择合适的位置。策划定位是一个融战略研究与运筹艺术于一体的过程，与策划人员的思维方式、学术视野、经验积累、运筹能力密切相关。例如，云南安宁八街古镇历史悠久，民俗独特，小集镇粗具规模，在全市乡村旅游规划中将其定位为安宁乡村旅游带的服务中心，主要面向以现代新昆明为中心的滇中城市群；这一定位明确以后，"乡村艺术集市"的主题概念呼之欲出，非遗旅游小镇、梨园春秋花灯实景剧苑、八街古镇百年庙会、民间艺人街（创意市集）、乡土特产集市、乡村美食街等创意随之产生。

（二）酝酿主题概念

在旅游创意形成过程中，主题概念的选择十分重要。所谓主题概念是对旅游策划活动基本理念、产品或项目独特卖点的高度提炼，它是创意展开的基点，是影响策划成败的关键因素。比如，云南省瑞丽市姐相乡银井傣寨确立了"一寨两国"的主题概念，由此衍生出了"一个脚步跨两国""一架秋千荡两国""一桌宴席吃两国""一口水井喝两国"等创意，形成了相关旅游项目。主题概念的提炼不能随心所欲、轻率从事，更不能胡编乱造，应充分调查研究，综合考虑目标市场的心理特征和社会发展趋势，以及委托方的资源条件、比较优势、发展愿景、外部环境等因素。富于表现力的策划主题是旅游资源与旅游需求的最佳结合点，一般应该具备以下特点：①形式新颖，与众不同；②富于思想性；③简洁明快，通俗易懂；④富于艺术表现力，具有市场感召力。

（三）形成策划创意

在明确策划定位、选定主题概念之后，策划人员就可以进行创意活动了。创意的形成是旅游策划人员在自身知识和经验的基础上，通过对资源状况、市场需求、相关信息进行分析，运用创造性思维手段，围绕策划对象对原有元素进行重新组合的过程。旅游创意的产生是一个资源整合、信息碰撞、脑力激荡的过程，是一个智慧、艺术、灵感相互交织的过程。旅游策划人员应灵活运用想象、联想、直觉、灵感、逆向思维、侧向思维、发散思维、收敛思维等创造性思维方法，创造适宜的氛围与环境，促进创意的生成。如云南富源县古敢水族乡策划的水家地景公园，就是将西方现代艺术形式——大地艺术、中国古老象形文字——水书、水族文化符号——吞口、云南水族聚居地——富源水五寨、滇东喀斯特田园风光——古敢热水塘组合在一起，在以热水塘为中心的田园中利用油菜等作物的搭配"写"出水族文字、"画"出水族吞口，并举办诸如大地艺术、地景创意、创意农业、地景摄影等方面的节事活动，开展事件创意营销，以期迅速撬动旅游市场。

三、乐龄旅游策划内容

从旅游企业的角度来说，旅游产品的创新就是将现有的旅游资源、相关设施、配套服务进行重新组合，改进原有产品，在原有产品基础上创新或单独创新，使旅游产品在内容上最大限度地满足乐龄人群的需求。乐龄旅游产品具有一定的特殊性，所以乐龄旅游产品是一个由多个单项产品组合而成的特殊的组合产品，产品的组合方式是在一定理论知识的指导下组合而成的，在一定的时间和地域的影响下，用科学的方法设计旅游线路，安排吃、住、行、游、购、娱等一系列活动，不同的要素组合，就是不同的产品，有不一样的体验。在当前追求差异化的大环境下，乐龄旅游产品的设计要以特色化、个性化为主导，产品方向主要包括以下几个类别。

（一）主题旅游类产品

目前的乐龄人群整体年龄段大都经历过红色文化的熏陶，并且记忆较深，所以红色旅游线路在主题游中是必不可少的项目；同时乐龄人群对中国传统的佛教文化、孔孟文化也大都有着比较深的推崇，因此主题旅游类产品主要包括红色文化游和传统文化游两个部分。

主题旅游与市场大部分产品内容有相似之处，应重点突出其特色，创新内容大体方向有：①乐龄旅游产品应增加精神文化价值内容，在旅游过程中加入创新元素、文化历史内容；②乐龄旅游产品的设计应注重慢节奏，重深度游，体验当地文化的方方面面，让游客留下深刻的印象；③乐龄旅游产品应根据游客的偏好，将当地文化、历史、美学等融合在线路中，让游客去体验；④乐龄旅游应为游客提供全方位的优质服务，例如全天导游、医护跟踪服务及售后服务，保证旅游的安全性；⑤乐龄旅游产品的价格应比传统旅游高，以此彰显旅游方式的有趣性，但应尽量减少购物体验，特别要杜绝强制性购物。总体说来，乐龄主题旅游产品的开发设计，应该具有体验性、休闲性、文化怀旧性等特点。

（二）康体游 + 周边游

随着人们生活水平的提高，乐龄人群对自身健康的关注度不断增强，人们希望通过旅游的形式将锻炼身体与休闲娱乐、观光游相结合，故而健康养生类的旅游产品已成为目前较为新颖的旅游方式。

康体游以康养基地为基础，在康养基地的服务中，为乐龄旅游者提供一系列有益身心健康的活动。如在旅游过程中，学习瑜伽的简单疗法，恢复身体能量；学习深度睡眠方法，调整精力，并且辅以配套食物提升效果，以健康餐食调理身心。另外还可以根据乐龄游客的需求，单独安排一些户外的体验项目，包括以瑜伽健身为主题的户外活动、瑜伽与太极的融合等活动。在旅途中，选择适合的地方，结合自然风光，为乐龄游客们制作独有的视频回忆。康体游在康养基地的基础上，可以提供周边的深度游，为整个项目提供丰富的选择。周边游的旅游方式结合主题游的特色加之传统旅游跟团游的形式，可以根据需要进行组合搭配。

（三）康养游 + 周边游

养生主题的乐龄产品是近年来兴起的旅游体验，其特点是行程中的主要任务是以休养生息为主要目的。康养类项目的主要产品大类发展方向有以下 4 个方面。

1. 阳光康养旅游产品

以充沛的阳光、舒适的气候、丰富的物产资源、独特的生态环境为依托，以度假休闲客源为主要市场，依托环境优美的旅游景点，提供康养旅居的新生活方式。

2. 森林康养旅游产品

以森林山谷为生态基础，依托负氧离子、绿色环境、舒适温度、纯净水质等养生资源，开发森林养生产品，形成保养类产品、锻炼养生类产品、生态疗养类产品等体系。

3. 乡村康养旅游产品

以乡村资源环境、田园景观、农业生产活动和农业文化为载体，结合中国传统人与自然和谐的思想，开发无污染、参与性强、体验型的现代乡村旅游产品。

4. 文化康养旅游产品

以佛教文化、道教文化等传统文化，以及香道、茶道文化为内涵，结合养生旅游目的地建设，开发养生康体类旅游产品，实现文化与休闲旅游的高度结合，最终达到修养身心的全方位疗养。

（四）候鸟式疗养旅游产品

候鸟式疗养旅游产品案例

候鸟式疗养针对的客户群体是身体状况欠佳和年龄较大的高龄老人、对观光养生有高要求的老人。候鸟式疗养旅游是依托大型的疗养机构、依靠周边景区的知名度和环境资源优势将养老旅游项目和相关疗养配套项目进行整合的组合型产品。由于候鸟式疗养的乐龄旅游消费者在此旅游停留时间较长，因此这类项目应配备大量方便生活的设施、休闲项目等。考虑到候鸟乐龄群体的身体健康情况及年龄，此类项目应该有针对性地加强医疗设施建设。就产品市场来说，这种项目较容易被市场接受，但目前国家政策的扶持力度还不够，有待更多政策的支持来将这类旅游产品做得更好。

第三节　乐龄旅游活动组织

乐龄旅游活动不是一场"说走就走的旅行"，少了年轻人的洒脱与放纵，却多了一份经过岁月沉淀后的稳妥与舒适。乐龄旅游活动绝非任性而为，而是事前经过了精心的策划与安排。因而，乐龄旅游活动组织可以定义为根据乐龄旅游者的旅游需求特点，为保障乐龄旅游者顺利完成旅游活动，于旅游活动开始前所做的包含招徕、计划落实、协调等在内的准备工作。乐龄旅游活动组织在乐龄旅游活动策划和乐龄旅游接待之间起着桥梁和纽带的作用，是乐龄旅游者进行旅游活动的前提，亦是乐龄旅游活动安全、舒适、便利的重要保障。

一、乐龄旅游活动组织方式

根据旅游活动组织者的身份不同，可以将乐龄旅游活动的组织方式分为自发式和委托式，前者由乐龄旅游者或相关亲属自行策划并组织实施，后者则委托旅行社等中间商全权负责。

　　乐龄人属于特殊群体，乐龄旅游活动比一般旅游活动更为复杂多变。为保障旅游活动的顺利实施，建议寻找有相应资格的旅行社等专业公司进行委托式的乐龄旅游活动组织。目前，从国内外的研究及统计来看，团体包价旅游仍是乐龄旅游活动的主流方式，这一方面显示了社会交往是乐龄人群参与旅游活动的重要动机之一，另一方面也足以窥见旅游行业目前仍存在较多的阻碍因素，令乐龄人群不得不"抱团取暖"。

　　人的动机和行为方式是千差万别的，乐龄人群内部也存在着不一样的诉求和表达。在传统旅游业眼里，乐龄人受限于年龄的增长、身体条件的衰退及对新技术的陌生等因素，更倾向于以包价游的方式进入观光型和休闲型旅游目的地。但事实并非如此，乐龄人的出游和行为同样是丰富多彩的，他们可以在高龄阶段仍然保持参与登山、皮划艇等极具挑战性的运动，同样他们也越来越多地追求以自由行的方式去完成自己的旅行梦想，这些人包括欧洲和北美的退休候鸟（retired snowbirds）、澳大利亚的银发游牧族（grey nomads）等。相信随着国内旅游大环境趋于成熟、旅游设施设备的不断优化升级，自发式的乐龄散客游会逐渐增多并成为乐龄旅游活动不可忽视的组织方式。

二、乐龄旅游活动组织流程与标准

　　乐龄旅游活动组织是根据乐龄旅游者的旅游需求特点，为保障乐龄旅游者顺利完成旅游活动，于旅游活动开始前所做的招徕、计划落实、协调等准备工作，故而乐龄旅游活动组织流程包含招徕、计划落实及协调等环节。

（一）招徕

　　招徕既指吸引顾客、招揽顾客，也指把顾客通过某种形式集合在一起，具体包含产品咨询服务和合同签订服务两个子环节。

1. 产品咨询服务

　　根据《旅行社老年旅游服务规范》，在进行乐龄旅游产品咨询服务时须做到以下几点：①应耐心、详尽地解答乐龄人的问题；②应提供有关旅游产品内容、价格详尽的书面材料，书面材料的字号、字体要适合乐龄旅游者阅读；③应根据乐龄旅游者的生理特点推荐适宜的旅游产品，并向乐龄旅游者说明某些旅游活动对身体条件的限制性要求；④可在网上开辟乐龄旅游服务专区，为乐龄旅游者提供在线咨询服务。

乐龄人的感知不如年轻人敏感，材料的字体字号、讲解的声音语速都要进行特殊化处理。如条件允许，应尽可能开辟线上线下乐龄人专用服务通道，安排专员进行咨询和接洽服务。专员不仅要熟悉旅行社业务知识，还需要耐心、细致，懂得乐龄旅游者的心理和服务要求。

2. 合同签订服务

根据《旅行社老年旅游服务规范》，在与乐龄旅游者签订旅游合同时须做到以下几点：①应耐心、详尽地解读合同文本各项条款；②应详细说明并书面提供合同价格所包含的旅游产品的详细信息，包括但不限于相关旅游目的地景区景点对乐龄人的门票优惠政策等情况；③应采集乐龄旅游者详细信息，包括个人健康情况、个人通讯方式、紧急联络人信息，并请乐龄旅游者当面签字，75 岁以上的乐龄旅游者应请成年直系家属签字，且宜由成年家属陪同；④应准备"安全告知书"一式两份，并当面为乐龄旅游者逐条讲解，待乐龄旅游者理解具体内容后签字，组团社和乐龄旅游者各留存一份，"安全告知书"应包括旅游活动的潜在风险、旅游行程中的安全注意事项等内容；⑤应口头提醒并书面提供乐龄旅游者一份"出行提示清单"，具体内容应包含身份证、护照等证件携带提醒，常用药品、衣物等必要物品携带提醒，提前到达机场、车站、码头的时间提醒等；⑥应详细介绍旅游意外保险产品及其适用对象，应推荐其购买包含紧急救援在内的旅游意外险，并宜要求符合投保年龄规定的乐龄旅游者购买普通旅游意外险。

组团社应与保险公司就旅游意外险的投保年龄上限进行沟通协商，为更多乐龄旅游者提供保险保障。目前保险行业对乐龄人是有门槛的，有着"70 岁以上不投保，65 ～ 70 岁投一半"的不成文"行规"，所以存在着乐龄旅游者如果自愿上高额保险还好说，如果不愿意上就出现"裸游"的情况。时下，大部分旅行社承担了这种保险，旅游保险原本是不能作为赠送项目给游客的，但为了招徕游客，同时为了避免意外发生后的尴尬局面，目前旅行社多采用"买一赠一"的方式为乐龄旅游者出行提供保险。

乐龄人群随着年龄的增加，旅游风险也随之加剧，不论旅游者自行购买旅游意外险，还是旅行社变相"买一赠一"，旅游保险不可或缺，旅游安全容不得半点大意。

（二）计划落实与协调

旅游策划文案、旅游行程计划均是蓝图和设想，在旅游活动开始前需要按照策划方案联系好各个旅游产品供给方，并协调好上下站的时间顺序及特殊要求，将行程计划真正落到实处。

根据《旅行社老年旅游服务规范》，计划的落实与协调须做到以下几点：①组团社应与地接社共同做好团队计划的落实工作；②应严格选择旅游服务供应商，验明资质，考察服务质量与安全保障能力，并定期对供应商进行优化；③应严格按照产品设计规范与相关旅游服务供应商沟通、落实产品和服务要素；④组团社应将游客年龄、身体状况、特殊需求等详细信息有效传递给地接社、承运单位、旅游景点、饭店等相关旅游服务供应商，并宜根据产品设计规范，以书面形式向供应商强调具体要求。

假设 A 地乐龄旅游团拟前往 B 地进行旅游活动，组团社指在 A 地与旅游者直接签订合同的旅行社，全权负责乐龄旅游者的旅游活动，并协调处理旅游活动中的任何问题；地接社指在 B 地负责接待的旅行社，不与旅游者直接签订合同，仅受组团社委托，在 B 地代组团社接待乐龄旅游者。图 4-1 详细展示了旅游供应商、地接社、组团社、乐龄旅游者之间的关系。

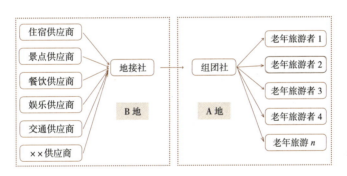

图 4-1　旅游产品供应链

通常情况下，与乐龄旅游者签订合同的组团社不直接负责接待工作，在选择包括酒店、餐饮、景区、娱乐、交通、地接社等在内的旅游供给商时，应综合考察其设施设备和服务质量，尽可能选择有乐龄旅游接待经验的旅游供给商，并与之做好充分全面的沟通与交接工作。

鼓励乐龄旅游产品品牌化发展。乐龄旅游产品品牌的创立并非一蹴而就，目前处于起步阶段，大多数旅行社对乐龄旅游市场存在的商机意识淡薄。从未来的发展趋势看，乐龄人群旅游规范化和品牌化是必然的，只要旅游从业者认识到这个市场潜力并积极努力地挖掘，相信在不久的将来一定会迎来乐龄旅游规范化和品牌化时代。

第四节　乐龄旅游接待服务

乐龄旅游接待服务是指旅游活动开始后，乐龄旅游产品供给方在与乐龄人群接触的过程中应提供的服务项目、应遵循的服务流程及应达到的质量标准。

一、乐龄旅游接待服务内容

根据旅游产品供给方身份的不同，可以将乐龄旅游接待服务进一步区分为旅行社接待服务和旅游目的地（景区）接待服务两大类。

（一）旅行社接待服务内容

旅行社接待服务涉及旅游活动的全过程，从乐龄旅游者踏上旅程开始直至旅程结束后的回访、保险索赔等各个环节，陪同人员的业务素质和服务能力成为衡量旅行社接待服务质量高低的关键指标。旅行社接待服务的重点在客源地和旅游目的地之间的交通上，因为涉及人员空间上的大范围移动，当面对突发事件时，缺少固定设施及其他服务人员的协助，陪同人员往往需要独当一面，沉着应对。虽然两地之间的旅游交通是旅行社接待服务的重点，但这并不意味着乐龄旅游者到达旅游目的地后旅行社就不需要进行接待服务了，恰恰相反，到达旅游目的地后，陪同人员应与目的地旅游供给方积极沟通、反复确认，切实保障各个服务环节井然有序地进行。

根据《旅行社老年旅游服务规范》，旅行社接待服务包含旅游协助、安全提醒、旅游讲解、相关信息介绍、服务对接、保健服务、应急处理、回访服务、投诉处理、保险索赔等内容。其中回访服务、投诉处理和保险索赔为旅游活动结束后的后续服务，是旅行社接待服务的延伸，后续服务是否到位直接关系到旅行社接待服务的质量高低。

（二）旅游目的地（景区）接待服务内容

旅游目的地（景区）接待服务主要指乐龄旅游者来到旅游目的地后由目的地旅游产品供给方为乐龄旅游者提供的相应的服务内容。为了与第三章区别，本章所指的旅游目的地仅指旅游景区。

根据《老年旅游服务规范　景区》（GB/T 35560—2017），旅游目的地（景区）接待服务包含预约服务、票务服务、游览服务、交通服务、餐饮服务、住宿服务、购物服务、医疗服务等 8 项内容，除预约服务外，其余 7 项服务均在景区内提供。旅游目的地（景区）接待服务以景区工作人员为主，景区工作人员与旅行社陪同人员相互配合，共同完成。

二、乐龄旅游接待设施

（一）旅行社接待设施

旅行社接待设施较为简单，主要涉及两地之间往来的交通方式，包括汽车、火车、轮船、飞机等，应根据两地间的距离和交通状况选择合适的交通工具。

不管选择何种交通工具，均应考察运载工具本身的性能和状况，如投入使用的年限、时速、承运商口碑、座位舒适度、座位拥挤度、空调性能、音响设备、轮椅拐杖等辅助器具、上下车通道宽度及坡度等。若选择飞机、火车等公共交通工具，机场、车站的性能和拥挤状况也应考虑在内。对年龄较大、行动不便的乐龄旅游者，建议包车、包船或包机前往，避免与其他乘客相互干扰。

《旅行社老年旅游服务规范》规定，客车座位安排应适度宽松，宜保持 15% 的空座率。若乘坐公共交通恐难以控制 15% 的空座率，但包车、包船或包机前往的应尽量遵守空座率 15% 的规定。

（二）旅游目的地（景区）接待设施

旅游目的地（景区）接待设施是指旅游者在景区内顺利开展吃、住、行、游、购、娱等旅游活动所必须使用的设施设备。乐龄旅游者身心的特殊性使得部分接待设施在考虑大众需求的同时必须兼顾乐龄旅游者的特殊需要。根据《老年旅游服务规范　景区》（GB/T 35560—2017），景区在指示标识和呼救设施、游步道和交通设施、休息设施、卫生设施、辅助设施设备、智慧旅游设施设备上需要照顾乐龄旅游者的特殊需求。

1. 指示标识和呼救设施

（1）景区宜在原有标识基础上，尤其在重要路口交通节点和无障碍道路口设置符合乐龄旅游者阅读习惯的专门标志或温馨提示。

（2）景区内老人不适宜进入处应设置明显的警示和提醒标识。

（3）景区应在危险或风险地段增设咨询、求助与投诉信息公示或相关指示信息设施。

（4）景区内必要地段和位置应设有 SOS（国际莫尔斯电码救难信号）呼叫设备或应急公共电话，救援设备配置的重点是滨水景区、山地景区及特殊旅游项目景区。

总而言之，景区内关键路口和危险地段均应设置醒目的标识，方便乐龄旅游者识别。

2. 游步道和交通设施

（1）在景区的主要游览线路上，应有可以选择的无障碍通道。乐龄旅游者步道宜平缓防滑，减少台阶或类似设置，上下楼处应设置无障碍电梯。

（2）景区陡峭的步行路段应设置台阶和扶手。

（3）景区宜提供代步循环观光车、缆车，并为乐龄旅游者设置专座或者专用倚靠设施。

景区内交通应平缓防滑，并结合游程时长为乐龄旅游者提供必要的休憩设施。

3. 休息设施

（1）在安全安静且便于乐龄旅游者出行的合理区域，景区应设置乐龄休息区域或为乐龄人设置专座，明确标识，乐龄旅游者专座的数量与游客量相适应。

（2）专座应考虑乐龄旅游者的生理特点，在材质、防滑、色调等方面符合乐龄旅游者的特殊需求，如采用木材等温和质地的材质，应设置靠背。

（3）景区乐龄旅游者休息区域的抵御外界冷热、保暖及景观设置应合理。

一般景区范围较大，全程游览下来乐龄旅游者恐体力不支，应根据景区面积和游览时长，合理设置休息区域及设施设备。设施设备不能流于形式，应兼顾舒适度并考虑功能的多样性。

4. 卫生设施

（1）景区厕所应设置在明显易找、平坦开阔且方便到达的区域，同时配置清晰的引导标识，在景区全景图中应标注公厕位置。

（2）景区厕所内注意做好防滑处理，应设立坐式便位和无障碍厕所。

《老年旅游服务规范　景区》（GB/T 35560—2017）规范了景区厕所的位置及内部设施。厕所位置应明显易找、平坦开阔，或者有明显的标识指引前往，且来去的道路平坦开阔无障碍，让乐龄人能够安全及时如厕。厕所地面通常铺就瓷砖或大理石，若水渍滴落不及时处理，很容易发生人员滑倒事件。乐龄游客腿脚不便、重心不稳更容易滑倒，后果不堪设想，因此面向乐龄游客的景区应格外注意厕所的防滑处理，并配备适合乐龄人如厕的设施设备。

5. 辅助设施设备

（1）景区应在游客服务中心设置乐龄旅游服务专区。

（2）景区应提供轮椅、拐杖等设施设备。

（3）景区宜提供小型代步车等设施设备。

为方便乐龄游客出行，景区可提供一些可供选择的设施设备。设施设备应安全可靠、方便使用，可以免费提供给乐龄游客，也可适当收取合理的租赁费用。

6. 智慧旅游设施设备

（1）景区宜提供多语种智能化导游、导航、导览、查询、预定、支付、咨询等多功能的智慧旅游服务平台和应用程序移动客户端。

（2）景区宜提供可租用的自动语音导览服务设备。

面向乐龄游客的智慧旅游平台，功能不宜过多，界面应清晰整洁、操作方便，语音导览语速宜缓、声音洪亮饱满。

三、乐龄旅游接待服务标准

乐龄旅游接待服务根据旅游产品供给方的差异区分为旅行社接待服务和旅游目的地（景区）接待服务两大类别，因而本部分有关乐龄旅游接待服务标准也按照旅行社接待服务和旅游目的地（景区）接待服务分别阐述。

（一）旅行社接待服务标准

1. 旅游协助

（1）旅行社陪同人员在团队出发与迎接、参观游览与行程中，以及在离站／末站等服务环节中，应随时主动做好搀扶、搬运行李、协助系好安全带、代办邮寄、托运等辅助服务。

（2）旅行社陪同人员应针对乐龄旅游者的特殊需求做好各项物资准备，如老花镜、放大镜等乐龄人常用的物品。

旅行社陪同人员不仅仅扮演着讲解员的角色，还承担着助理的职责。乐龄游客受身体状况限制，旅程中的个别环节需要他人协助，旅行社陪同人员应积极主动提供帮助。

2. 安全提醒

（1）出行前应就乐龄旅游产品的潜在风险、乐龄旅游者的身体健康要求等内容做好口头安全提醒，并出示"安全告知书"，以保证乐龄旅游者选择适宜的乐龄旅游产品。

（2）旅行社陪同人员应在行前告知乐龄旅游者旅游沿途的地理、气候、风俗等情况，提醒乐龄旅游者带好带齐通信设备、相关证件、衣物、应急和日常药品等。

（3）旅行社陪同人员应核对每位乐龄旅游者的通信方式，同时应为每位乐龄旅游者发放便携式集合信息卡片并详细讲解卡片内容。卡片上宜载明导游与司机的联系方式、乘坐汽车车牌号等关键信息，应提醒乐龄旅游者认真阅读、随身携带、妥善保管该卡片。

（4）旅行社陪同人员应在游览过程中及时告知乐龄旅游者停留时间、集合时间及地点，及时清点人数，防止乐龄旅游者走失，保证乐龄旅游者的人身安全。

（5）旅行社陪同人员应提醒乐龄旅游者按时服用常用药，时刻关注乐龄旅游者在旅途中的活动及身体状况，及时告知乐龄旅游者不适合其参加旅游活动的情形，对自由活动应尽安全提示义务。

（6）旅行社陪同人员应提醒乐龄旅游者在饭店退房时清点并拿好自己的行李物品。

（7）旅行社陪同人员应提醒乐龄旅游者在用餐时注意卫生，饮食不宜过冷过热，规律进餐，饮酒适度。

（8）旅行社陪同人员应就可能发生危及乐龄旅游者人身、财物安全的情况，不厌其烦地向乐龄旅游者予以说明。

旅游安全是乐龄人外出旅行的前提和重点，《旅行社老年旅游服务规范》在乐龄旅游者安全提醒方面做了较多规定，不仅涉及旅游前的物件准备和安全信息的告知，还包含游览过程中吃、住、行、游、购、娱等各个环节安全事项的反复提醒。安全无小事，旅行社陪同人员切莫大意，对容易发生事故的重要环节应不厌其烦地提醒乐龄旅游者，并做好解释说明工作。

3. 旅游讲解

（1）旅行社陪同人员应耐心、细心和热心地为乐龄旅游者提供讲解。

（2）旅行社陪同人员讲解时应放慢语速、提高声调、咬字清楚，以便乐龄旅游者理解。

（3）旅行社陪同人员应耐心细致地回答乐龄旅游者提出的问题。

旅行社陪同人员的讲解主要涉及旅游目的地的大致介绍及沿途自然风光和人文风情的讲解，基本在交通工具上进行解说。陪同人员除了注意语音、语速外，还应注意观察乐龄游客的状态，尽量避免在其休息或即将休息时讲解。

4. 相关信息介绍

（1）旅行社陪同人员应及时告知游程安排、用时和沿途休息区、卫生间等公共设施情况，合理安排中途停车与休息。

（2）旅行社陪同人员应介绍所乘坐飞机、客车或轮船等交通工具上的常用设施，帮助乐龄旅游者正确安全使用。

（3）旅行社陪同人员应介绍入住饭店的名称、位置、周边环境和联系方式，为每位乐龄旅游者发放饭店位置指示卡。

（4）旅行社陪同人员应介绍饭店主要设施设备的使用方法，特别是逃生通道。

（5）旅行社陪同人员应引导乐龄旅游者进房入住，提醒乐龄旅游者记住房间号码，并将自己的房间号码告知乐龄旅游者和酒店前台。

（6）旅行社陪同人员应讲清饭店内的就餐形式、地点及时间，告知有关活动的时间安排、集合地点和停车地点。

（7）旅行社陪同人员在餐馆应细心引导乐龄旅游者入座，介绍餐馆卫生间等公共设施设备的位置和使用注意事项。

相对旅游讲解，旅行社陪同人员的相关信息介绍显得更为迫切和重要。以上环节若没有及时全面地加以介绍，或者尽管介绍了但未反复提醒或未使用有效方法提醒而导致乐龄游客没有记住，则容易造成各类事故。因此旅行社陪同人员宜不怕麻烦反复提醒乐龄游客，对数字、号码等较难记忆的信息或容量较大的信息，应发短信或写在纸条上告知。

5. 服务对接

（1）旅行社陪同人员应及时提醒地陪^①落实各项活动安排，并告知团队乐龄旅游者的特殊需求。

（2）旅行社陪同人员应协同地陪监督、提醒司机平稳驾驶并及时休息，以保证安全，切勿超速和疲劳驾驶，在急转弯时需小心慢行。

（3）旅行社陪同人员应协同地陪及时主动与景区管理人员沟通，在游客拥挤时为乐龄旅游者开设绿色通道，提醒景区讲解员耐心细致地为乐龄旅游者进行讲解。

（4）旅行社陪同人员应协同地陪提醒饭店在客房内必要地方放置防滑垫，谨防乐龄旅游者摔伤，宜提醒饭店多关注乐龄旅游者住店状况，提前制定应急预案，工作人员应协助乐龄旅游者解决入住期间遇到的问题。

（5）旅行社陪同人员宜协同地陪提醒餐馆制作符合乐龄旅游者需求的菜品，将乐龄旅游者的饮食禁忌及特殊要求提前告知餐馆工作人员。

（6）旅行社陪同人员应协同地陪做好购物安排，对于强制购物或违法购物安排应及时劝阻。

此处的服务对接主要是指旅行社（组团社和地接社）陪同人员与旅游产品供给方（主要指吃、住、行、游、购、娱产品的生产商，如酒店、餐馆、景区景点、旅游交通等）之间的及时接洽和顺利协调，以保障乐龄旅游活动的顺利进行。旅行社陪同人员在乐龄旅游者和旅游产品供给方之间起到桥梁的作用，既要把乐龄旅游者的特殊需求准确无误地告知旅游供给方，也要将后者的变更或突发情况及时告知前者并做好解释工作。

6. 保健服务

（1）包机、包船、旅游专列和 100 人以上的乐龄旅游团应配备随团医生服务。

（2）团队应配备急救用品、简单常用医疗器械和常用药品。

（3）团队应配备防止晕机、晕船、晕车的药物，制定产生晕机、晕船、晕车时的紧急预案。

（4）随团医生在旅途中应为乐龄旅游者讲解保健知识，接受咨询。

（5）随团医生应提醒乐龄旅游者注意饮食平衡、规律进餐、饮酒适度。

（6）随团医生应提醒乐龄旅游者随气候变化及时增减衣物，注意防止受凉感

---

① 地陪：地接社所指派的陪同人员。通常地陪比组团社陪同人员更加了解旅游目的地信息，所以旅游目的地的上下站接洽工作主要由地陪负责，组团社陪同人员协助。

冒或天热中暑。

（7）随团医生宜提醒乐龄旅游者参加活动量力而行，注重休息和睡眠，避免过度疲劳。

（8）随团医生在旅途中应随时关注、及时询问乐龄旅游者的健康状况和身体感受，应提醒乐龄旅游者规范使用自备药。

随团医生是指为乐龄旅游者提供保健知识、紧急救助、非处方药建议及协助医生救治的医务工作者，须持有有效的《医师执业证书》。《旅行社老年旅游服务规范》规定，包机、包船、旅游专列和100人以上的乐龄旅游团应配备随团医生。乐龄旅游者心血管疾病、呼吸系统疾病、关节炎等疾病高发，出门在外，环境条件、生活作息自然与平日不同，会增加各项疾病发作的风险。随团医生的配备是针对乐龄旅游活动的特殊安排，也是必要和贴心的安排。专业的随团医生通过事前的提醒与告知，能尽可能减少乐龄旅游者疾病的发生，防患于未然。即便乐龄旅游者突发疾病也能及时给出有效的救助措施，在医疗团队到来之前控制病情的进一步恶化。

7. 应急处理

（1）乐龄旅游者遭遇突发病情或意外事故时，旅行社陪同人员应在第一时间拨打紧急求助电话，寻求专业医护和救援人员，并将突发事件情况及时上报组团社，同时组织周围力量开展第一时间的紧急救助工作。

（2）乐龄旅游者遭遇突发病情或意外事故时，随团医生应对病人和伤者进行紧急救护，并应在专业医护人员到达后做好协助救护工作。

（3）在完成及时送医的工作后，组团社应第一时间通知乐龄旅游者紧急联络人并协助安排家属探望及处理后续事宜。

当乐龄旅游者突发病情或遭遇意外事故时，旅行社陪同人员不能袖手旁观，应第一时间拨打救助电话，协助随团医生做好救护工作，并通知旅行社及乐龄旅游者家属，同时做好其他游客的心理疏导与安抚工作。

8. 回访服务

组团社应通过随团发放"游客旅游服务评价表"，或以电话回访等方式，认真听取乐龄旅游者对旅游产品的意见和建议，不断改进旅游产品，提高乐龄旅游产品的市场满意度。以前的回访工作流于形式，评价表通常于行程结束前由旅行社陪同人员发放，让游客当着陪同人员的面进行打分评价，游客碍于情面常常给予违心的评价，所以回访工作应在旅行结束后由非旅行社陪同人员操作。

9. 投诉处理

（1）组团社应为乐龄旅游者提供便利的投诉渠道，宜上门为乐龄旅游者提供投诉处理服务。

（2）组团社应认真受理、记录乐龄旅游者的投诉内容，依法及时做出处理。

（3）对于乐龄旅游者针对第三方的投诉或诉讼，组团社应给予积极协助，跟踪处理过程，做好对乐龄旅游者的心理安抚工作。

（4）乐龄旅游者对地接和地陪服务产生投诉的，地接社应协助组团社处理好投诉。

根据《中华人民共和国旅游法》规定，由于地接社、履行辅助人的原因导致违约的，由组团社承担责任；组团社承担责任后可以向地接社、履行辅助人追偿。

10. 保险索赔

保险事故发生后，组团社应协助乐龄旅游者或其家属向保险公司索赔。

（二）旅游目的地（景区）接待服务标准

1. 预约服务

（1）景区应为乐龄旅游者提供提前预约服务，及时向他们反馈景区开放时间、景区配套设施、景区适宜的游览项目等接待信息。

（2）景区应主动对接乐龄旅游团队，了解有关乐龄旅游者的信息（人群特征、结构、偏好、明示的需求或要求等），根据乐龄旅游者流量调配服务人员和辅助设备。

预约服务是景区接待乐龄旅游者之前的预备环节，实时的景区信息反馈有利于乐龄旅游者及时掌握景区动态，选择最佳游览时段，避免出现乘兴而往、败兴而归的尴尬局面。同时预约服务有利于景区提前了解乐龄旅游团队信息，做好充分的接待前准备。

2. 票务服务

（1）景区售票处应明示乐龄人相关的优惠信息。

（2）出售景区门票时，景区服务人员应主动解释票务种类和价格，尤其是为乐龄旅游者提供的优惠信息，并说明需要提供的有效证件，按规定为乐龄旅游者提供低价优惠门票。

（3）景区宜为乐龄旅游者设置专门的通道或服务程序，帮助其优先进入。尊老爱幼是中华民族的传统美德，景区为乐龄旅游者开通绿色通道，一方面体现了我国的优良传统，另一方面可以减少乐龄旅游者与其他游客产生推拉拥挤的情况，避免事故产生。

3. 游览服务

（1）景区游客服务中心的咨询服务人员，应耐心接待乐龄旅游者，接待行动不便的乐龄旅游者时，应走出窗口接待，并为乐龄旅游者安排座位，对于乐龄旅游者失散等情况，提供广播和陪同引导等服务。

（2）景区讲解员为乐龄旅游者提供讲解服务时，应提高音量、放慢语速，注意反复强调重点内容。

（3）景区讲解员带队时，应注意放缓游览节奏，选择带领无障碍路段，遇有存在安全隐患或者需要乐龄旅游者注意的路段，应及时提醒乐龄旅游者注意安全。

（4）景区讲解员带队时，应关注乐龄旅游者的反应，照顾乐龄旅游者的身体情况，对乐龄旅游者提出的问题及时回答解释。

景区讲解员为乐龄旅游者提供向导和讲解的服务，应根据乐龄旅游者的特殊身心需求，在讲解方式方法、讲解内容、讲解路线上进行适当调整。

4. 交通服务

（1）对于在景区驾驶交通工具（如电瓶车、游船、索道缆车等）的服务人员（如司机、操作人员等），应主动引领乐龄旅游者坐到专座，或者协调安排乐龄旅游者就座，注意平稳行驶。

（2）景区游览车、游船服务人员，应搀扶协助乐龄旅游者上下车（船），及时为晕车或晕船的乐龄旅游者提供协助，并帮助其下车或靠岸休息。

（3）景区索道应对索道的速度和高度有明确的提示和解释警告，并列明乘坐的年龄限制和疾病限制。

（4）景区提供以人力、畜力为主的交通方式的，服务的人员应经过针对乐龄旅游者服务的培训。

景区应提供必要的交通服务。各项交通服务应列明乘坐的年龄及疾病限制，相关工作人员应经过专业培训并提供乐龄旅游者上下交通工具的协助服务。

5. 餐饮服务

（1）景区应有内部餐饮服务商管理制度，实施有效的价格管理。餐饮服务人员应诚信礼貌待客，餐饮服务产品应明码标价，收取费用应出具消费凭证或正式发票。

（2）景区餐饮服务商宜为乐龄旅游者设立避风等候专座，点菜服务员应态度良好、耐心周到，介绍菜品时适当提高音量，能够针对乐龄旅游者特点及健康状况做出菜肴推荐。

（3）景区餐饮服务商应满足乐龄旅游者提出的重新加热、再加工、少盐少油等特殊要求。

6. 住宿服务

（1）景区应有内部住宿服务商管理制度，实施有效的价格管理。住宿服务接待人员应诚信礼貌待客，住宿客房和配套服务应明码标价，收取费用应出具消费凭证或正式发票。

（2）景区住宿服务商应制定关注乐龄旅游者的服务制度要求，服务人员经过相应培训，宜提供经过适老化改造的客房，满足以下要求：①浴室和厕所配置扶手；② 地面防滑并消除高差；③ 门和过道加宽，可让轮椅通过；④ 配置紧急呼叫器。

（3）景区住宿服务商宜根据乐龄旅游者的需求加工菜肴。

7. 购物服务

（1）景区内商品销售类商户应亮照经营，不应强迫购买或出现尾随、推拉等不礼貌的售卖行为。

（2）景区内商品销售类商户服务人员应耐心为乐龄旅游者介绍所售商品，信息应清晰，所售商品均应明码标价。

餐饮、住宿、购物是游客在景区内必要的消费环节，产品供应商应明码标价、出具消费凭证，相关服务商能根据乐龄人的需求提供必要的附加服务。

8. 医务服务

（1）景区应制定紧急救援程序和应急转移机制，并做好与相关医疗急救机构的对接联系，建立快速急救绿色转移通道。

（2）景区应设有医务室（站），医务室（站）的数量和位置根据景区性质和规模确定，在景区内必要位置设立，并将医务室（站）联系方式以印刷在门票显著位置等方式进行提示。

（3）医务室（站）应有相应资质的医护人员，可提供常备药和与进驻医生资质相当的处方药，备有急救设施，包括急救箱、急救担架、氧气等，在游客滞留热点地区、主要浏览节点、主要交通工具配备急救设施。

（4）景区应加强工作人员安全意识和安全救助知识培训。巡视员应特别关注乐龄旅游者的情况，如发现长期进入场所未出、跌倒等情况，应及时跟进，立即拨打救助电话。

接待乐龄旅游者的景区应设有医务室或医务站，内有常驻医生并配备必要的救助设备和医药用品，提供紧急救援和应急转移服务。

第五节　乐龄旅居康养服务

一、旅居康养概念

旅居康养是一种全新的旅游概念和旅游方式，旅居康养的概念是从康养和旅游居住概念的基础上逐渐演变而成的。目前学术界关于旅居康养的概念及其内涵尚无统一界定。林云帆认为，旅居康养是由旅游、养老公司主导，多产业共同合作，为满足乐龄人群需要而形成的集康养和文化于一体的休闲综合区。[①] 陈耀认为，旅居康养是多产业汇聚而成的旅游新业态，是健康新业态或是房地产新业态。[②] 王静波认为，旅居康养是将"康养旅游和居住生活有机契合，结合慢旅游活动，为旅游者提供康养保健服务和休闲度假空间的特殊旅游居住形式"。[③]

基于对这些概念的理解，本书认为，旅居康养由两部分组成，即外在的旅居和内在的康养。旅居既不是旅行社的常规旅游，也不是养老院的常规养老，它是通过不同季节的异地互换，寻找一处山清水秀、适合乐龄人群多方面条件需求的康养基地或康养场所，进行居住、旅游、度假、康养，让乐龄人群在一个安全私密、整洁舒适的环境中进行颐养。康养基地周边的条件（如空气、山水、田园、寺庙、景点等）适合乐龄人群养生和放松，符合乐龄人群的康养旅游活动（如棋牌、书画、医疗检测等）能够使老人的旅游节奏慢下来，让传统快节奏的旅游变成慢游、住游，从而让养老变成享老，即用生活的方式去旅行，用旅行的方式去居住。

康养即健康和养生，是在大健康全新概念框架下的健康和养生，即由传统的医

① 林云帆. 旅居模式下的养老小镇景观设计研究 [D]. 长春：吉林建筑大学，2019.
② 陈耀. 康养旅居：一种美好生活方式 [J]. 养生大世界，2020（7）：34-35.
③ 王静波. 基于共享理念的威海市康养旅居服务体系构建研究 [D]. 济南：山东师范大学，2021.

疗救治模式向防、治、养模式转变，不仅追求个体的生理、身体健康，也追求人的心理、精神层面的健康。这种疗养方式既不同于医院，也不同于养老院。之所以出现这种转变，是因为原有的养老模式已经不能满足人们多元化的养老需求。康养的基本目的是实现从物质、心灵到精神等各个层面的健康养护，实现生命丰富度的内向扩展。

（一）基于养身的康养

养身即是对身体的养护，保证身体机能不断趋于最佳状态或保持在最佳状态，这是目前康养最基本的养护内容和目标。如保健、养生、运动、休闲、旅游等产品或服务，旨在通过乐龄康养旅游对身体进行养护或锻炼，满足康养消费者身体健康的需要。

（二）基于养心的康养

养心即是对心理健康的关注和养护，使康养消费者获得心情放松、心理健康、积极向上的心理体验。因此，养心康养所涉及的产品或产业主要有心理咨询、文化影视、休闲度假等对人心理层面产生影响的产品或服务。

（三）基于养神的康养

养神即是对人的思想、信仰、价值观念等精神层面的养护，旨在保证个人精神世界的健康和安逸。基于养神的康养业具体涉及的内容主要有安神养神产品、艺术鉴赏与收藏服务，以及禅修服务等。

二、乐龄旅居康养业态介绍

（一）康养小镇

1. 概念

康养小镇是指以"健康"为小镇开发的出发点和归宿点，以健康产业为核心，将健康、养生、养老、休闲、旅游等多元化功能融为一体，形成生态环境较好的特色小镇。

2. 类型

适宜创建发展康养小镇的地区，一般应有良好的生态环境和气候条件，在此基础上，根据当地不同的资源，结合乐龄旅居康养市场需求的特点，发展融合不同产业体系的康养小镇，如拥有长寿文化、温泉资源、医药产业资源等。可依托项目地良好的气候及生态环境，将医疗、气候、生态、康复、休闲等多种元素融入养老产业，发展康复疗养、旅居养老、休闲度假型"候鸟"养老、乐龄体育、乐龄教育、乐龄文化活动等业态，打造集养老居住、养老配套、养老服务于一体的养老度假基地等综合开发项目，为乐龄人群打造集养老居住、医疗护理、休闲度假为主要功能的康养小镇，带动护理、餐饮、医药、乐龄用品、金融、旅游、教育等多产业共同发展。康养小镇按资源分类，可分为以下几种类别。

（1）**生态资源型**

生态型旅居康养是以宜人的自然气候条件为康养资源，依托山林、滨海和温泉等自然生态资源，在满足旅居康养者基本生活需求的同时，配套各种康体养生、度假、教育、游憩等相关产品和服务，形成山水康养基地、温泉康养基地、风景康养基地等组合式旅居康养类型。旅居康养者利用闲暇时间，借助旅游目的地的丰富资源和良好的生态环境，体验、参与、亲近自然环境，享受身体和心灵的放松，达到修身养性的目的。

（2）**田园休闲型**

田园休闲型旅居康养指的是以乡村田园景观、特色乡村风情为依托，建立休闲农业生态园和生态养殖基地等，让旅居者享受田园生活，回归自然，享受生命，增添生活乐趣。

（3）**医养结合型**

医学结合型旅居康养是以中西医、食物营养学、心理学等为基础，结合生态、休闲等多种元素，发展旅居康养、休闲度假等业态，打造集医疗护理、康养服务和旅游居住于一体的康养旅居模式。也可通过与医疗机构合作，对康养旅居服务对象进行常见病、慢性病诊治、乐龄健康管理及心理疏导，提供不同层次需求的医疗服务，满足其就医需求，形成功能互补。

（二）健康养生酒店

1. 概念

健康养生酒店已成为酒店行业的发展趋势，瑞士、泰国等地已经出现了专门的养生酒店。并非所有与养生相关的酒店都能被称为"养生酒店"，禾零养生酒店集团 HHOW（Healing Hotels of the World）对此有非常严格的标准，例如，业主本身需要有希望传递健康能量的使命感和热情；酒店的养生项目需在身、心、灵 3 个层面均有所体现，以一个明确的养生方法为基础（如中医、西医、印度草药疗法等），该方法贯穿于诊断、饮食、起居、活动、课程、理疗等各个方面；养生产品的设置确实能够带来提升身心健康的效果；等等。

2018年4月，健康旅游协会对"健康养生酒店"（wellness resort）做了以下定义，认为至少应该包含以下4个要素：①提供住宿服务设施；②有与康养相关的活动组织；③有与康养相关的餐饮选择；④有与康养相关的硬件设施。

喜达屋国际酒店集团（Starwood Hotels）在2008年开了第一家绿色环保酒店——源宿（Element），希望客人在酒店中能够舒缓精神、放松身心，恢复到最佳状态。现在，越来越多的酒店品牌都在通过"健康、绿色"这样的标签吸引旅客，比如拉斯维加斯的米高梅大酒店（MGM Grand）采用水净化系统、低过敏材料等健康设施；威斯汀酒店（Westin Hotels & Resorts）不仅推出了运动主题客房，还提供运动装备出租、城市慢跑路线设计服务；希尔顿酒店集团公司（Hilton Worldwide Holdings, Inc.）推出了Five Feet to Fitness（五步健身）客房，客人能够在房间内进行有氧锻炼，保持私密性。万豪国际酒店集团公司（Marriott International）、希尔顿酒店集团公司和温德姆酒店集团（Wydham Hotels & Resorts）等全球大型酒店集团近几年不断推出新的举措，将康养概念融入客户住宿体验，如提供特别设施的健身客房、养生菜单，组织身体训练和精神修炼课程，组织烹饪课程和研讨会等。

2014年初，洲际酒店集团[InterContinental Hotels Group PLC (IHG)]开设了首家以康养为核心理念的新品牌Even Hotels（逸衡酒店），该酒店品牌被*Men's Health*（《男士健康》）杂志评选为七大最优秀的康养酒店之一。凯悦酒店集团（Hyatt Hotels Corporation）在2017年收购了两家康养品牌，分别是Miraval Group（全球知名康养度假村和水疗中心）及Exhale Group（经营多个健身和SPA中心），康养概念在酒店开发中越来越成熟，得到了乐龄人群的喜爱。

2. 类型

（1）以精神健康和修养为核心的康养酒店

酒店内提供专家指导的冥想课程和活动。此类酒店主要针对高强度工作压力的客户群，如泰国华欣齐瓦颂健康养生度假村（Chiva-som International Health Resorts Hua Hin）。

（2）融合传统医疗和现代诊疗技术的康养酒店

此类酒店对客户在短期住宿期间提供全面身体检查、定制短期可量化身体健康指数的训练计划，主要针对以预防疾病和养生为目的的客户群，如印度阿南达度假村（Ananda Resort）。

（3）将 SPA、饮食调养、户外运动融合的三位一体的康养酒店

主要针对以身心放松、休闲度假为目的的客户群，如德国弗赫尔朋友酒店及自然养生度假村（Freund Das Hotel and SPA-Resort Healing Hotel）。

（4）以美体美容为中心的康养酒店

酒店主要提供皮肤、牙齿和塑形类项目，具有短期、见效快和表层性修复等特点，与医院和专业美容院提供的全方位深度理疗项目有一定的区别，如西班牙 SHA 健康中心酒店。

（5）提供全生命周期健康服务的康养度假酒店

打造东方居家健康服务体验＋康乐旅游目的地的模式，如中国·108 梦想部落会员康养基地。

三、乐龄旅居康养服务环境

旅居康养服务环境的构建，是为了给乐龄人群打造舒适、方便的旅居康养环境和氛围。首先是适老化设施的设计，适老化不仅体现在设计理念上，还体现在设施覆盖面上，从建筑布局到把手设计，都应该贯穿适老的人文氛围，融入适老和康养的理念。

乐龄旅居康养服务环境设计的标准包括 4 个方面：①水平方向，空气、视线、声音和路线通达，减少突发状况引起的伤害；②垂直方向，居住空间地面平整，无垂直型高差，避免乐龄人群绊倒和磕碰造成的损伤；③立体空间，储物空间多，连续界面多，方便乐龄人群生活；④建筑性能，采光通风良好，扁平化套型，便于光线深入居室，室内温暖舒适。

（一）室外景观空间设计

乐龄人群的活动空间对于安全方面的规范要求较高。从景观要素出发，乐龄旅居康养场所的景观空间涉及符合乐龄人群人体工程学的舒适的活动设施、设计规划合理的道路系统、植物搭配的安全性及符合当地气候特点的安全性铺装材料等方面。在绿化景观方面要注重观赏性与疗愈功能性的结合，针对乐龄人群的特殊需求，强化景观在养生、康复、心理协助领域的设计。

景观环境的适老化设计，既要有静谧的独立空间，又要有方便聚集的聚会空间；另外出于便捷性的要求，道路设计必须分级明确，易通达；道路岔口标识明显，指向性清晰明确；在景观空间和景观构筑物的设计上，要有明显的特色，增加可识别性；

休憩设施要灵活性与稳固性兼备，从而实现乐龄人群对景观环境的整体操控性。[①]

在公共空间的设计中，可以设计以下的特色空间。

一是社交共享花园。提供相对较大面积的活动场地，以方便乐龄人群的集体活动，在场地中设置桌椅及阳光暖房，便于社交、聚会、园艺栽植等。

二是种植疗愈花园。提供无障碍的种植台及园艺工具，以保证不同行动能力的乐龄参与者都可以找到适合的区域进行活动，保证空间可以经常变化，增强种植活动的丰富度。

三是感官体验式花园。种植芳香类及保健类等植物，能够强化乐龄人群的感知能力，以此形成丰富变化的绿地空间。

四是康复复健花园。这是针对需要康复锻炼的乐龄人群而设计的专项花园，一般与医疗机构相结合，满足乐龄人群体能恢复、行走锻炼、心理治疗等需求。

（二）室内居住空间设计

1.居室设计

居室分单床间和双床间两种为好。居室的大小尺寸应满足布置基本家具（如床、书架、书桌、壁柜、盥洗池、卫生间）和必要的交通面积。据研究，单床净面积至少需 10.5 米^2，双床间净面积至少需 16 米^2，参照欧洲和日本老年公寓的标准，建议平均每床建筑面积控制在 22 ～ 33 米^2 之间。既要避免因卧室过大而使乐龄人群出现孤独感，也要避免因卧室过小而使乐龄人群感觉压抑，还要避免出现通风、透气性差等问题，因此需要选择合适的卧室面积。居室内壁柜位置和细部尺寸，应考虑乐龄人群手臂活动的可能范围，方便使用。

在对个人的居住空间进行设计时，需要综合考虑温度的影响，将主卧室及客厅设置在全天温差变化小且具有良好的通风效果的位置。当无法确保满足两个条件时，优先保证主卧的设计要求，适当降低卧室的私密程度，以降低乐龄人群的各类安全风险。客厅配有阳台，气候、环境条件允许的情况下可以做成敞开式，便于种植花草，陶冶身心，提高乐龄人群的生活质量。居室内应有舒适的床垫，配有桌子、衣橱、衣架、茶几、座椅或沙发、床头柜、行李架等家具，布置合理、安全。客房应具备良好的照明、采光、通风和隔音条件，所有照明、电器开关均应方便乐龄人群使用。

---

① 王培培. 老年社区景观适老化设计：以宁波大爱书院项目为例 [J]. 农业与技术，2022（5）: 140–145.

2. 厨房及卫生间设计

乐龄人群居室的厨房需给乐龄人群一定的独立感，主要供煮茶、热饭和简单的烹调之用。餐饮主要仍需靠公共餐厅供应。首先，在设计厨房面积时，需要选择较为适宜的面积，在采光方面，自然采光最为适宜。当厨房面积过大时，会造成一定的空间及资金方面的浪费，还会增加行走距离，影响乐龄人群的使用。当面积过小时，会影响到很多功能的正常使用。就厨房的朝向来讲，北向最佳。厨房还要配备储物阳台，便于存放食材。房间内应有装修良好的卫生间，有坐式便器、梳妆台（配备面盆、梳妆镜和必要的盥洗用品）、有浴缸或淋浴间，配有浴帘或其他防溅设施及有效的防滑措施。针对乐龄客群的客房，卫浴空间内应采用无高差设计、无障碍设计，有应急呼叫按钮和应急电话等。浴室以淋浴为主，可以设置座位，方便乐龄人群使用。另外，为了保证乐龄人群的居住安全，还需要确保浴室含氧量充足。卫生间门应向外开，以便发生意外时向护理人员求援。

3. 其他细节设计

根据乐龄人群的生理特点，其他细节设计应注意以下几点。

（1）应考虑居室和公用空间冬季的采暖，采暖温度应比一般住宅高2℃～3℃。中央空调和地暖系统（北方区域）区域温差小，无噪声，体感舒适，夏季24℃～26℃、湿度60%左右；冬季20℃～22℃、湿度50%左右。新风系统三级净化空气，滤除对人体有害的PM2.5，除尘效率达90%，让乐龄人群时刻呼吸健康清新的空气。

（2）居室内盥洗盆应设热水龙头，集中供应热水。优质生活用水集中供应，给水系统经过集中过滤、软化、杀菌消毒等处理，恒温40℃，用水更舒适，同时防止烫伤。

（3）软装设计应结合人体工程学，充分考虑乐龄人群的舒适性。对于声环境的营造，由于乐龄人群容易失眠，喜欢清静的环境，需要提高房间的隔音效果。

（三）配套服务设施

从全龄适老化旅居康养业态定位考虑，可配置如乐龄活动中心、老年大学、乐龄餐厅、乐龄超市、乐龄公寓、护理院、乐龄健身场所等，部分旅居康养设施需要独立设置。

建立亲情共享的场所。乐龄旅居康养场所不希望构建一个专门供乐龄群体旅居康养的"暮光之城"，而希望在旅居康养中，乐龄人群有家人的陪伴或是能与不同年龄层次的人群增加交往交流的机会，因此，设施布局上可以将儿童活动场地、休闲设施与乐龄设施进行集中设置，既为健康活跃乐龄人群提供休闲游憩之所，同时也为家庭旅居康养人群提供一个亲情共享的场所。

四、乐龄旅居康养服务内容

旅居康养服务内容包括生活照料服务和康养服务等方面。

（一）生活照料服务

1. 管家服务

管家服务帮助旅居康养乐龄人群解除家务琐事的烦扰，定期进行居室清洁服务、维修服务和购物等，对有需求的乐龄人群，还应提供多样化的生活支持服务。

（1）贴心陪伴安享幸福时光

可为乐龄人群提供生日关怀、安全访视、情绪抚慰、入户拜访、节庆祝福、友邻结对等服务。同时，管家应帮助乐龄人群更好联结、彼此支持、信息互通等。

（2）居室整理服务

可为乐龄人群提供居室、卫生间等整理服务，提供有特色的养生房膳、欢迎茶点、安睡饮品等服务。

（3）健康管理

建立乐龄人群健康档案并保持及时评估更新。运用国际通用的评估工具，科学评估乐龄人群的日常生活能力、认知功能、健康状况、护理需求等，以确定最适合的居住业态、护理等级及服务内容，并在健康状况发生变化时及时评估，调整服务方案。通过慢性病小组、健康讲座、定制服务等形式，为乐龄人群提供慢性病管理知识宣教和指导，改善其身体状态。

（4）居家照护与短期转移服务

乐龄人群入住期间，在健康状况变化、发生紧急事件，或负责照料的同住人外出等情形下，可选择居家照护特约服务，也可选择短期转移至护理公寓居住并接受护理服务。

2. 住宿服务

住宿服务借助住宿设施和服务人员向乐龄人群提供他们旅居康养期间住宿、休息等基本需求，同时也可满足其他的一些需求。

（1）客房应有舒适的床垫，配有桌子、衣橱、衣架、茶几、座椅或沙发、床头柜、行李架等家具，布置合理、安全。客房应具备良好的照明、采光、通风和隔音条件，所有照明、电器开关均应方便游客使用。

（2）床上用棉织品（床单、枕芯、枕套、被芯、被套及床衬垫等）及卫生间针织用品（浴巾、毛巾等）材质较好、柔软舒适。

（3）居室内应根据需求配备康养服务设施和用品，如空气净化设备、助眠床具和健康生活用品等。所有设施设备均应方便乐龄人群使用。

（4）提供客房和卫生间整理服务。可为乐龄人群提供有特色的养生房膳、欢迎茶点、安睡饮品、健康监测等服务。

3. 餐饮服务

对于旅居康养乐龄人群而言，餐饮的意义不只是营养供给的饮食活动，更是呈现个人心理状况的不可忽略的社交活动。为60岁以上乐龄人群提供餐饮服务应关注以下6个方面：食物特征、餐饮的选择性、提供可定制的菜品、社交活动、心理健康和身体健康。

（1）餐饮服务形式

对旅居康养乐龄人群的餐饮服务，有着不同形态的供应方式，包括中央厨房、宴客型套餐供应、餐厅式自助用餐及专属膳食送餐服务等，每一种供应方式都应依据康养旅居基地照护服务与经营模式的不同而有所差异。近年来，专家提出提供乐龄人群智能健康识别评估工具，提供专业人员实行健康识别评估或调查，以提升健康促进及照护效果；将促进健康的重要内容、关键信息简化，让乐龄人群易懂；推动清楚、易懂的食物热量及营养标示，鼓励餐厅提供健康餐饮、有标示热量的菜单；开设健康饮食课程等。

（2）餐饮服务要求

①绿色新鲜品质保障。可与绿色果蔬基地及有机农场合作，选用绿色生态食材，供应链可追溯。每天提供绿色果蔬、新鲜肉类。检验员对食材严格检查，保证乐龄人群吃得新鲜又安全。应提供科学康养食疗菜单和营养菜单。

②科学管理营养均衡。应配备专业资质的营养师，提供膳食指导服务和特色康养食疗服务等。对患有老年常见病的乐龄人群提供饮食治疗计划指导。在营养师的指导下，针对乐龄人群不同病情和饮食需求，结合乐龄人群的饮食特点和特征，推出"专属餐单"方案，由专业厨师团队以健康的烹饪方式，提供更适宜乐龄人群身体健康的餐饮服务。

③美味适口健康养生。美食以口感适老、营养均衡、美味可口为宗旨，每餐提供尽可能多的菜品选择，还需紧跟时令变化，调整菜式风格。通过定期举办营养大讲堂、营养咨询台，引导乐龄人群科学健康的营养观念。不定期举办美食体验活动，尽享各种美食。提供分餐制服务，符合《餐饮分餐制服务指南》（GB/T 39002—2020）的规定。提供对饮食有特殊要求或禁忌的顾客的个性化餐饮服务。

④用餐环境多样选择。可为乐龄人群提供多种用餐环境，零点餐厅、自助餐厅、咖啡吧、茶室等，满足乐龄人群的多种用餐需求。宜设立康养主题餐厅，提供康养饮食文化体验服务，体验食材选择、营养搭配、器皿呈现、菜单设计、环境营造、服务出品的全过程。

（二）康养服务

1. 生态康养服务

依托田园、山地、森林、温泉、海滨海岛、河流湖泊等生态环境和自然康养旅游资源，开发和提供田园康养、海滨海岛、河流湖泊、山地、森林康养和温泉康养类等服务项目。

（1）田园康养

包括乡村田园观光游览、养生旅居度假、康养农作农事农活体验、园艺学习等。

（2）海滨海岛、河流湖泊康养

包括海滨海岛观光游览、河流湖泊观光游览、海水和沙滩理疗、河钓湖钓海钓、养生旅居度假等。

（3）山地、森林康养

包括山地观景游览、休闲度假、气候疗养、花卉浴、山泉疗养、山地露营、野果和山野菜采摘、森林观景游览、森林浴、森林运动疗愈等。

（4）温泉康养

包括温泉泡汤、中医药温泉水疗、温泉运动疗愈、精油 SPA、芳香疗法等。

2. 康体运动服务

依托各种休闲、探险性、民族传统运动资源，开发和提供休闲性运动康养、探险性运动康养、民族传统型运动康养和疗愈型运动等康养类服务项目。

（1）休闲康体运动

包括徒步、绿道骑行、登山、定向运动、水上运动、球类运动、滑雪、射击、休闲体操等。

（2）探险性运动

包括攀岩、滑翔、溯溪、野营体验等。

（3）民族传统运动

包括太极拳、八段锦、五禽戏、摔跤、赛马等。

（4）疗愈型运动

包括快走、跑步、俯卧撑、拉伸、健身操等体能活动训练、瑜伽等。

3. 文化康养服务

依托中医药、国学、民俗、艺术等康养文化资源，开发和提供中医药文化康养、国学和民俗文化康养、艺术文化康养类等服务项目。

（1）中医药文化康养类

包括药材培植参观、药材采摘、药材识别、药膳茶饮、药液沐浴、推拿、针灸、艾灸、刮痧、全息足疗、蜡疗、火罐疗法、中医药康养文化培训、中医康养文化体验、中草药文化科普、中草药文创衍生、中医药名著品读等。

（2）国学和民俗文化康养类

包括国学修养、民俗文化体验、冥想、静修、禅修、康养文化博览、特色文化康养主题活动体验、健康养生文化研习、文化康养旅游商品创作、健康生活方式养成教育等。

（3）艺术文化康养类

茶艺、茶道、插花、棋道、香道、书法、绘画、篆刻、剪纸、摄影、戏曲、舞蹈、表演、器乐、艺术鉴赏等。

4. 健康理疗服务

依托适宜的气候资源、康复和理疗技术资源，开发和提供健康检测、康复理疗、养生保健、美容美体类等服务项目。

（1）健康检测

包括健康体检、基因检测、抗衰老测定等。

（2）健康管理

包括健康监测、治未病、营养咨询、饮食调养、心理调节等。

（3）康复理疗

包括作业治疗项目，各类锻炼生活能力、治疗性活动、生产劳动性活动、心理和社会性活动等项目，以及声疗、光疗、水疗、电疗、冷疗、热疗等物理治疗项目。

（4）美容美体

包括面部护理、身体护理、皮肤管理、美体塑形、体重管理等。

五、乐龄旅居康养服务要求

（一）服务人员要求

1. 基本要求

（1）遵纪守法，信守职业道德，坚守岗位，尊老爱幼，富有爱心，热情友好，礼貌待客。

（2）着装整洁，大方得体，语言文明，提供微笑服务和诚信服务。

（3）服务态度细致耐心，能提供全面周到的咨询、引导、提醒和帮携服务。

（4）掌握基本的岗位服务技能，举止行为符合岗位规范要求。

2. 专业要求

（1）具备旅游心理、健康养生、医疗急救、心理疏导、消防安全等方面的专业知识和技能。

（2）服务过程中善于观察，及时了解游客康养旅游服务需求。

（3）特殊岗位应持相关职业资格证上岗，满足相关从业资质等要求。

（4）定期参加专业知识、服务意识、服务技能和安全管理等方面培训，应通过考核达到培训目标

（二）安全管理要求

（1）旅居康养场所应有健全的安全管理制度和操作规程，应有专门的管理机构和职责明确的安全责任人。

（2）证照齐全，安装旅游业治安管理信息系统，落实人员住宿登记制度。

（3）提供餐饮服务应注重食品加工流程的卫生管理，保证食品安全。

（4）应设有突发事件处置应急预案，并定期演练，档案记录完整。

（5）应配置消防、防盗、救护、应急照明等设施并定期维护、检修、更新，确保正常有效使用。

（6）公共区域应安装无死角监控设施，并做好安全巡查、安全保障、特殊游客的安全关照等。

（7）康体运动类服务项目应在旅游活动开始前对游客进行必要的安全告知、

安全教育和技能培训。

（8）在道路、台阶、水域、主要活动场所等显著位置应设置安全警示标志，张贴人员安全须知，水上区域需配备水上救生设备和提供专业救生服务。

（三）质量管理要求

（1）应有完善的服务标准和操作程序，服务人员应数量充足、岗位职责明确、分工合理。

（2）应有健全的培训制度，每季度对从业人员开展专业知识、岗位技能和服务规范培训。

（3）应建立投诉处理机制，在公共区域显著位置公布投诉电话。

（4）应制定投诉处理流程，畅通投诉渠道，投诉及处理应及时、妥善、记录完整，并定期分析总结形成报告。

（5）应围绕服务项目和服务提供，要求每季度开展游客满意度调查，并根据结果进行服务质量的持续改进。

【思考题】

1.乐龄人群旅游需求特征有哪些？了解乐龄人群旅游需求特征的意义是什么？

2.分析乐龄旅游服务特性和新型乐龄旅游服务特点的区别与联系。

3.根据本章所学内容，试着对乐龄旅游市场进一步细分，制定一份乐龄人群旅游活动策划计划书。

4.自发式和委托式的乐龄旅游活动组织方式各有何优缺点，分别适合哪类乐龄人群？

5.旅行社接待服务包含哪些环节？选择委托式的乐龄旅游者到达旅游目的地后还需要旅行社的接待服务吗？为什么？

6.旅行社接待服务标准包含哪些内容？你觉得哪一环节特别重要，为什么？

7.什么是乐龄旅居康养？旅居康养的模式有哪几种？

8.乐龄康养服务的类型和内容有哪些？

第五章

乐龄消费与理财服务理论与实践

第一节　乐龄消费与理财概述

一、乐龄消费的概念

一般意义上的消费者有两种：广义上的消费者泛指从事一切消费活动的人（这里的消费包括生活消费和生产消费两种），狭义上的消费者专指从事生活方面消费活动的人。消费者的分类有很多种，按年龄分类，可将消费者分为儿童消费者、少年消费者、青年消费者、中年消费者和乐龄消费者，其中为满足生活需要而购买、使用商品和接受服务的60岁以上的个体社会成员为乐龄消费者。

我国逐步步入老龄化社会后，乐龄消费问题就成为学术界讨论的热点。目前对于乐龄消费还没有具体、统一的定义。一般认为，乐龄消费指满足乐龄人口衣食住行用等各方面需求的消费，包括传统老年产业（食品、服装、医疗保健、福利设施等）和现代乐龄消费产业（休闲娱乐旅游、社区服务和教育等）。

二、乐龄消费的特征

（一）消费注重实用性

消费涉及3个方面的特征：一是商品的实用性，二是服务的可靠性，三是价格的合理性。相比其他年龄层的消费者，乐龄人群的购物经验较为丰富，属于偏理性的消费者，对价格的敏感性较强，且受传统勤俭节约的思想影响较深，所以乐龄消费群体更倾向于购买经济实用、价格合理且服务可靠的商品。

（二）消费讲求便利性

对于多数乐龄消费者尤其是高龄乐龄消费者来说，通常会选择在居住地附近的商店购买商品，便利性是该类人群的主要消费特征。此外，乐龄消费者比一般消费者更强调商品的易学易用性及舒适便捷性，更倾向于购买在使用时没有体力和脑力负担的商品。乐龄消费者的求便消费心理还表现在对商品服务的追求上，质量高、售后有保障的商品往往更容易获得乐龄消费者的青睐。

（三）消费具备习惯性

乐龄人群的习惯性消费既是几十年生活惯性的继续，又是对新生活方式缺少了解和难以接受的反映。乐龄消费者在长期的生活实践中，通常会形成符合自身条件并较为稳定的消费习惯，不会轻易受消费流行风潮的影响而改变自身的消费习惯。此外，人到老年以后，学习能力与适应能力下降，缺乏对新产品的敏感性和适应性，他们通常会认准自己长期使用的产品，并倾向于"老字号"等传统品牌，具有较高的品牌忠诚度，对不了解的商品不会轻易购买使用，冲动性消费的情况较少发生。

（四）消费存在补偿性

补偿性消费是一种纯粹的心理性消费，是一种心理不平衡的自我修饰。在生活消费中表现为，人们用现代消费水平对过去消费进行追忆和比较，比较的结果大多是对过去生活某些方面感到遗憾和不满足，而当家庭或个人生活水平较高且时间充裕时，对过去遗憾和不满足的补偿往往会成为他们的消费追求。乐龄消费者具备补偿性的消费特征，子女成家立业后，乐龄人群的经济负担减轻了，一些经济条件与身体状况较好的乐龄人群会产生强烈的补偿消费心理，试图补偿过去因条件限制而未能实现的消费愿望，如补拍婚纱照、组团旅游等。

三、乐龄理财的意义

个人理财是在对个人收入、资产、负债等数据进行分析整理的基础上，根据个人对风险的偏好和承受能力，结合预定目标，运用诸如储蓄、保险、证券、外汇、收藏、住房投资等多种手段管理资产和负债，合理安排资金，从而在个人风险可以接受的范围内实现资产增值的最大化的过程。随着我国老龄化程度的逐渐加深，养老理财已经成为市场上的热点，乐龄人群也成了理财群体中的重要组成部分。除了注重健康养生、乐享晚年、理性消费之外，乐龄人群还应意识到投资理财的重要性和必要性。

俗话说得好，"你不理财，财不理你"。随着全民理财时代的到来和投资理财观念的不断深化，乐龄人群应规划好个人乃至家庭的财富，根据自身的风险偏好选择合适的理财产品与工具，寻求财富的保值与增值，从而使自己的晚年生活变得更加充实美满，意义重大。

（一）乐龄理财与社会养老保障互相推动，形成互补机制

目前我国的社保虽然普及率高、覆盖面广，但是乐龄人群若仅仅依靠这笔微薄的资金还不足以满足日常的生活开支。合理有效的理财，有助于乐龄人群的财富得到保值、增值，从而可以追求更高消费、更优品质的晚年生活。

（二）乐龄理财有助于营造和谐的家庭氛围

我国法律规定子女有赡养老人的义务，但我国自 1980 年起实行了很长一段时间的计划生育政策，使现阶段的家庭普遍是"4+2+1"模式，即一对夫妻需要赡养四位老人和一个小孩，这在无形中大大增加了每个家庭的经济负担。若乐龄人群能在退休之后积极规划财富，合理选择理财，可以在一定程度上减轻家庭负担，有利于构建长久、和谐、美满的家庭生活。

（三）乐龄理财有利于提升晚年生活品质

乐龄人群退休后拥有大把的闲暇时光，若不充分利用很容易变得枯燥无味、精神空虚，甚至会影响生理和心理健康。通过投资理财，乐龄人群不仅可以积累财富，还可以对生活充满成就感和充实感。

四、乐龄理财的基本特征

乐龄人群群体中每个人的工作经历、教育背景、家庭环境、人生阅历等虽然千差万别，但对于投资理财大都倾向于"稳"字当先，即偏好于收益稳健的理财工具与产品，对风险承受能力相对较弱，以保值为主、增值为辅。主要原因有 5 个方面。

（一）乐龄人群群体可用于理财的闲散资金相对较少

改革开放以来，我国经济发展发生了翻天覆地的变化，城乡居民的收入节节攀升。但目前处于退休状态的乐龄人群群体在中壮年时期长期处于一个较低的收入水平，普遍仅有微薄的财富积累。另外，乐龄人群群体除了日常生活开支以外，对于医疗保健、养老的刚性消费需求却在不断增加。因此，在闲散资金不充裕的情况下，乐龄人群理财必然会充分考虑理财标的物的风险属性，否则一旦出现亏损，就会对其晚年的生活质量造成巨大的冲击。

（二）乐龄人群的身体状况更适合简单的投资理财

乐龄人群的身体机能逐步衰退，生理和心理状态不再适合从事风险系数较大的

复杂投资理财活动。因为复杂的投资理财活动不但需要扎实的专业知识，更需要强健的身体素质，即便是年轻人，在面对种类纷繁复杂的理财产品、变幻莫测的盈亏状况时，也会不知所措、迷失方向，更别说通常伴有高血压、心肺疾病等慢性疾病的乐龄人群了。

（三）乐龄人群不熟悉现代的投资理财知识

理财市场知识体系广博丰富、深奥精微，投资者若只是掌握基础的理论知识，没有实战经验的支撑，往往只能"纸上谈兵"。投资理财与其他专业知识相仿，需"体""用""术"有机结合。所谓"体"即理论核心，是基础知识；"用"是指根据理论知识延伸出的具体运用；"术"即为具体的操作实践。只有"体""用""术"三者有机结合并且不断完善，才能培养良好的投资悟性，从而在理财市场上游刃有余。此外，伴随着近几年互联网金融的发展，创新性的理财方式、形式和渠道层出不穷，各式各样的理财产品和工具日新月异，这就要求投资者具有扎实并不断更新的专业知识和技能。乐龄人群思维能力逐步退化，接受新事物的能力远不如年轻人，因此，对于乐龄人群群体而言，不仅要不断提升自身的理财专业知识，还要有效避免投资那些自己不懂、不熟悉的理财产品和工具，以稳健为主，选择熟悉的市场或产品。

（四）乐龄人群理财需注重投资理财标的物的流动性

乐龄人群群体有限的收入和财富及应对意外支出的高需求特性，要求乐龄人群在进行投资理财规划时必须持有相当数量的高流动性资产，以便应对不时之需。而通常来说，高流动性资产属于低收益、低风险类的理财品种。

（五）乐龄人群理财也要兼顾一定程度的回报率

乐龄人群理财的初衷就是寻求资产、财富的保值和增值，即在确保理财的流动性和安全性的同时达成稳定的收益。因此，乐龄人群可以通过选择具有良好安全性、流动性，兼具一定收益性的理财产品，达到资产和财富保值的目标。对于自身多余的闲散资金，可以有效配置并适当投资于股票及证券投资基金，赚取一定的收益，提高日常养老和医疗的保障能力。

第二节　乐龄消费市场发展趋势与营销策略

一、乐龄消费的市场潜力

国际社会通常认为，60 岁以上人口占人口总数的 10% 以上或 65 岁以上人口占人口总数的 7%，即为进入老龄化社会。1999 年，我国 60 岁以上人口占人口总数比例超过 10%，自此正式进入老龄化社会。中国发展研究基金会发布的《中国发展报告 2020：中国人口老龄化的发展趋势和政策》称，2050 年中国老龄化将达到峰值，65 岁以上人口将达 3.8 亿，占人口总数的 30% 左右。

在此背景下，乐龄人群的经济水平和购买力呈现不断上升的趋势，消费潜力日渐显现，乐龄人群消费已经成为经济社会发展的重要引擎。第四次中国城乡老年人生活状况抽样调查结果显示，中国乐龄人群 2014 年人均消费支出为 14764 元。乐龄人群消费结构开始出现从生存型逐步向文化休闲型转变，乐龄消费向高层次、高质量、个性化、多元化发展。全国老龄工作委员会《中国老龄产业发展报告（2014）》预测，2014—2050 年，中国乐龄人口的消费潜力将从 4 万亿元左右增至 106 万亿元左右，占 GDP 总量的比例将从 8% 增至 33%。

二、乐龄消费市场新趋势

（一）"新生代的老人"开始体验"乐活"生活方式

"乐活"是 1998 年由美国社会科学家针对人类"健康衰退、心灵空虚、关系疏远、资源紧缺"而提出的新的健康生活方式，意为以健康及自给自足的形态过生活，是全球兴起的一种新的健康可持续的生活方式。

随着人民生活水平的不断提高，当代的中国乐龄消费者更多地受消费文化和年轻一代的影响，消费观念已经不再局限于传统的求实性、便利性、习惯性，消费观念正在逐渐年轻化。越来越多的乐龄人群，尤其是刚退休的城镇低龄乐龄人群自我补偿性的消费支出不断增加，同时，越来越多的新生代乐龄人开始体验乐活生活方式，追求自然、健康、精致的生活方式。《2017 年中国老年消费习惯白皮书》调查数据显示，60% 的乐龄消费者最注重"产品质量好"，仅有 33% 的乐龄消费者最注重"价格便宜"，这在一定程度上反映出乐龄人群对消费产品的质量关注度日益增加，对于价格的关注度相对降低。

新生代乐龄人群在线下生活也更加注重品质和时尚，旅游日益成为乐龄人群品质生活的新选择。在线旅游平台携程发布的《2019 年老年群体旅游行为报告》显示，乐龄人群是高频次旅行用户，65% 的受访乐龄出游用户每年出行 3 次以上，且越来越多的乐龄人群能够独立完成在线预订。

除了旅游、教育消费外，乐龄人群的精神文化生活也更加丰富和个性化。新生代的乐龄人群学习需求强烈，很多老年大学一座难求。根据中国老年大学协会的统计，截至 2018 年，我国共有各级各类老年大学和老年学校 6.2 万所，在校学员 800 多万人，参加远程学习的学员有 500 多万人。面对乐龄人群日益增长的教育需求，教育培训行业已推出线上兴趣课程，以满足乐龄人群学习摄影、书法等技能的强烈愿望，缓解老年大学课程供不应求的现状。

（二）消费场域由传统的线下转向线上线下结合，消费模式和内容渐显智能化

随着乐龄消费群体中智能手机普及率的提高、移动支付渠道日渐拓宽及操作方式更加便捷化，乐龄消费人群的线上消费场域不断扩大，消费模式的智能化特征日益凸显。中国互联网络信息中心（CNNIC）发布的第 47 次《中国互联网络发展状况统计报告》显示，截至 2020 年 12 月，50 岁及以上网民群体占比上升至 26.3%，互联网进一步向中乐龄群体渗透。随着乐龄网民群体的快速增长，乐龄人口线上消费增速明显，乐龄群体逐渐成为数字化消费的生力军，用手机消费成为不少乐龄人群的生活方式。

互联网跨时空的优势不仅能增加乐龄消费品的信息传递渠道，还能极大减少乐龄人群外出购物的难度，增强乐龄人群的消费欲望。根据淘宝、京东、拼多多等平台统计，"50+"乐龄人群消费的产品，从乐龄鞋服等生活用品到智能家居等，近几年都保持了 50% 的增长，乐龄人群的消费场景逐渐转变为线上线下相结合的模式。另外，消费模式数字化具有明显的年龄结构特点，在乐龄人群中，年龄越低，使用移动支付的比例越高，移动支付主要以微信和支付宝为主，且更偏向于微信购物。

随着乐龄消费群体的消费模式日渐数字化，消费内容的智能化特征也日渐明显。数字化赋能还将通过促进产业创新能力提高乐龄消费，催化大数据、人工智能等数

字技术与乐龄产业的深度融合，如智能手表、智能手环等系列健康监护产品的热销便是例证。《2017年中国老年消费习惯白皮书》数据显示，在乐龄人群最感兴趣的数字化产品中，57%为智能健康产品，说明在乐龄人群生活能力随身体机能衰退而下降时，乐龄人群对身体健康数据监控、智能远程呼叫、智能安全、智能防走失等智慧化辅助产品的需求正日益增加。而乐龄人群消费领域的拓宽，又将进一步激发乐龄人群的消费欲望，从而形成产业创新和乐龄消费循环发展的动力。

（三）乐龄人群的保健品和医疗消费仍持续增长

随着经济的发展和人民生活水平的提高，乐龄人群作为消费群体中的一大主体，生理健康状况和健康意识逐渐提高，同时由于家庭陪伴的减少，或受从众心理的影响，乐龄人群对保健品的支出逐步增加。然而，目前保健品市场品种繁多，而乐龄人群对保健品认知的缺失，成为部分乐龄群体盲目消费保健品的原因。乐龄保健品市场问题层出不穷，上海市消费者权益保护委员会披露的《老年保健品消费调查报告》显示，被调查者中有近七成乐龄人群一年内购买过保健品，而近四成子女认为父母有过非理性消费保健品的行为。2017年以来，上海市消费者权益保护委员会受理保健品投诉375件，涉及金额300余万元。

伴随着人口老龄化进程的加速，乐龄人口的增加也带来了更多的医疗需求。随着乐龄群体健康意识的不断增强、医疗保险覆盖率和参保程度的提高，以及医疗保险报销日趋方便快捷，农村乐龄群体医疗服务的需求也不断释放。在诸多因素影响下，预计我国乐龄群体医疗保健支出将以较快的速度增长。

（四）乐龄消费人群的消费决策由主导型向被反哺型转变，社交依赖特征明显

《2017年中国老年消费习惯白皮书》调查数据显示，93%的乐龄消费者的消费决策会受到子女和亲戚朋友的影响。随着当下消费产品技术含量的提高，产品迭代升级的速度越来越快，与年轻人相比，乐龄消费人群对消费信息的鉴别能力和快速入门能力稍显不足。例如，乐龄群体对智能产品的需求量日益增加，即便针对乐龄人群的特点已进行了功能改造，尽可能减少产品使用的复杂性，但是很多产品或部分复杂功能还是需要在年轻人的指导或辅助下使用。此外，怎么选择、去哪儿买、怎么在网上消费、某种功能不会用等非乐龄人群擅长的问题，很多时候都需要子女或年轻的亲戚朋友帮助。因此，在互联网时代，乐龄人群消费决策的主导型地位在弱化，部分乐龄人群不得不向子女或年轻的亲戚朋友寻求帮助，接受子女消费决策反哺的现象日益普遍。

（五）"空巢"家庭日益增加导致老龄照护需求增加

"空巢"是指子女长大成人后从父母家庭中相继分离出去，或是家庭中因子女外出工作学习老人独居的一种现象。目前，空巢老人的养老意愿主要为居家养老，但随着身体状况的下降，空巢老人将面临不同的生活问题、健康问题及心理问题等，对专业的医疗护理和照护服务有庞大而刚性的需求。在这种背景下，空巢老人对护理需求层次也会相应提高。同时，家庭的服务照料需求将伴随老龄化的进程而持续加深。

三、我国乐龄消费市场的营销策略

乐龄市场群体多样且层次繁多，面对潜力巨大的乐龄市场，企业在激烈的市场竞争中要想占据优势，在进行市场营销时，必须针对不同乐龄群体的消费特征和需求进行乐龄消费市场细分，选择目标市场，并针对乐龄人群的市场定位推出符合其消费需求的产品。同时采取与目标市场相适应的营销组合（4P），即产品策略（product）、价格策略（price）、促销策略（promotion）和渠道策略（place）。

（一）乐龄市场的细分

市场细分是指企业按照某种标准将市场上的顾客划分成若干个顾客群，每一个顾客群构成一个子市场。不同子市场的需求存在着明显的差别。市场细分是选择目标市场的基础工作，其客观基础是消费者需求及由需求决定的购买动机、购买行为的差异性，它是辨别具有不同需求和不同行为的消费者并加以分类组合的根据。

消费者市场细分的依据主要从地理因素、人口统计因素、行为因素等角度出发，而针对乐龄市场，在美国有个常见的细分方法，即从乐龄人群的生活变化进行细分：①身体健康的享乐主义者，该类乐龄人群的消费行为最接近年轻消费者，具备经济基础和健康基础的该类人群，有条件地体验和追求"乐活"的生活方式，追求自然、健康、精致的生活态度；②身体健康的遁世主义者，该类人群可能经历过影响自我价值或自我观念的事件，这些事件令他们不论是在心理还是社会行为上都变得相对退缩；③多病外出者，此类乐龄人群可能遭遇健康方面的问题，有些甚至是疾病缠身，他们接受"人已老"的事实，承认自己的不足，但仍对生活充满希望；④身体虚弱的幽居者，与多病外出者一样，该细分人群也已接受"人已老"的事实，并设法调整自己的生活方式，以适应身体和社会角色的变化，应对晚年可能发生的不幸事件。

该分类方法可在一定程度上帮助企业更有效地挖掘其目标客户，例如针对多病外出者和身体虚弱的幽居者人群来说，保健产品和服务属于刚性需求，更进一步讲，身体虚弱的幽居者通常会购置家用自我诊断仪来测量血压、血糖和胆固醇等。

乐龄消费市场细分的方式多样，企业也可以根据自己的需求进行市场细分，如可以根据乐龄人群经济收入的不同进行市场细分，将产品分为高中低不同档位，以满足不同经济收入阶层的需要。针对乐龄人群消费结构中文化程度高并拥有较高收入水平和消费水平的人群，相关企业应将产品开发重点放在用户体验上；而针对中低端客户群，企业可以开发更贴近乐龄人群生活的产品，尤其是实用性好、价格低廉的产品，以获得该类消费用户群体的青睐。

（二）乐龄市场的定位

在进行市场细分后，企业可根据自己的主客观条件选择目标市场及市场定位，塑造与众不同、让人印象深刻的企业产品形象，并将这种形象生动地传递给顾客。例如足力健老人鞋给自己的市场定位是"让每一位老人都穿上专业老人鞋"，以获取其目标用户。乐龄人群的思维方式和行为方式与年轻人存在差距，且年龄越大差距越大，企业应根据乐龄人群的生理和心理特点，研发能满足乐龄人群需要的商品，推出符合其消费需求的服务产品。企业通常会迎合乐龄人群追求方便化、保健化和舒适化的消费方式来开发新产品，强调舒适、安全、便利、物美价廉和传统审美等产品特性。以下着重从 3 个方面说明。

1. 舒适

随着年龄的增加，乐龄人群对时尚的追求逐渐减弱，舒适性显得越来越重要。例如对于乐龄服装，关键在于易穿易脱、舒适合体、轻便保暖等，而对于款式的要求可退居其次。因此企业在设计生产老年服装时，应重点从产品的质量角度考虑，并适当提高时尚性。此外，企业还可以针对乐龄人群的需求进行特殊的产品设计，如部分老年服饰在强调保暖特性的基础上增加护膝等特殊功能，以吸引乐龄消费者。

2. 便利

对乐龄消费群体而言，便利性是产品价值的重要体现。如一些企业针对乐龄人群推出商品无理由退换、送货上门、服务到家等特惠制，以满足乐龄人群的便捷消费心理，提高乐龄消费者的购买欲望。此外，针对老年保健器械产品，不仅要有切实的保健功能，还应具备操作简便、易学易上手等特点。

3. 老有所为感

随着经济水平的提高，一批批"新生代的老人"开始追求"乐活"的生活方式，追求自然、健康、精致的生活。针对该类乐龄消费群体，丰富他们的文化生活、推动相关文化产业的发展显得尤为重要。很多企业开始重视学习教育、咨询服务、沟通交流、影视文化等方面产品的开发，以不断满足新时代乐龄人群在价值观、消费观、生活方式更新与迭代方面的现实需求。

（三）企业可行的营销策略

4P 营销策略是营销学学者杰罗姆·麦卡锡教授于 20 世纪 60 年代提出的，由"产品、价格、促销、渠道"四大营销组合形成的营销策略，该策略对市场营销理论和实践产生了深刻的影响。针对乐龄消费市场，企业也可以依据 4P 营销策略组合进行分析。

1. 产品策略

（1）产品功能策略

企业在开发乐龄人群产品时，应特别注意保持产品的基本功能和辅助功能的协调性。通常来讲，乐龄人群更关注产品的基本功能，如最近几年畅销的老年智能手表，其基本功能在于可以进行心率血压监测、SOS 报警、多重定位、轨迹追踪、健康步数计数等，这些功能符合乐龄人群的需求，其他辅助功能可相对简单一些。

（2）产品质量策略

乐龄消费群体有着丰富的消费经历，与年轻人相比，更讲究产品的实用性，更看重产品的材质，对产品的质量也比较敏感，在购买商品时更重视产品是否耐用、是否舒适、是否安全。因此，商家在开发乐龄人群产品时，应贯彻质量为上的原则，尤其是保健食品和医疗器械这类乐龄特有产品，更应加强产品质量管理。

（3）产品款式策略

乐龄人群对产品款式的需求与乐龄人群所处的年龄层、审美观念、收入水平、文化水平、地域等密切相关，整体而言，乐龄人群对产品的款式具备多元化的产品需求。如老人在购买家具时更倾向于色彩典雅的产品，红木类家具通常比较受欢迎。因此，对于一些生产日常消费品（如服装、鞋帽等）的企业来说，如何挖掘其目标用户的共性需求，并体现在产品款式的设计上，显得尤为重要。

（4）产品包装策略

产品包装是指产品的容器或包装物及其设计装潢，是产品的重要组成部分。要想在包装层面唤起乐龄人群的兴趣，企业应重视以下几个方面的问题：①应独具老年产品的特色，符合乐龄人群的审美理念，做到精致大方，以让乐龄人群赏心悦目、感受到亲和力为最佳；②应便于乐龄人群携带，方便乐龄人群在一定重量下的提、拉、拿；③应体现安全性，防止乐龄人群在使用时造成伤害，必要时可以在包装上做提示性的说明。

（5）产品组合策略

产品组合是指一个企业在一定时期内生产经营的各种不同产品、产品项目的组合。乐龄消费群体不具备同质性，不同特征（年龄、性别、地区、收入水平等）的乐龄群体具备不同的消费需求，企业可按照关联度将不同产品进行有效整合，合理有效地整合资源，以获取更大的市场份额。因此，在条件允许的情况下，企业可生产多类相关的乐龄产品，如保健食品，企业可将不同保健食品进行组合售卖，以获取更大的经济效益。

（6）产品服务策略

随着我国人口老龄化的加剧及乐龄消费市场潜力的激增，如何更有效地服务于乐龄消费者，是目前许多企业思考的重点问题，不同的企业也采取了不同的产品服务策略。如许多商场开设了老年用品专柜，专售某类乐龄用品，在商品的摆布和服务方面，也更多考虑了乐龄消费者的需求，甚至对售货人员也进行了针对乐龄人群的服务培训。

2. 价格策略

针对乐龄消费市场的产品定价，不仅需要考虑产品的成本、企业策略等基本因素，也要综合考虑乐龄人群的消费特性。一方面，乐龄人群具备较为成熟的消费心理，通常会用理性和节俭的态度看待价格，对价格的变动比较敏感，而且老人的时间较多，通常也愿意以牺牲时间来获取产品价格上的优惠。另一方面，乐龄人群有丰富的阅历和购物经验，对产品价格与质量之间的关系有独到的评价，多数乐龄人群都有"一分钱一分货""价贱无好货"的心理，因而商家不能单靠低价来吸引乐龄人群，更不宜盲目采用打折促销的方式，因为打折品易被误认为是次品、淘汰品，而且打折极易助长购买者的观望心态，认为"早买不如迟买"。

总之，商家应在充分了解目标用户特性的基础上，针对老年产品采用分级定价策略，即同一品牌产品可考虑按外观、规格、功能的不同确定级差价格，以满足不同层次乐龄消费者的需求。另外，实行产品组合策略的企业也可以采取产品组合价格策略，实现利润互补，如高中低级品等级价格组合，以高价补低价；又如主要产品与附加产品组合，以附加品赚取主要利润等。

3. 促销策略

乐龄消费者群体存在自己的消费惯性，属于对广告注意程度较低的群体之一，不会轻易受广告影响而改变自身的消费习惯。企业要想通过广告宣传来提高乐龄消费用户对自身产品的关注程度，需要针对乐龄人群的特性采取相应的策略。

（1）广告的制作方式应符合乐龄人群的一般生活特点

乐龄人群的反应速度、观察和理解事物的速度都不及年轻人，但对传统事物更熟悉，传统的事物更容易激发乐龄人群的回忆，并产生更为深刻的印象。因此，快节奏、现代风格的广告，未必能引起乐龄人群的兴趣。虽然许多"新一代的乐龄人群"对新鲜事物的关注度和兴趣不低，而且有更多的闲暇时间来品味现代生活的情趣，但受年龄造成的各方面因素的制约，其心理习惯很难与年轻人一致。因此，面对乐龄消费市场，企业在广告宣传上需要更多地考虑乐龄人群的心理习惯。例如，在"古井贡酒"的广告中，采用了自然朴实的表现手法，通过爷爷和孙女之间的对话，间接体现出酒背后的文化渊源，而乐龄男性消费者是白酒行业重要的目标人群，这种"稳而实"的广告策略，更符合大多数乐龄人群对广告的一般心态。

（2）应根据乐龄消费品市场定位选择合适的广告媒体

不同性质的乐龄群体对于不同的广告媒体的接触程度存在差异性，如偏高龄的老人活动范围较狭窄，传统的广告媒体渠道（电视、广播）或其社区的线下广告位（电梯广告、小区宣传栏等）是该类群体能接受广告曝光较频繁的媒体渠道。而对于新一代乐龄人群来说，智能手机的普及和互联网产品的广泛应用，传统的媒体渠道已经不能满足企业宣传的需求，因此，企业应更重视针对乐龄人群的网络营销，积极拓展线上线下营销渠道，一方面深挖内部渠道，如站内资源、官方媒体、新闻自媒体、视频自媒体、社区等；另一方面可以有针对性地选择外部渠道，如微信、微博、短视频平台、搜索引擎、浏览器等，寻找适合自身产品的线上传播的路径。

（3）应开展针对乐龄人群及其子女的双重营销

企业不仅可以直接针对乐龄目标用户开展营销，还可以面向其子女进行营销，从而取得较好的销售效果。比如营养保健品、乐龄人群的旅游消费，很多情况下是子女为父母付款的，因此在进行广告设计和宣传时，可抓住"孝"字做文章，以尊老、敬老、爱老及团圆为主题来设计广告，传递百善之首——"孝"的传统美德，激发年轻人的孝心，唤起年轻人的购买欲望。

4. 渠道策略

渠道策略是使产品顺利地经由市场交换过程最终转移给消费者的过程中对商品流通渠道的选择。营销人员在制定分销渠道时需综合考虑多种因素，包括商品的竞争力、企业环境、市场竞争、企业分销能力、品牌影响力、产品覆盖度等，同时需要考虑目标用户的特性、市场需求的大小、消费者的地理分布等，还要预测消费者的购买频率和客单价，在此基础上采取适合企业的分销模式。

对乐龄消费市场而言，通常情况下，乐龄人群尤其是高龄乐龄人群，活动范围局限于社区，商家可以将零售商选址在社区里，在乐龄人群相对集中的聚居社区设立乐龄人群自选商场、乐龄人群专卖店等。对于一些价格昂贵的商品，如健身器材等，可采用专卖店等模式，或在商场中设立针对乐龄人群专柜的形式进行销售。同时，随着智能手机在乐龄消费群体中普及度的提高，乐龄人群尤其是低龄乐龄人群对电子商务的接受度越来越高，已有相当一部分乐龄人群可自行在网上购物。针对这部分人群，企业可根据目标用户的特性和企业自身的定位，决定是否拓展线上销售渠道。

第三节　乐龄理财规划

一、乐龄理财规划的目标

乐龄人群的日常生活开销虽然普遍比较节约，但是抗风险能力还是相对较弱，面对突如其来的疾病压力往往措手不及。因此，乐龄人群理财规划的目标应该是：健康理财，让乐龄生活更加安逸并且有保障。

乐龄人群理财规划的目标包含 3 个层次的内容：首先，要计划好当前的生活，对家庭资产进行合理的配置；其次，提前为晚年生活、健康保障做好规划，未雨绸缪；最后，通过理财规划建立一个可预见的现金流通渠道，以保障家人和自己的晚年过上丰衣足食的生活，实现和达到财务自由。

　　根据理财规划，乐龄人群需明确 3 个方面的问题：第一，分析目前家庭经济状况；第二，制定期望的经济目标；第三，根据合理的储蓄和投资去实现经济目标。理财规划既要考虑财富的积累，又要考虑财富的保值和增值，所以理财规划应涉及乐龄人群晚年生活的方方面面，如日常生活计划、资助子女计划、休闲和再教育计划、资产分配计划、保险计划、养老与退休保障计划、债务管理计划等。可见，乐龄人群理财是一个规划、一个系统、一个过程，而不是简单地找到一条致富之路或做出某种投资决策。

二、乐龄理财规划的原则

（一）"三要"原则

1. 要"稳"

　　乐龄人群本身的收入基本固定，收入的增长已基本停止，但其生活支出及健康方面的支出却在逐步增长，故理财风险承受能力会相应逐渐减弱。理财需考虑的第一个原则就是本金的安全性，要在保证本金安全的前提下再去投资相对高收益的理财产品。要做到稳字当头，首先要考虑的就是理财产品的监管机构，一般来说，有金融机构监管、固定收益类的产品更适合求稳的投资者。要选择正规的投资渠道，比如银行、私募基金公司、资产管理公司等经国家有关监管部门批准、从事投资业务的正规单位推出的产品。在投资理论中有个"100 法则"，该法则用一个确定的资产配置比例来衡量投资风险过高产品的警示线，即确定投资高风险产品的金额占投资总产品金额的比例。该法则认为，一个人可以投资的高风险产品比例等于 100 减去年龄。如 65 岁的老师，建议老人投资相对高风险的产品比例为 100 − 65 = 35，即 35%。这个法则也较为形象地告诉乐龄人群投资要以稳健为主，宁愿不投资也不能将过多资金投入风险过高的理财产品。

2. 要"短"

　　乐龄人群在理财过程中要特别注意理财期限长短或有无封闭期。某些投资产品有封闭期，在封闭期内无法赎回投资金额。乐龄人群年事已高，健康等相关支出的比例要比年轻人高很多，理财方面的精力也不如年轻人充沛，理财市场本身受外部因素的影响较大，理财产品的不确定性就加大，所以不建议选择封闭期限太长的理财产品。具体来说，我们建议乐龄人群选择三个半月到一年半、最长两年期的产品为宜。

3. 要"分"

乐龄人群在投资理财的过程中，应该注意通过分散投资来降低理财过程中的风险。投资学里有一句比较形象的话，就是"鸡蛋不要放在同一个篮子里"。所谓的分散投资，就是将资金用于购买不同类别的产品，不建议将全部资金投在同一理财产品中。举例来说，如果投资保本类或固定收益类产品，可选择存款、银行人民币理财、信托等不同的理财工具中的若干种；而如果投资浮动收益产品，可选择股票、股票型基金、混合型基金、阳光私募等多个品种。

（二）"三不要"原则

1. 不要轻信高收益

从日常发生的投资诈骗案例中，我们看到使人上当受骗的产品几乎都是高收益产品。有不少非法投资公司利用投资者贪图高收益的弱点，用 15% 甚至 20% 以上的年化收益率来引诱乐龄人群。很多乐龄投资者禁不住高收益的诱惑，加上非法投资公司高超的营销手段，在不知不觉中忽略了投资本身的风险而极易上当受骗。

2. 不要贪图小便宜

一些居心不良的投资公司往往用"免费""限量""赠品""促销"等作为吸引乐龄人群的伎俩。一些乐龄人群觉得错过了"赠品"不合算，"不拿白不拿、拿了也白拿"，贪便宜的心理作怪，使乐龄人群上当受骗。投资者一定要记住：天上不会掉馅饼，理财防骗更要防贪心。

3. 不要投资不熟悉的产品

理财市场日新月异，没有足够的金融投资知识储备，乐龄人群很难去分辨自己不知道的或者新的投资品种。"外汇""黄金白银""海外股权""原始股"等理财新名词不绝于耳，如果乐龄人群不了解或并不熟悉该类产品的交易规则，就不可能了解该品种的风险所在。我们建议：远离不熟悉的产品！

总体来说，乐龄人群是个较特殊的理财群体，从生理、心理等各方面考虑已经过了涉足高风险赚钱的黄金期，必须树立安全理财的稳健观念。从乐龄人群的身心健康出发，投资理财参考以上六原则，可以防范和控制理财的风险，做到安全理财，让财富稳步增长。

三、乐龄理财工具的选择

根据乐龄人群理财偏好稳健的风险收益特征，从目前理财市场现状看，适合投资及应该回避的理财产品和工具主要有以下几类。

（一）乐龄人群常见的理财工具

1. 储蓄存款

储蓄存款是一种最基础的理财工具，是居民个人将属于其所有的人民币或者外币存入储蓄机构的一种存款活动。目前的储蓄存款种类繁多，有活期存款、定期存款、整存整取、零存整取、整存零取、存本取息等多种形式。个人可以凭借存折或存单取存款的本金或利息收入，具有显著的获利性，加之支取便捷，具有突出的变现性和安全性。因此，对于习惯于把节约下来或暂时不用的钱积存起来的乐龄人群来说，这是最具操作性的理财方式之一。

2. 国债

国债是国家以其信誉做保证，通过向社会筹集资金而形成的一种债权与债务的关系，因而通常不需要抵押品，并且风险在各种理财工具中是最小的。它是国家信用的载体，是一国中央政府发行的债券，也是政府及国家信用筹措资金的一种方式，故有"金边债券"之美誉。乐龄人群购买国债的优点主要有：买卖方便、收益高且稳定、流动性强。

3. 货币市场基金

相信很多用户都已体验过余额宝这一理财产品，它以灵活的支付操作、稳定的收益水平、广泛的应用场景而深受广大用户的青睐。余额宝的本质就是货币市场基金。货币市场基金是主要投资于短期货币市场的工具，如国库券、商业票据、银行定期存单、银行承兑汇票、政府短期债券、企业债券等短期有价证券。货币市场基金具有投资净值固定不变、安全性高、流动性强、费率低、收益率相对高于银行储蓄类理财产品等特点，因而很适合作为乐龄人群的理财工具。

4. 银行理财产品

银行理财产品是指商业银行在对潜在目标客户分析研究的基础上，针对特定目标客户群开发设计并销售的资金投资和管理计划。从总体上来说，银行理财产品风险收益波动性小于资本市场投资工具，投资简单、收益较稳健、风险较小，比较适合乐龄人群作为稳健型理财产品。

5. 保险

保险是指投保人根据合同约定，向保险人支付保险费，保险人对于合同约定的可能发生的事故因其发生所造成的财产损失承担赔偿保险金责任，或者被保险人死亡、伤残、疾病或者达到合同约定的年龄、期限等条件时承担给付保险金责任的商业保险行为。商业保险大致可分为：财产保险、人身保险、责任保险、信用保险、津贴型保险和海上保险。乐龄人群需要配置一定的保险资产，尤其是人身保险，以防意外或是重疾等事件对个人甚至家庭带来的精神和金钱的双重打击。配备了相应的保险且在保险期内没有发生人身意外，保险产品的收益率通常可以达到或者超过同期同类的银行储蓄利率。即便发生了这些事，也无须过多担忧，保险公司会为投保人提供充足、及时的保障。

6. 房产

由于近年来各地房价的上涨所带来的高收益，以及房产市场运用程度和老百姓使用程度及频率较高的特点，房地产已成为目前比较流行的投资理财工具之一。房地产投资是以房地产为标的物，为达到预期收益而对土地或房地产进行交易的投资行为。房地产不仅局限于购置住房，也包括投资店面、车库等其他方式。

7. 黄金

黄金作为在历史上充当货币和投资保值工具历史最悠久的品种，长期以来受到投资人的追捧。现阶段黄金投资主要分为实物黄金、黄金T+D、纸黄金、现货黄金、国际现货黄金、期货黄金、黄金预付款、民生金等8种比较流行的投资形式。对乐龄人群而言，持有实物黄金是比较稳健的一种投资方式，黄金在保值的同时还可以规避风险，这一属性是其他任何投资产品都不能比的。

（二）乐龄人群应回避的理财方式

1. 股票

股票是股份公司发给股东证明其拥有本公司股权的一种所有权凭证。这张所有权凭证本身是没有价值的，但它作为股本所有权证书代表着取得一定收入的权利，因此具有价值，可以作为商品转让。炒股就是指买卖股票，其核心在于通过证券市场的买入与卖出之间的股价差额来获取利润。股价的涨跌根据市场行情的波动而变化，股价的波动之所以经常出现差异化特征，缘于进入股市的资金的规模情况，资金大量涌入则股价涨，资金大量流出则股价跌。股票市场是一个险象环生的市场，很多乐龄人群没有弄清股票投资风险形成的原因，盲目轻信所谓的内幕消息，跟风购买，更有甚者拿出自己的毕生积蓄投入股市。乐龄人群的情绪波动更易受股市涨跌起伏的影响而长期处于紧张的状态，这非常不利于乐龄人群的身心健康。

2. 股票型基金和指数型基金

股票型基金指的是投资于股票市场的基金。在我国 2015 年 8 月 8 日股票型基金仓位新规中规定，股票型基金的股票仓位不能低于 80%。指数型基金是以特定指数（如沪深 300 指数、标普 500 指数、纳斯达克 100 指数、日经 225 指数等）为标的指数，并以该指数的成分股为投资对象，通过购买该指数的全部或部分成分股构建投资组合，以追踪标的指数表现的基金产品。这两种基金均主要投资于股票市场，收益随股市的大幅震荡而波动，因此不太适合乐龄人群稳健性的投资方式。

3. 高收益性质的银行理财产品

有很多银行会不时发布一些收益超过 5% 的高收益银行理财产品，有的甚至高达 10% 的年化利率，让不少投资者很心动。许多老人认为这类银行理财产品跟银行储蓄一样，不会亏本，从而盲目跟风购买。但事实上，高收益同时也意味着高风险，银行理财产品在产品说明书中一般提到的收益率，是指"年化预期收益率"，银行并不能完全保证实际收益一定达到预期收益，其中是有亏本的风险的。

4. 信托产品

信托产品是一种为投资者提供低风险、稳定收入回报的金融理财产品。信托品种在产品设计上非常多样，包括贷款信托类、权益信托类、融资租赁信托、不动产信托。不同的品种在风险和收益潜力方面有很大的差别。从 2013 年开始，不断传出一些信托存在因无法到期兑付而延期的问题，因此，乐龄人群在没有了解各类信托产品具体情况的前提下建议不要购买。

5.P2P 网贷

P2P 网贷即网络贷款，是指个体与个体之间通过互联网平台实现的直接贷款。P2P 网贷门槛低，年化收益率通常高达 10% 以上，这对于普通投资者具有很强的吸引力，但是高收益与高风险是并存的。2014—2015 年，各大 P2P 平台快速发展，不再满足于中介的身份，开始涉足自融、建立资金池等行为，致使平台爆雷跑路、暴力催收等恶性事件频频发生。乐龄人群不具备专业知识，也无法承担过高风险带来的不利后果，建议不要涉足。

四、制定乐龄理财规划方案

科学、合理的理财规划是确保乐龄人群有效、成功理财的关键。要做好理财规划，必须认真做好以下几方面的工作：一是摸清、了解乐龄人群自身和家庭的资产负债结构、日常收入支付状况、损益特点等财务信息；二是分析、确定乐龄人群自身和家庭的风险收益偏好；三是依据乐龄人群自身和家庭的实际需求设定理财目标；四是确定投资理财方向和理财工具与产品的配置组合；五是根据市场、乐龄人群自身和家庭需求的变化，调整理财目标和理财工具与产品的配置组合。

具体的乐龄理财规划方案主要分为 3 个部分。第一部分属于应急的钱，一般占个人或家庭资产的 10%，或者为 6 个月至 1 年的生活费。这一部分钱的主要用途是保证家庭的短期开销，包括日常生活、水电支出、购物消费、外出旅游等。这部分资金可以存银行，活期、定期或者货币市场基金，便于随用随取。第二部分属于保命的钱。乐龄人群要学会未雨绸缪，保证手头有足够的现金以应对不可预测的突发疾病或者意外。即便发生了突发事件，也有充分的保障而无须过多担忧。这部分资产可以购买国债或者商业养老保险，平时可能看不到什么用途，但关键时刻就能发挥作用。第三部分属于闲散的钱，即 5～10 年不用的钱。只有这部分闲钱才可以用于投资一些高风险的理财产品，比如股票、基金等。但要切记，高收益往往伴随着高风险，要控制一定的比例，一般占闲散资金的 20% 左右。

第四节　乐龄消费与理财风险防范

一、乐龄消费市场存在的问题

（一）乐龄消费市场供需失衡

随着我国人口老龄化进程的加剧、社会经济水平的提升和乐龄消费理念的更新，乐龄消费市场的潜力日益增大。然而，现阶段乐龄消费市场存在供需失衡的问题，在部分消费领域中，乐龄人群面临"无处消费"的困境。从消费品来看，真正适配乐龄人群需求的产品缺乏，乐龄人群消费选择性不足。

我国养老产业发展尚未成熟，很多提供乐龄消费或服务的企业尚在探索发展中，在规模化、连锁化发展等层面仍然存在诸多问题，导致乐龄服务用品及相关产品的品牌建设水平偏低。我国乐龄用品市场发展的起步虽然较早，但在市场规模上存在分布分散、领域狭窄等问题，在品牌建设上仍需着重布局。此外，数字新基建在乐龄消费服务领域的应用也拓展不足，突出表现在互联网产品的设计和应用方面，如乐龄服务互联网产品的设计和更新明显滞后，很多互联网产品在产品设计时没有考虑乐龄群体的特殊需求，未针对乐龄群体做用户运营；如疫情防控期间，部分乐龄用户在健康码使用时存在障碍、刷脸识别困难等问题，成为眼下乐龄用户数字化进程的障碍。

（二）乐龄消费市场有待进一步规范

从老龄消费产品市场的准入和监督评价来看，老龄产品虽然琳琅满目，但产品质量参差不齐，一些不法商家专门针对老人兜售假冒伪劣商品，骗取老人钱财。在乐龄人群消费交易过程中，还存在大量迎合乐龄人群消费心理和行为的不合法营销方式，如免费、赠送、低价等不法行为，误导乐龄人群陷入"消费陷阱"而上当受骗。

现代信息技术发展带来的支付方式变化，也限制了乐龄人群的消费场所，刷卡、预付式消费卡、优惠券、网络购物等方面的消费纠纷不断。据中国消费者协会报道，乐龄产品消费领域存在很多问题，如打着保健幌子牟利的不法商家，常常通过对商品的夸大和虚假宣传，骗取乐龄消费者的钱财，扰乱市场秩序；"欺瞒骗"等坑老、损老、伤老事件时有发生，严重损害了乐龄人群的合法权益。此外，随着乐龄消费领域线上占比的提升，如何保证乐龄人群安全运用互联网新媒介、乐龄人群如何防范网络诈骗、如何保证乐龄人群财产安全等，都已成为迫切需要解决的现实问题。

2021 年 1 月，工信部开展了为期一年的"互联网应用适老化及无障碍改造专项行动"，针对如何规避乐龄人群在使用支付宝、微信等新媒介过程中可能出现的支付风险，防范乐龄人群网上购物的风险，以及提高乐龄人群乘坐网约车的安全系数等展开专项行动，对相关互联网场景进行覆盖，并优先推动新闻资讯、社交通信、生活购物、金融服务、旅游出行、医疗健康等 6 大类、43 个 APP 进行产品适老化及无障碍改造。

二、乐龄消费如何防范风险

乐龄人群是较为特殊的消费群体，由于其防范意识、维权能力较弱，容易成为一些不法商家忽悠和欺骗的对象。根据 2017 年中国消费者协会发布的警示，乐龄消费者在选购保健食品、旅游出行、居家养老及投资金融产品等方面，要警惕陷阱，防范风险。

（一）养生有门道，保健品消费须警惕

近年来，一些无良经营者利用乐龄人群信息相对封闭、需要陪伴、渴望健康等特点，虚假宣传，坑害老人，有些甚至扯上国家"惠民工程"等光鲜旗号，假借境内外著名医药科研院所等高大上的名头，扮演专家、神医，顶着博士、教授等各种头衔，将其产品标榜为国际科技领先成果，包装成能治百病的灵丹妙药，通过养生讲座、"专家"坐诊、免费体检、亲情拉拢、会员优惠等方式，忽悠乐龄人群盲目购买高价保健品，非法牟取暴利。保健品并不含全面的营养素，不能替代其他食品，过度服用保健食品甚至会增加肝肾等脏器负担，非但不能保健，反而会损害乐龄人群的身体健康。

乐龄人群在面对保健品推销者及购买产品前，一定要谨慎，最好与家人商量或咨询医生后再决定，遇到"套近乎"的推销者，要高度警惕，尽量远离，不要轻易把联系电话和家庭地址等隐私透露给对方。另外，购买保健品要通过正规渠道，并注意查验商家是否证照齐全，购买时注意索要正规发票和联系方式，收集保留好宣传资料，一旦自身权益受到损害，可作为维权证据。

（二）出游有猫腻，消费陷阱要当心

目前，许多旅游场景中也会存在针对乐龄人群设立的消费陷阱，如一些旅行社以"团购价""低价团""免费游"等广告吸引乐龄旅游者上门，而旅游团收入减少必然会致使其压缩经营成本，行程路线、交通工具、住宿条件、餐饮服务等方面服务便会大打折扣，有些甚至在旅途中带领老人前往保健品商家，诱骗其购买产品，或将部分景点排除在团费之外，变相加价。因此，老人在选择旅行社和产品时，不要单纯以价格为导向，要多关注旅游品质，防范不良商家以超低团费、高额回报等为诱饵；不要轻易把钱打到工作人员个人账户，避免财产受损；在景区就餐和购物时，要先把价格和计量单位问清楚。当权益受损时，在保障自身安全的情况下，保留好维权证据，及时向有关部门投诉举报，维护自身的合法权益。

三、乐龄理财风险来源

"理财有风险，投资需谨慎"，也就是说，只要是投资理财，就会存在风险，无非是风险大小而已。不同的理财产品，收益不同风险也不同。乐龄人群投资理财即意味着资产转移，会面临许多问题，比如融资方项目失败、融资方虚假项目、各

种不可抗因素，结果造成资产不能回归。同时，国内外的政治经济环境变幻莫测，时不时影响着国内外金融市场，进而影响各种投资产品的风险。但风险是个概率问题，只能说有可能达不到预期结果。当然，做任何事都是有风险的，比如过马路也有风险。乐龄人群在理财之前要充分认识到风险与投资理财相伴相随，无法消除，但在投资理财前要了解各种可能碰到的风险种类，做到心中有数，不要到时弄得措手不及。

四、乐龄理财风险类型

在理财行为里面，风险最高的就是借钱投资，更有甚者卖掉自己的住房炒股，这些都是高风险的理财行为。还有一些乐龄人群去"炒"某个投资产品，无论是否赚钱都不是好事，如果亏了，及时收手、及时止损，那还算明智；如果赚了，可能会借更多的钱去投，结果亏得更多。这些行为背后都是想靠投机来赚钱，想碰运气，本质是在赌博，一旦输了，结局很惨。股票是高风险理财产品，借钱炒股不但可能亏掉本金，还有可能负债，所以借钱投资是风险等级最高的。

一般来说，乐龄理财的风险类型有以下几种。

（一）市场风险

乐龄人群喜欢购买的银行理财产品，其募集的资金将由银行投入相关金融市场，金融市场的波动将会影响理财产品的本金及收益。乐龄人群一般接触到的银行理财产品是现金管理类产品，通常用于银行间拆借、信用评级较高的融资等用途，所以可以根据同业间拆放利率的行情来判断这类理财产品收益的涨跌，这类产品风险发生的概率相对较低，但也不是没有风险，一旦遇到金融危机，比如 2008 年发生的金融危机，由于全球资本市场均大幅下挫，当时大多数与资本市场相关的理财产品均遭受到不同程度的损失。

（二）流动性风险

某些理财产品期限较长，在理财产品存续期间，投资者急用资金时，可能面临无法提前赎回资金的风险。为了降低流动性风险的影响，乐龄投资者可进行资产配置，分散投资，将一部分闲置资金投资于随时可以赎回的高流动性产品。此外，需要关注的是，现金管理类产品有巨额赎回的条款限制，一旦乐龄客户集中赎回达到一定比例，银行有权拒绝或延期处理。不过这个风险目前也不必担心，很多银行的大额理财在封闭期间都具有转让功能。

（三）通货膨胀风险

由于理财产品的收益是以货币形式来支付的，在通货膨胀时期，货币的购买力下降，理财产品到期后的实际收益会下降，给理财产品的购买者带来损失，损失的大小与投资期内通货膨胀程度有关。例如，在 2015 年存 10 万元 5 年定期，由于当时的定存利率没有通胀率高，所以我们在 2020 年到期取出来的时候，这 10 万元连带利息的购买力，可能还不足 2020 年的 10 万元。这个风险也是我们要进行理财的最主要原因。

（四）不可抗力风险

自然灾害、战争等不可抗力因素的出现，将严重影响金融市场的正常运行，可能影响理财产品的受理、投资、偿还等的正常进行，甚至导致理财产品收益降低直至本金损失。这个风险往往会出现在理财协议的最后几条中。

五、乐龄理财风险防范措施

我国已经进入老龄化社会，乐龄人群的养老问题逐渐成为社会焦点。乐龄人群通常只有退休金作为生活的来源，面对通胀的加剧，养老投资理财就成了首先考虑的问题。

乐龄人群因投资理财而引发的盲目跟风，甚至上当受骗、导致经济损失的案例屡见不鲜。因此，乐龄人群理财应当量力而行，并注意相关风险的防范，以减少纠纷的产生，避免经济的损失。理财涵盖花钱、管钱、赚钱 3 个方面，作为乐龄人群，未来收入增长的潜力基本不复存在，消费支出则不但不减，还有可能增加，这就决定了乐龄人群必须做好理财，管理好自己的资产，以保值为主、增值为辅，而不要妄想赚大钱、发大财。

（一）树立正确的投资理财意识

许多乐龄人群在日常生活需要用钱时，就从工资卡中支取，对卡内剩余资金没有做一个很好的投资理财规划，最多把余额从活期存款转成定期存款。目前银行的储蓄利率不高，余钱存银行很难实现增值，所以乐龄人群应当对投资市场做适当了解，投资一些国债、基金、股票和保障型的保险，如意外伤害险、重大疾病险、住院补贴险等，以防遇到风险时手忙脚乱、捉襟见肘。要先规划好资产投资，在留足日常生活所需的现金后，再将剩下的资产做合理规划。如果以月收入为单位，最好先预留 6 个月的流动资金以备家庭日常生活所需，这部分流动资金可以存在银行，剩下的资产再做相应的投资理财。

（二）乐龄人群应回避高风险的理财

乐龄人群应尽量回避金融市场上常见的风险较高的理财，比如投资股票及股票型基金，其收益随股市的波动而变化，不适合老人的稳健性投资方式。股价的涨跌也是随市场行情的波动而变化，资金大量涌入股价就会涨，资金大量流出股价就会跌。很多乐龄人群对股市并没有深入研究，属于跟风购买，盲目相信所谓的小道消息，更有甚者拿出自己的养老金投入股市，老人的情绪必然随着股市的涨落而时时处于紧张状态，对老人的身体健康极为不利。理财市场新品频出，像艺术品、白酒等另类理财产品，令人眼花缭乱。乐龄人群抵抗风险的能力较差，不应盲目跟风，应把大部分资金投到国债等低风险项目或容易支取的储蓄上。即使是选择风险性较低的理财产品，也应选择稳健保本型的理财产品，尤其是固定收益理财产品，这样可以在确保本金不受影响的情况下，降低收益的不确定性，从而确保自己有能力更好地规划晚年生活。

（三）不要盲目跟风购买

在咨询银行理财产品的客户人群中，老人占据的比例很高。在购买理财产品时，他们往往只关注收益，忽视了本金的安全。事实上，许多超短期理财产品往往都是不承诺保本的，一旦出现亏损，都需要老人自己来承担。特别是像现货黄金、期货等保证金或者双向交易的品种，风险性都非常大，老人们又并不清楚其交易规则，很容易蒙受巨大的亏损。所以，老人购买理财产品时要确保合同中明确有"保本"的字样，如果是陌生的产品，则应该深入了解清楚后再购买。

（四）认清投资产品流动性的强弱

乐龄人群常常面临很多不确定性，比如疾病或子女买房结婚等，所以他们购买理财产品很多都以短期投资为主。一般来说，长短期理财产品的比例按照3∶7是比较合适的。但是如果急需用钱，手上又没有足够的现金，尽量不要忙于把手上的保单、存单及相关理财产品提前赎回，这不仅会造成收益的损失，有时还会连累到本金。很多低风险的银行理财产品都会设置投资期限锁定，在期限内是不能提前支取的，这就要求投资人特别注意理财投资时在期限上要长短结合，不要盲目选择期限太短的理财产品，因为这类产品需要频繁操作，也不符合乐龄人群追求长期稳定收益的目的，因此建议选择期限在半年到一年的产品比较合适。

防范消费陷阱，科学理性消费

【思考题】

    1. 乐龄消费和理财的基本特征是什么？

    2. 乐龄消费市场的趋势是什么？

    3. 乐龄理财规划的基本原则和渠道有哪些？

    4. 如何建立正确的乐龄消费和理财观念？

    5. 乐龄理财风险防范的措施有哪些？

第六章

乐龄教育服务理论与实践

21 世纪注定是全球人口老龄化的时代，随着乐龄人口的急速膨胀，为了能使越来越多的乐龄人群健康快乐地安度晚年，大力发展乐龄教育越来越成为世界各国关注的重要议题。古人云："少儿好学，如日出之阳；壮儿好学，如日中之光；老而好学，如炳烛之明。"（刘向《师旷劝学》）乐龄人群读书学习则"如秉烛夜行"，不学就"瞑目而无见"，由此可见，乐龄人群学习的作用是十分明显的。习近平总书记指出："满足数量庞大的老年群众多方面需求、妥善解决人口老龄化带来的社会问题，事关国家发展全局，事关百姓福祉，需要我们下大气力来应对。"[①] 乐龄教育作为终身教育体系的重要组成部分，"对于加强新时代老龄工作，提升广大老年人的获得感、幸福感、安全感"[②]，有着极其重要的意义。

第一节　乐龄教育的历史发展

一、国际乐龄教育的发展

20 世纪 70 年代以来，随着终身学习、学习化社会等教育理念在世界范围内广泛传播，面向乐龄人群的教育开始引发全世界学者的关注与思考，并逐渐成为各个国家重视的议题。

---

① 习近平强调推动老龄事业全面协调可持续发展 [N]. 人民日报，2016-05-29（01）.
② 中共中央　国务院关于加强新时代老龄工作的意见 [EB/OL]. (2021-11-18)[2022-12-26]. https://www.gov.cn/gongbao/content/2021/content_5659511.htm.

（一）终身教育理念的广泛传播

1965 年，在联合国教科文组织召开的"第三届促进成人教育国际委员会"会议上，法国学者保罗·朗格朗首次提出终身教育的思想。他认为，教育应是一个人从生到死一生持续进行的活动。其中，成人教育是帮助人们开创美好生活的重要途径，发展终身教育必须优先考虑成人教育的地位。[①] 终身教育的理念一经提出，便得到了联合国教科文组织的高度认可。1972 年，联合国教科文组织发布《学会生存——教育世界的今天和明天》的报告，终身教育和学习型社会便是贯穿报告始终的两个核心理念。报告强调，只有以终身教育思想为指导，教育"才能变为有效的、公正的、人道的事业"。而努力建设学习型社会，就是践行终身教育理念的基本途径。[②] 在 1996 年发布的《教育——财富蕴藏其中》中，联合国教科文组织再次重申了终身教育的重要性。

随着终身教育理念的广泛传播，联合国及各个国家也越发重视针对乐龄人群的教育。1973 年，法国图卢兹社会大学教授皮埃尔·维拉斯创办了世界上第一所第三年龄大学，即老年大学。在其影响下，老年大学在人口老龄化较早的欧美发达国家得以迅速发展，乐龄教育作为教育事业中的一个专门性的领域快速兴起。在亚洲，经济较为发达的韩国和日本也于 20 世纪 70 年代推广了开办老年大学的做法。[③]

🔲 金庸81岁仍赴剑桥攻读博士

根据世界卫生组织对老年人的划分，60 ～ 74 岁的人群被称为年轻老年人（低龄老人），75 ～ 89 岁以上的才被称为老年人（中龄老人）。把 90 岁以上的人群称为长寿老人（高龄老人）。显然，低龄和中龄老人接受教育是很有意义的，即使是 90 岁以上的高龄老人，如果身体健康，接受教育也很有价值。

（二）乐龄教育的快速发展

为了更好地应对人口老龄化、推广乐龄教育的理念，1982 年 6 月 3 日至 7 日，联合国老龄问题世界大会咨询委员会在维也纳举行第三届会议，审议了《老龄问题维也纳国际行动计划》。同年 7 月至 8 月，联合国在奥地利维也纳召开第一次老龄问题世界大会，124 个国家的代表团出席会议，正式通过《老龄问题维也纳国际行动计划》。针对乐龄教育问题，该计划指出："年龄较长的成年人数量和比率的激

---

① 李国强. 保罗·朗格朗与终身教育理论：兼论西方终身教育理论对我国教育现代化的启示 [J]. 教育研究，2017（6）：146-150，158.

② 徐辉，李薇. 迈向学习型社会的重要宣言：写在《学会生存》发表 40 周年之际 [J]. 教育研究，2012（4）：4-9.

③ 岳瑛. 外国老年教育发展现状及趋势 [J]. 外国教育研究，2003（10）：61-64.

增要求大大加强培训。"强调人口老龄化是一个多科性问题，所以针对乐龄人群的"教育和培训方案应当是跨学科性的"。[①]1991 年 12 月，联合国大会通过的《联合国老年人原则》，进一步强调了"老年人应能参加适当的教育和培训方案"，并且应该享受"社会的教育、文化、精神和文娱资源"。[②]

随着人口老龄化的加速，2002 年 4 月，联合国在西班牙马德里召开第二次老龄问题世界大会，颁布了《2002 年马德里老龄问题国际行动计划》。该计划再次强调了开展乐龄教育的意义，并提出应在乐龄人群中有针对性地开展健康教育、营养教育、医学教育、心理健康教育等内容，并保证乐龄人群获得终身学习、持续进修的机会。[③] 在联合国的大力推动下，当前，以美国、法国、日本等为代表的发达国家，已经实现了乐龄教育政策的法制化，并在重视乐龄人群教育权利、职业发展和生活经验的基础上，通过实行乐龄教育经费补助与学费减免等方式，积极普及乐龄教育，促进高龄人群的健康发展。[④]

二、我国乐龄教育的发展

我国是世界上人口老龄化程度较高的国家之一。在国际终身教育理念与乐龄教育思潮的影响下，从 20 世纪 80 年代开始，我国的乐龄教育开始快速发展。

（一）乐龄教育起步阶段

我国乐龄教育是从 20 世纪 80 年代开始发展起来的，最初的主要形式是开设老年大学。1982 年 2 月发布的《中共中央关于建立老干部退休制度的决定》（以下简称《决定》），从根本上废除了干部终身制，在明确领导干部退休年龄的基础上，开始实行国家工作人员退休制度。《决定》强调："老干部离休退休以后，一定要很好地安排照顾，基本政治待遇不变，生活待遇还要略为从优，并注意很好地发挥他们的作用。"[⑤] 为了丰富大量离休老干部的生活，并尽可能发挥他们的余力服务社会，1983 年 9 月，我国第一所老年大学——山东省红十字会老年大学成立，标志着改革开放后我国乐龄教育正式发端。随后，如雨后春笋般，全国各省（区、市）

① 老龄问题维也纳国际行动计划 [EB/OL]. [2022-12-29].https://www.un.org/esa/socdev/ageing/documents/Resources/VIPEE-English.pdf.
② 联合国老年人原则 [EB/OL]. [2022-12-29]. https://www.un.org/zh/node/181619.
③ 第二次老龄问题世界大会的报告 [EB/OL]. [2022-12-30]. https://documents-dds-ny.un.org/doc/UNDOC/GEN/N02/397/50/PDF/N0239750.pdf?OpenElement.
④ 娄峥嵘. 国外老年教育政策的分析与启示 [J]. 继续教育研究，2012（8）：101–103.
⑤ 中共中央关于建立老干部退休制度的决定 [EB/OL]. [2022-12-30]. http://cpc.people.com.cn/BIG5/64162/71380/71387/71591/4854975.html.

相继开办老年大学。截至 1987 年底，全国老年大学总数达到了 217 所，学员达 10 万人[①]。1988 年 12 月，中国老年大学协会成立。截至 1990 年，全国各类老年学校已达 2300 多所，全国老年教育网络初步形成。[②]

（二）乐龄教育渐成体系阶段

1990 年以后，我国开始出台系列法律法规，保障乐龄人群的受教育权，大力推进乐龄教育的发展。

1994 年 12 月，国家计委、民政部、劳动部等 10 个部委联合制定了《中国老龄工作七年发展纲要（1994—2000 年）》（以下简称《纲要》），提出到 2000 年我国人口老龄化到来之前，"实现老有所学，保障乐龄人群受教育的权利，不断提高乐龄人群的素质"。《纲要》强调："老年大学、老年学校是乐龄教育的重要形式，它已成为乐龄人群老有所学、老有所为、老有所乐的重要场所要，要进一步巩固和提高。"[③] 1995 年 3 月，《中华人民共和国教育法》颁布，规定将在全国"建立和完善终身教育体系"，并且强调将"鼓励发展多种形式的成人教育，使公民接受适当形式的政治、经济、文化、科学、技术、业务教育和终身教育"[④]。1996 年 8 月，《中华人民共和国老年人权益保障法》颁布，第三十一条进一步强调："老年人有继续接受教育的权利。国家发展老年教育，鼓励社会办好各类老年学校。各级人民政府对老年教育应当加强领导，统一规划。"[⑤]1999 年 10 月，经党中央、国务院批准，全国老龄工作委员会正式成立。2000 年 8 月，中共中央、国务院下发《关于加强老龄工作的决定》，在强调加强老龄工作的基础上，提出"各级要重视发展乐龄教育事业，发展广播、电视、网络和函授教育，鼓励和指导社会力量按照有关规定兴办各类老年学校"[⑥]。

经过 20 多年的发展，我国乐龄教育已形成政府投资、企业投资、社会团体组织投资、个人投资等多渠道多层次的办学格局，乐龄教育体系初步形成。[⑦]

（三）乐龄教育转型发展阶段

进入 21 世纪以来，随着终身学习、终身教育、学习型社会等理念在我国的广

---

① 徐勤 . 中国老年终身学习的务实状况 [EB/OL]. [2022-10-25]. https://www.docin.com/p-1737032693.html.
② 陈彬 . 我国老年教育发展的现状、困境与出路 [EB/OL]. [2022-12-08]. http://www.sic.gov.cn/News/455/8534.htm.
③ 关于印发《中国老龄工作七年发展纲要（1994—2000 年）》的通知 [EB/OL]. [2022-10-23]. http://www.law-lib.com/law/law_view1.asp?id=59486.
④ 中华人民共和国老年人权益保障法（1996 年版）[EB/OL]. (1996-08-29)[2022-12-30]. http://www.npc.gov.cn/zgrdw/wxzl/gongbao/1996-08/29/content_1479994.htm.
⑤ 同上。
⑥ 中共中央　国务院关于加强老龄工作的决定 [EB/OL]. [2022-11-18]. https://ltx.hsu.edu.cn/c8/a4/c2249a51364/page.htm.
⑦ 同①。

泛传播，党的十六大、十七大、十八大报告中相继写入建设终身教育体系与学习型社会的教育目标。[①] 我国的乐龄教育被赋予了新的时代特点，乐龄教育成功与否的检验标准从弥补乐龄人群生活空虚，发展到促进乐龄人群身心健康和谐发展，进而到激发乐龄人群的潜能。[②]

为了应对越来越严峻的人口老龄化趋势，促进乐龄教育的加速发展，我国政府提出了新的发展目标。2006年8月，由全国老龄工作委员会规划、国务院批准的《中国老龄事业发展"十一五"规划纲要（2006—2010年）》正式发布，强调"各级政府要继续加大对乐龄教育的资金投入，同时动员社会力量，因地制宜地办好老年电视大学、老年网上学校，倡导社区办学。"并提出乐龄教育发展目标："到2010年，老年大学和老年学校在现有基础上增加1万所。"[③]2015年10月，中国共产党十八届五中全会通过《中共中央关于制定国民经济和社会发展第十三个五年规划的建议》，"十三五"规划第14篇第4节明确提出"发展老年教育"，首次将发展老年教育提高到党和国家发展战略的高度。[④] 为了更好地贯彻实施"十三五"规划，2016年10月，国务院办公厅正式印发《老年教育发展规划（2016—2020年）》，再次强调"老年教育是我国教育事业和老龄事业的重要组成部分"，并提出目标"到2020年，基本形成覆盖广泛、灵活多样、特色鲜明、规范有序的老年教育新格局"[⑤]。

根据中国老年大学协会官网消息，截至2018年7月，全国共有7万多所老年大学和老年学校，在校学员800多万，另有参加远程教育的数百万学员。[⑥]多年以来，我国乐龄教育事业发展迅速。随着中国特色社会主义建设进入新时代，我国乐龄教育事业也进入了一个全新的发展阶段。

---

① 李洁. 我国老年教育政策法规：回顾、反思与建议 [J]. 终身教育研究，2019（4）：51–60.
② 徐勤. 中国老年终身学习的务实状况 [EB/OL]. [2022–10–21]. https://www.docin.com/p-1737032693.html.
③ 中国老龄事业发展"十一五"规划纲要（2006—2010年）[EB/OL]. [2022–10–21]. http://www.yqlgbj.gov.cn/ldgh/201210/t20121029_168796.html.
④ 同①。
⑤ 老年教育发展规划（2016—2020年）[EB/OL]. (2016–10–19)[2022–11–20]. http://www.gov.cn/zhengce/content/2016/10/19/content_5121344.htm.
⑥ 中国老年大学协会简介 [EB/OL]. [2022–11–20]. https://www.caua1988.com/#/about/0.

第二节　乐龄教育的内涵及价值

一、乐龄教育的内涵

乐龄教育，顾名思义就是针对乐龄人群开展的教育。在中国人的传统观念里，青少年才是应该学习的人群，乐龄人群似乎失去了学习的能力。"少年不知勤学苦，老来方悔读书迟。""莫等闲，白了少年头，空悲切。"这类广为流传的名言警句，更是这种观念的印证。随着时代的发展，确保乐龄人群身体和精神的健康，成为文明社会的主要标志，由此对乐龄人群开展教育也日显必要性。

（一）国外学术界对乐龄教育内涵的认识

我国学者叶忠海梳理了国际学术界对于老年教育的认识，归纳为以下 4 类。[1]

1. 乐龄教育是养老教育

即乐龄教育是对即将退休或已退休的人员所进行的以养老为主要目标的健康教育。

2. 乐龄教育是休闲教育

即乐龄教育是为了充实乐龄人群退休后的大量空闲时间，为减轻其边缘化、孤独感而对他们进行的以丰富生活为主要目的休闲教育。

3. 乐龄教育是潜能开发教育

即乐龄教育不仅应该丰富乐龄人群的生活，并且应将乐龄人群看作是丰富的社会资源，通过教育帮助乐龄人群开发潜力，使他们成为改善社会的一股力量。

4. 乐龄教育是参与适应教育

该观点强调乐龄人群有参与社会发展、享有发展成果的权利。乐龄教育被视为保障乐龄人群接触、参与社会，适应技术和社会变革的教育活动。

随着时代的发展和人口老龄化的加速到来，国际社会对于乐龄人群、乐龄教育的看法也已发生了转变——由弱势、被救济的社会边缘群体转向自由、睿智、具有

---

[1] 叶忠海.老年教育若干基本理论问题[J].现代远程教育研究，2013（6）：11–16，23.

独特作用的社会活跃群体。由救济观、福利观转向教育观，即从带有救济福利性质的乐龄教育转向文化教育性质的乐龄教育。伴随着这种转变，上述第3、4种认识也成为目前国际社会定义乐龄教育的主流观点。

（二）国内学术界对乐龄教育内涵的认识

我国乐龄教育从最初开始就是为了丰富离退休老干部的生活而开办的乐龄大学，到目前为止，国内乐龄教育实践的基本定位比较统一，即乐龄教育是为了丰富乐龄人群的晚年生活而开展的教育活动。具体来说，在中国乐龄教育实践领域，主导的理论主要有以下两种。

1.康养理论

该理论认为乐龄人群已经为了生活和工作忙碌了大半生，他们晚年所接受的教育活动应该以康乐、休闲为核心，教育内容应该以轻松愉快的文化、艺术、体育活动为主。

2.社会适应理论

与上述国际社会对乐龄教育的第4种认识类似，该理论认为，当下社会发展迅速，科技日新月异，乐龄教育应该帮助乐龄人群提高自身素质，跟上社会发展的步伐，融入现代生活，提高生活质量。[①]

这两种理论也直接体现在我国目前正在推行的政策中。2016年10月国务院办公厅发布的《老年教育发展规划（2016—2020年）》，强调我国的乐龄教育应该"以提高老年人的生命和生活质量为目的，整合社会资源、激发社会活力，提升老年教育现代化水平，让老年人共享改革发展成果"。乐龄教育的内容应该更加丰富，要积极开展老年人思想道德、科学文化、养生保健、心理健康、职业技能、法律法规、家庭理财、闲暇生活、代际沟通、生命尊严等方面的教育，帮助老年人提高生活品质，实现人生价值。总的来说，我国仍然将乐龄教育定位为休闲教育、康复教育、适应教育，关于乐龄教育内涵的认识相对窄化，认为乐龄教育最主要的功能便是帮助乐龄人群保持健康、增长知识、适应现代科技，丰富他们的离退休生活。

二、乐龄教育的价值

不同于基础教育、高等教育和继续教育，乐龄教育的价值和意义常常被人们所忽略。作为教育不可缺少的一个分支，我们需要重视乐龄教育。但是，只有正确认

① 于忠慧.中外老年教育比较研究[J].中国成人教育，2016（3）：19-22.

识乐龄教育的价值，才能真正理解乐龄教育对于促进个体进步和社会发展的作用。

（一）乐龄教育的个体价值

对于乐龄人群自身来说，乐龄教育有着不可替代的作用。

1. 乐龄人群精神层面的价值

乐龄教育活动能够提供极大的精神慰藉，帮助乐龄人群再次找到自己的人生方向。首先，一般来说，在乐龄人群刚离开工作岗位的那段时间，很容易经历一段意志消沉的时期，产生各种消极心态。这也就是很多人都会经历的"离退休综合征"。由于离退休后不能适应新的社会角色、生活环境和生活方式的变化，乐龄人群很容易出现焦虑、抑郁、悲哀、恐惧等消极情绪，感受到强烈的失落感、孤独感、无用感，产生偏离常态的行为，严重的可能引发其他生理疾病，加速衰老。[①] 而乐龄教育通过合理的课程设计、趣味的文艺活动和有效的心理辅导，能够帮助离退休乐龄人群调整心态，重新定位自己的自我期望和社会角色，重燃生活的热情和激情。其次，良好的乐龄教育也能够真正增长乐龄人群的知识，使他们再次找到自己人生的奋斗目标，努力发挥余热，服务社会，发挥退而不休、老而有为的表率作用，更好地实现自己的人生价值。最后，积极参与乐龄教育的乐龄人群也很容易在各种活动中结识大量同年龄段的伙伴，并建立广泛、友好、健康的人际关系网。而广泛、良好的人际关系能够有效地调节乐龄人群的精神状态，并极大地增强乐龄人群生活的幸福感。

2. 乐龄人群物质层面的价值

乐龄教育可以增长乐龄人群的职业技能，帮助他们适应现代科技，使他们焕发事业的"第二春"，提升他们的生活质量。首先，通过专业辅导，乐龄教育能够有效增进乐龄人群的知识和技能，帮助他们实现再就业或创业，从而提高他们的生活水平。其次，通过针对性的辅导和培训，乐龄教育能够有效地帮助乐龄人群适应现代社会，让他们学会使用手机、电脑等科技产品，从而熟练掌握网上购物、移动支付、视频聊天等技能，极大地方便乐龄人群的生活。

（二）乐龄教育的社会价值

对于社会发展而言，乐龄教育也有着极高的价值。

1. 经济建设方面的价值

乐龄教育能够促进经济增长，促进经济发展方式转型。2002 年第二次老龄问题

---

① 黄力争，乔秀姝.老年期"离退休综合征"的心理问题及心理调整 [J]. 职业与健康，2004（8）：157–158.

世界大会提出的《政治宣言》强调，高龄群体人力技能、经验和资源应该被视为一种资产，"老年人的潜力是未来发展的强大基础"[①]。乐龄人群经过前半生的工作，有着珍贵的经验、知识与能力。乐龄教育通过系统性的培训，能够有效开发乐龄人群的资源，激发乐龄人群的潜力，促进乐龄人群的再就业，从而实现社会经济的增长。

李嘉诚90岁退休还上班

2. 社会建设方面的价值

乐龄教育能够促进和谐社会的形成和发展，有助于学习型社会早日建成。首先，在乐龄教育活动中，借助学习的机会，乐龄人群在家庭中的地位可以得到提高，并能够加强与家庭成员的联系，从而建立更加民主、和谐、幸福的家庭关系。家庭是组成社会的基本单位，和睦的家庭关系也是和谐社会建设的基石。其次，尊老爱幼是我国的传统美德。乐龄教育通过提高乐龄人群群体的综合素质，能够有效地帮助乐龄人群树立长者风范，促进尊老、敬老、爱老的和谐社会的建成。最后，乐龄教育是促进学习型社会建设的重要支柱。2018年5月，习近平总书记在国际教育信息化大会上指出："推动教育变革和创新，构建网络化、数字化、个性化、终身化的教育体系，建设'人人皆学、处处能学、时时可学'的学习型社会，培养大批创新人才，是人类共同面临的重大课题。"[②]党的十九大报告也强调，要优先发展教育事业，必须"办好继续教育，加快建设学习型社会，大力提高国民素质"[③]。作为继续教育的重要组成部分，乐龄教育的开展，为乐龄人群进一步学习提供了机会，保障了乐龄人群受教育的权利，满足了乐龄人群继续学习的需求。人人终身接受教育，是建设学习型社会的必然要求，乐龄教育的发展必定会推动学习型社会的发展。

3. 文化建设方面的价值

乐龄教育是建设社会主义精神文明的重要组成部分。习近平总书记强调："中国特色社会主义是物质文明和精神文明全面发展的社会主义。一个没有精神力量的民族难以自立自强，一项没有文化支撑的事业难以持续长久。"[④]作为社会主义文化的一部分，乐龄教育本身就具有上层建筑的社会属性。因此，乐龄教育理所当然应为民众的精神家园建设服务。首先，乐龄教育通过提升乐龄人群的综合素质和文

①　第二次老龄问题世界大会的报告 [EB/OL]. [2022-12-30]. https://documents-dds-ny.un.org/doc/UNDOC/GEN/N02/397/50/PDF/N0239750.pdf?OpenElement.
②　习近平讲故事：人人皆学 处处能学 时时可学 [EB/OL]. (2018-07-10) [2022-11-15]. http://cpc.people.com.cn/n1/2018/0710/c64094-30136407.html.
③　决胜全面建成小康社会 夺取新时代中国特色社会主义伟大胜利：在中国共产党第十九次全国代表大会上的报告 [EB/OL]. (2017-10-27) [2022-11-15]. http://www.12371.cn/2017/10/27/ARTI1509103656574313.shtml.
④　构建复兴伟业的精神坐标：以习近平同志为核心的党中央关心精神文明建设纪实 [N]. 人民日报, 2017-09-30（03）.

化素养，传承和发扬中华民族优秀文化，能够大力弘扬终身学习的文化。另外，乐龄教育通过组织学术活动和实践活动，展示教育成果、教材、作品，也能营造良好的文化氛围。①

第三节　乐龄教育的目的及内容

作为构建学习型社会的重要支柱，实现终身学习的重要部分，发展乐龄教育的意义不言而喻。那么，良好的乐龄教育应该实现怎样的目的？教育内容又该如何安排呢？这是我们不得不思考的问题。

一、乐龄教育的目的

作为教育活动的出发点，教育目的是所有教育工作的核心，也是教育学的根本性问题。宽泛来说，教育目的是指培养人的质量标准和规格要求，回答的是培养什么样人的问题。②由于教育对象的特殊性，乐龄教育的教育目的也不同于普通的学历教育。

（一）宏观层面看乐龄教育目的

从完善教育体系、加强社会治理的宏观层面看，发展乐龄教育有两大基本目的。

1. 促进乐龄人群的全面发展，培养具有广阔视野的"素质公民"

马克思主义认为，人的发展的最高境界是人的自由全面发展，是人的本质的真正实现。具体来说，便是人按照自己的天赋、特长、爱好，自由选择活动领域和发展方向，促进自己生理素质、心理素质、思想道德素质和科学文化素质等的全面发展和完善。③乐龄期是人生的最后一个阶段，摆脱了沉重的工作束缚和家庭重担，与其他年龄段人群相比，乐龄人群有着更加充裕的时间、更加自由的环境、更加强烈的愿望去探索和尝试新事物，实现自己的人生价值。乐龄教育理所应当满足乐龄

---

① 叶忠海.老年教育若干基本理论问题 [J].现代远程教育研究，2013（6）：11-16，23.
② 靳希斌.教育目的理论的阐释与实施 [J].教育评论，1990（6）：1-5.
③ 新时代"人的全面发展"的哲学逻辑 [EB/OL].（2019-02-12）[2022-03-15].http://opinion.people.com.cn/n1/2019/0212/c1003-30635631.html.

人群的这种需求。因此，乐龄教育应该积极采取措施，通过组织多样的教育活动，努力促进乐龄人群品德、知识、技能、体质、审美等素质的全面提升，帮助他们实现自己的人生理想。

2. 积极挖掘乐龄人群潜力，促进社会的可持续发展

1987 年世界环境与发展委员会在《我们共同的未来》报告中，首次提出了可持续发展的概念，强调人类应该在最大限度地满足现代和未来社会的需要的同时，不危害环境和生物的多样性、不损害子孙后代的发展权益，努力寻求一条人口、经济、社会、环境和资源相互协调的发展道路。[①] 值得重视的是，乐龄教育对社会的可持续发展也具有积极的推进作用。首先，乐龄教育通过相关课程，可以增强乐龄人群的环保意识和社会责任感，促进乐龄人群自觉践行绿色低碳的可持续性生活。其次，在人口老龄化加速膨胀的今天，青年劳动力的缺乏使很多国家都陷入了经济发展和社会治理的危机，而高质量的乐龄教育能够有效地开发乐龄人群的潜力，将乐龄人群转化为珍贵的人才资源，从而促进经济增长、缓解社会矛盾，实现环境效益、社会效益、经济效益有机统一的可持续发展。[②]

（二）微观层面看乐龄教育的目的

从个体微观层面来说，乐龄教育最重要的目的便是帮助乐龄人群实现积极老龄化。1996 年，世界卫生组织首次在《健康与老龄化宣言》中提出了"积极老龄化"的概念。2002 年，第二次老龄问题世界大会也将积极老龄化的内涵写进了《政治宣言》中，强调："随着人们年龄的增长，他们应当享受充实、健康和有保障的生活，并应积极参加各自社会的经济、社会、文化和政治生活。"[③] 积极老龄化的突出贡献在于，它并没有将人口老龄化视作一个难题，而是强调采取积极的心态来看待老龄化。各个国家不应该把乐龄人群看作社会发展和进步的负担，相反应该重视他们能为社会做出的贡献。[④]

根据第二次老龄问题世界大会《政治宣言》所体现的精神，"充实、健康、保障"应该是实现积极老龄化最基本的 3 个要求。首先，乐龄教育通过组织多种类型的活动，在丰富乐龄人群的离退休生活的同时，可以增进他们的知识与技能，促进

① 左家哺，田伟政. 可持续发展思想的基本含义及重要观点 [J]. 湖南农业大学学报（社会科学版），2001（2）: 5-7.
② 叶忠海. 老年教育若干基本理论问题 [J]. 现代远程教育研究，2013（6）: 11-16，23.
③ 第二次老龄问题世界大会的报告 [EB/OL]. [2022-12-30]. https://documents-dds-ny.un.org/doc/UNDOC/GEN/N02/397/50/PDF/N0239750.pdf?OpenElement.
④ 代丽丹. 积极老龄化视角下的老年志愿者研究 [D]. 南京：南京大学，2013.

乐龄人群充分参与社会经济、文化和精神生活，做到有效地充实乐龄人群的生活。其次，在维护乐龄人群身心健康方面，乐龄教育也能发挥显著的作用。在维护身体健康方面，乐龄教育通过组织健康教育课程，可以帮助乐龄人群深入了解自身生理特点，并运用科学知识预防及治疗疾病，促进身体健康。在维护心理健康方面，通过专业的心理干预课程，乐龄教育能够帮助乐龄人群养成关爱抚育后代、减少孤独感、积极面对衰老的自我调整和适应能力，坦然面对无法逃避的生老病死。[①] 最后，乐龄教育通过促进乐龄人群的再就业，提高他们的经济收入，也能更好地保障乐龄人群的生活。

二、乐龄教育的内容

不同于普通学历教育重视对学生进行科学文化教育，乐龄教育所涉及的课程并没有统一的标准。由于乐龄人群对学习内容和方式有着多种多样的需求，乐龄教育的内容和方式注定也是丰富多彩的。

（一）健康养生教育

乐龄期是人生的最后一个阶段，当迈入乐龄期，人生理上不可避免地会出现新陈代谢放缓、抵抗力下降、生理机能下降、记忆力衰退等状况。由此，对乐龄人群及时开展健康养生教育是十分有必要的。首先，需要向乐龄人群普及健康教育，让乐龄人群了解基础的生理学和医学知识，做到有意识地预防疾病。在遭遇伤病时，也能科学地进行处理，并做到及时就医。另外，作为健康教育的补充，开展养生教育也能帮助乐龄人群学会合理饮食、科学作息、调节情绪，实现更加健康的生活方式。

（二）文化素养教育

俗话说"活到老，学到老"，作为终身教育的重要组成部分，开展文化素养教育也是乐龄教育不可或缺的环节。一般来说，针对乐龄人群的文化素养教育并没有强制性要求，主要以满足或开发乐龄人群的兴趣爱好为主。常见的有文学历史课程、书画艺术课程、生活技巧课程、外国语言课程等。

（三）娱乐体育教育

为了促进乐龄人群的身体健康，调节其情绪并丰富乐龄人群的生活，娱乐体育教育也是乐龄教育不可缺少的一部分，常见的有瑜伽、舞蹈、乐器、摄影、棋类等课程，以及各种各样的球类运动、保健操、武术等。

---

① 王剑波，宋燕，高文燕 . 老年教育基本问题探析 [J]. 中国成人教育，2020（1）：12–18.

（四）信息技术教育

随着时代的快速发展，科学技术的进步日新月异，一部分习惯传统生活方式的乐龄人群似乎被"抛弃"，与现代信息化社会逐步脱节，跟不上时代发展的步伐。对乐龄人群进行信息技术教育，便是教会他们使用手机、电脑，让他们学会网上支付、远程上课、预约服务、视频聊天等，让乐龄人群懂得以现代社会的节奏和规则去生活。另外，也要加强防范网络诈骗、电话诈骗，隐私保护的宣传，以更好地保障乐龄人群的人身与财产安全。

（五）心理关怀教育

对于乐龄人群的心理关怀教育，主要包括退休适应教育、心理干预教育、临终关怀教育等内容。主要是帮助乐龄人群平稳度过退休期，以积极的心态面对退休后的清闲生活，正确认识生老病死的意义，并坦然面对生命的终结。另外，及时的心理辅导也能帮助乐龄人群更好地面对生活中出现的意外，保持稳定、乐观的情绪。

（六）职业训练教育

针对乐龄人群的职业训练教育，主要是为了增进乐龄人群的知识和技能，帮助他们实现再就业或者创业。常见的有软件开发、工艺制作、花卉种植、风险投资、美食烹饪等课程。

第四节　乐龄教育的模式及特点

一、乐龄教育的模式

乐龄人群年龄差异大、乐龄教育的课程种类众多，在实践中，乐龄教育的模式也不尽相同。

（一）学校式乐龄教育

该模式通常由高等教育机构或其他文化教育部门为乐龄人群提供学习机会，专门开发并且教授供乐龄人群学习的课程。更具体地来说，代表性的学校式乐龄教育模式有法国的第三年龄大学、中国的老年大学和老年学校、日本的长寿学园等。这些学校的办学经费大多来自政府投资，也有一部分学校的经费主要来自社会捐赠、学费和资助。①

（二）社区式乐龄教育

该模式为方便乐龄人群就近学习，在社区内提供学习场所和设施，开展各种乐龄教育活动。社区式乐龄教育是最普遍的乐龄教育实施方式，代表性的有美国的社区"乐龄人群中心"、日本的社区"高龄者教室"、中国的居（村）委会开办的乐龄活动室或乐龄活动中心等。

（三）自助团体式乐龄教育

该模式由一群志向或兴趣相同的乐龄人群，以助己且助人精神为纽带组成学习团体，开展自主自治性的乐龄教育活动，代表性的有英国、澳大利亚等沿用法国模式由国家开办的第三年龄大学。尽管其冠用"大学"之名，但其指导原则是通过自助兴趣小组来促进终身学习，学习内容涵盖广泛的主题和活动，由乐龄人群自主选择。如剑桥第三年龄大学章程所说的"英国第三年龄大学是自治自助，由成员自愿付出努力经营的组织"②。

（四）远程网络式乐龄教育

该模式利用电视、广播、电脑、手机等多媒体设备，通过互联网远程开展教育活动，为乐龄学习者提供便捷的学习途径和机会。代表性的有澳大利亚于 1998 年成立的世界上第一所在线第三年龄大学（U3A Online）、美国全国性非营利组织主办的 Senior Net、中国政府 2015 年开办的国家开放大学老年大学。③

（五）图书馆式乐龄教育

该模式利用图书馆的学习资源，有组织、有计划地开展乐龄教育活动，一般有以下 3 种形式：一是公共图书馆主办老年大学；二是公共图书馆设立老年大学校区或者教学基地；三是公共图书馆开设老年大学图书馆分馆。④ 在大力发展图书馆式乐龄教育方面，美国有着丰富的经验。早在 1964 年，美国图书馆协会成年人服务部便成立了老年群体服务委员会，发布了《公共图书馆对老年人的责任》，提出图书馆应协助树立对乐龄人群的积极态度。经过多年的发展，美国各地区图书馆主办乐

---

① 曾真. 基于国际视野思考我国老年大学的发展 [J]. 成人教育，2014（11）：32-33.
② 马莉. 国外"自助型"老年教育模式的经验及启示：以英国和澳大利亚为例 [J]. 成人教育，2019（10）：39-42.
③ 张波. 基于国外教育信息化经验的远程教育服务型老年教育的构建研究 [J]. 中国成人教育，2017（3）：115-118.
④ 魏兵、王祝康、王兆辉. 公共图书馆举办老年大学推动老年教育发展的实践探研：以重庆图书馆老年大学为例 [J]. 图书馆研究与工作，2020（9）：75-78.

龄教育已经成为常态①。目前，中国也有一些城市的图书馆开办了老年大学，如重庆市图书馆老年大学、菏泽市图书馆老年大学、佳木斯市老年大学图书馆分校等。

（六）旅游式乐龄教育

旅游式乐龄教育又称为乐龄游学。该模式组织乐龄人群旅游，在旅游中实施寓教于乐的旅游学习，采取短期住宿形态的学习方式，将教育、旅游、休闲3种要素有机结合，这是乐龄人群最喜好的学习方式。目前，乐龄游学主要包括配套课程的教学游、展示乐龄人群风采的展演游和境外文化交流游等形式。②代表性的有美国的老人游学营、老人旅游俱乐部，日本的"老人寄宿所"，中国老年大学协会游学部等。③

二、乐龄教育的特点

在深入了解乐龄教育的内涵、价值、目标、内容和模式后，我们便可以总结出乐龄教育自身所具备的多种特点。

（一）老龄化和差异化的教育对象

乐龄教育，简而言之就是为乐龄人群开展的教育活动，因此乐龄教育的对象就是上了年纪的乐龄人群，一般来说包括55岁以上的准乐龄人群和乐龄人群。根据世界卫生组织发布的《世界卫生统计2020——监测与健康相关的可持续发展目标》，从2000—2016年，全球人口出生时的平均预期寿命从66.5岁提高到了72岁，提高幅度达5.5岁。2016年，高收入国家人口平均预期寿命更是达到了80.8岁。④也就是说，在发达的高收入国家，乐龄教育的对象可能包括从55岁至80多岁的乐龄人群，年龄跨度超过25岁。而普通的学历教育，从小学一年级算起到大学本科毕业，所需要的时间一般也只在16年左右。再加上不同经济条件、社会地位、生活经验、受教育程度等影响，乐龄人群内部的文化水平、生理年龄、思想观念存在不小的差异，可以说乐龄教育对象的构成是十分复杂的。对于乐龄教育，他们也有着完全不同的看法和需求。

（二）自愿且弹性的教学形式

首先，作为终身教育的最终环节，绝大多数乐龄教育都属于非学历教育。因此，

---

① 肖雪，周静.美国公共图书馆老年服务现状及对我国的启示 [J]. 图书情报工作，2013（4）：60—68.
② 老年游学 点亮世界 [EB/OL].［2022–10–25]. http://wlj.xa.gov.cn/wlxw/wlzx/5db2a96d65cbd82c0cb05d66.html.
③ 叶忠海.国际老年教育发展的特点、模式和未来取向 [J]. 当代继续教育，2017（5）：45—49.
④ 徐茜，吴海磊，孙涛，等.世界卫生统计2020：监测与健康相关的可持续发展目标（选译）[J]. 口岸卫生控制，2021（3）：17—18.

一般来说，乐龄教育并没有统一的招生程序或是毕业考核。另外，由于人迈入乐龄期后大多都会遭遇感官迟钝、智力衰退、精神消沉、体质下降、记忆力减退等问题，且容易产生消极情绪，为了保障乐龄人群的身心健康，乐龄教育对于乐龄人群的要求不会很高。具体来说，乐龄教育在课程选择、学习进度、学习方法、组织形式等问题上，都需要充分尊重乐龄人群的意见，不设置硬性的学习指标，以乐龄人群为主体确定教学形式。并且乐龄教育应该是非强制性的，在适当鼓励、引导、商量的前提下，乐龄人群对乐龄教育的参与必须建立在主动和自愿的基础上，并拥有随时选择退出的权利。

（三）多样化和个性化的教育内容

乐龄人群作为乐龄教育的对象，是一个差异性很大的复杂综合体，不同的乐龄人群对于乐龄教育也有着不同的理解，他们的兴趣爱好和学习需求也不尽相同。因此，乐龄教育内容也应该是个性化和多样化的，只要是乐龄人群想要学并且有能力学的课程，老年大学都应该尽量提供。以中国国家开放大学老年大学为例，其"银发学堂"有书法学院、绘画学院、音乐学院、舞蹈学院、健康学院、生活学院、农耕学院、美食学院、综合学院等9个学院，提供各类优质数字化课程资源近5000段，总时长近20万分钟。

（四）趣味性的教育过程

《老年教育发展规划（2016—2020年）》明确指出，乐龄教育要进一步实现老有所教、老有所学、老有所为、老有所乐。然而，要真正实现"老有所乐"，就必须采取灵活且有趣的教学手段，做到让乐龄人群享受乐龄教育过程，让他们爱上乐龄教育，让生活更加丰富多彩。更具体来说，乐龄教育必须将乐龄人群接受教育的过程变成其学习、快乐、作为的有机整体。[1]寓教于乐、寓学于乐，让乐龄人群能真正享受教育、享受生活。

（五）公益性和福利性的公共教育事业

作为实现积极老龄化的重要渠道，为了保障乐龄人群的身心健康，促进乐龄人群享受快乐生活，乐龄教育应该成为普及性的公共教育事业。结合其在构建学习型社会与终身学习体系中的重要地位，乐龄教育产品理应具备非竞争性与非排他性，应该作为公共教育产品存在。事实上，乐龄教育在世界很多国家均被纳入社会福利

---

① 叶忠海. 老年教育若干基本理论问题 [J]. 现代远程教育研究，2013（6）：11–16, 23.

政策支持的范畴。[①] 为了乐龄人群的福祉，乐龄教育应该成为一项福利性和公益性的公共教育事业。

第五节　中外乐龄教育实践

乐龄教育兴起于 20 世纪 70 年代，现已在世界上多个国家生根发芽。由于经济发展水平、社会治理水平和政治制度等因素存在差异，经过近半个世纪的发展，各个国家的乐龄教育实践呈现出不同的特点。

一、中国的乐龄教育实践

我国从 1983 年建立第一所乐龄大学起，乐龄教育已经发展了 40 年。在这 40 年中，中国的乐龄教育实践取得了不俗的成就，但也仍然存在不少问题。

（一）中国乐龄教育实践所取得的成就

在党和国家的正确领导下，经过多年的奋斗，中国乐龄教育的发展取得了令人瞩目的成就，主要体现在以下几个方面。

1. 乐龄学校数量、参与乐龄教育的乐龄人群数量显著增长

根据中国老年大学组织编写的《中国老年教育发展报告（2019—2020）》，截至 2019 年末，我国老年大学（学校）数量约为 76296 所，学员达 1000 万以上。老年教育公益普惠性显著增强，办学体系不断向基层延伸，形成了省、地级市、县（市、区）、乡镇（街道）、村（居委会）均有老年大学（学校）的全方位、多层次、多形式的老年教育机构网络。[②]

2. 制定了乐龄教育相关法律法规，严格依法依规实施和发展乐龄教育

从 20 世纪 90 年代开始，我国开始出台了一系列法律、政策和规划等，大力促进乐龄教育的发展。如 1996 年颁布的《中华人民共和国老年人权益保障法》、2000

---

① 王剑波，宋燕，高文燕. 老年教育基本问题探析 [J]. 中国成人教育，2020（1）: 12–18.
② 我国老年大学约 76296 所　网络数字化教育成重要形式 [EB/OL]. [2022-12-29]. https://baijiahao.baidu.com/s?id=171404912 0929192405&wfr=spider&for=pc.

年中共中央、国务院下发的《关于加强老龄工作的决定》、2006 年国务院批准发布的《中国老龄事业发展"十一五"规划纲要（2006—2010 年）》等。党的十八大以后，国务院办公厅于 2016 年正式印发《老年教育发展规划（2016—2020 年）》，全面描绘了未来中国乐龄教育的发展蓝图，成为新时代中国乐龄教育发展的行动指南。

3. 形成了符合我国国情的科学的乐龄教育办学机制和管理机制

《老年教育发展规划（2016—2020 年）》强调，要"坚持'党委领导、政府主导、社会参与、全民行动'的老龄工作方针"。在协调多部门管理乐龄教育的同时，我国突破了单一的政府办学机制，形成了政府投资办、高等学校投资办、行业企业投资办、社会团体组织投资办、个人投资办等多渠道和多层次的乐龄教育办学新格局。

4. 终身学习思想深入人心

⬚ 上海老年大学

近 40 年来，随着乐龄教育在各地逐渐展开，发展乐龄教育、参与乐龄教育逐渐成为社会共识，参与的乐龄人群日益扩大，大众对"终身学习"认同度明显提高。[①] 国内乐龄大学办学较为成熟的以上海的老年大学为代表。

（二）中国乐龄教育实践面临的问题

经过多年的发展，我国乐龄教育实践取得了巨大的成就，但也面临着不少问题。

1. 乐龄教育供给仍然严重不足，乐龄教育市场供不应求

根据中国国家统计局发布的数据，2019 年末，中国 60 岁及以上的乐龄人口数为 25388 万人，占人口总数的比例为 18.1%，65 岁及以上乐龄人口达 17603 万人，占人口总数的比例为 12.6%。[②] 而根据我国老年大学协会给出的数据，截至 2019 年末，在校学员约为 1088.2 万人，仅占我国 60 岁及以上乐龄人口的 4.3%。也就是说，我国的乐龄教育市场仍有较大的发展空间。

2. 政府对乐龄教育的经费投入不足

我国虽已形成了多渠道、多层次的乐龄教育办学新格局，但由于乐龄教育是具有公益性和福利性的公共教育事业，政府仍然应该是办学的主力军。但是，各地政府对于开办乐龄教育并不重视。举例来说，作为四川省的省会和西南地区的中心城市，2018 年，成都市对于乐龄教育的财政投入为 900 万元，仅占其当年 GDP 总量

---

① 叶忠海，马丽华．中国老年教育 40 年：成就、特点和规律性 [J]．当代继续教育，2018，36（6）：4-8.
② 张毅．人口总量增速放缓，城镇化水平继续提升 [EB/OL]．[2022—12—29]．http://www.ce.cn/xwzx/gnsz/gdxw/202001/19/t20200119_ 34154542.shtml.

的 0.00059%。[①] 由于政府投入不足，现有的乐龄学校普遍存在着办学规模不大、办学场地不够、办学条件简陋、硬件设施不完善等问题，这无疑制约了乐龄教育事业的发展。

3. 我国乐龄教育的师资队伍建设欠佳

结合我国人口老龄化加速膨胀的现状，发展乐龄教育需要建设一支高素质、有热情、专业化且数量充足的师资队伍。但是，当前我国乐龄教育的师资队伍存在一些问题。首先，由于我国师范院校并不重视对于乐龄教育师范生的培养，我国乐龄机构所聘请的教师要么是从其他教育机构"借调"的，要么就是半路出家的临时教师。简言之，我国乐龄教育的专职教师少、兼职教师多。其次，当前我国并没有形成一套行之有效的乐龄教育教师培训体系，教师基本上都是往返各个教学点上课，课程多，自我提升的机会少。最后，我国乐龄教育教师的水平参差不齐，高素质的教师较少。乐龄教育机构很难聘请到拥有高级职称的教师讲课，大多都为初、中级职称人员。[②]

二、美国的乐龄教育实践

作为世界上最发达的国家之一，美国的乐龄教育萌芽于 20 世纪 50 年代，蓬勃发展于 20 世纪 70 至 90 年代，稳定扩张于 90 年代后的信息化社会。[③] 至今，在完善的法律政策的保障下，美国已经形成了课程丰富、形式多样、社会参与度高且多元发展的乐龄教育体系。

从实践看，美国的乐龄教育课程主要分为 4 类。

（一）普通高等教育机构为乐龄人群提供的课程

美国的普通高等教育机构包括各州的公立大学、私立大学及社区大学等。受终身教育理念影响，美国很多高等教育机构的招生并没有年龄限制。在校园里，乐龄人群可以学习高校专门为乐龄人群设计的乐龄课程或继续课程，也可以学习或旁听高校提供的普通课程，以获得学分并申请学位。

美国绝大多数州都会专门为乐龄人群提供免费或者学费减免的高等教育入学机会，年龄限制最低为 55 岁。以西弗吉尼亚州为例，该州所有的公立大学和学院都

---

① 丁倩梅，陈标，向斌，等. 四川省老年教育发展现状调查及政策建议 [J]. 现代远程教育研究，2019（4）：86-93，103.
② 马国云. 关于老年教育师资建设对策的思考 [J]. 南京广播电视大学学报，2017（1）：82-84.
③ 李洁. 美国老年教育立法及其启示 [J]. 河北师范大学学报（教育科学版），2015（1）：79-84.

会为 65 岁及以上居民提供学分和非学分课程的学费减免。按照规定,非学分课程的学费不能超过 50 美元,学分课程的收费不得超过向本州普通居民收取的正常费率的 50%。[①]一般而言,为乐龄人群提供的课程大多为文科类或实用类课程,如艺术、历史、文学、理财、保健等课程。

(二)民间创办的营利性或非营利性机构提供的乐龄教育课程

在美国,这一类乐龄教育机构很多,其中规模较大、影响力较广的主要是乐龄中心(Senior Center)和乐龄游学营(Elderhostel)。以乐龄游学营为例,我们可以一窥这类乐龄教育机构的运作模式。

作为一个非营利组织,乐龄游学营成立于 1975 年,专注于为乐龄人群提供游学服务,宗旨是给年满 55 岁(早期是年满 65 岁)的乐龄人群提供独特的教育经验,以此鼓舞、丰富及增强乐龄人的生活体验。[②]2010 年,该机构更名为"路上的学者"(Road Scholar),以"旅行 + 学习"作为乐龄教育的运行模式。"路上的学者"已经聘请专家设计了覆盖全球 150 个国家的 5500 条游学线路,每年可以服务 10 万名以上的乐龄人。所有游学路线都已经事先标好了价格、探险的类型和所需的运动能力等级,乐龄人群可以事先根据自己的身体素质和个人需求,选择适合自己的游学路线。另外,"路上的学者"已经开发出 47 条在线参与的游学旅行,只需要支付一定的费用,乐龄人群便能足不出户游遍世界。

(三)图书馆、博物馆、科技馆等文化教育机构提供的乐龄教育课程

以图书馆为例,早在 1964 年,美国图书馆协会发布了《公共图书馆对老年人的责任》,提出图书馆应协助树立对乐龄人群的积极态度。为了让乐龄人群更方便地享受图书馆资源,美国很多图书馆都制定了《老年人服务指南》,采取专门措施提升针对乐龄人群的服务质量,并积极申请项目服务乐龄人群、教育乐龄人群。举例来说,2019 年,美国亚利桑那州立图书馆、档案与公共记录馆拨款 23930 美元到辖区内的科奇斯县图书馆联盟,支持其申办"移动技术实验室"(Mobile Technology Lab)项目。该项目主要面向当地农村地区政治经济地位较低且没有其他方式获得技术培训的乐龄人群,目的在于通过培训"提高他们的数字化素养与技巧"。

(四)政府投资、以社区为单位设立的乐龄人群活动中心提供的乐龄教育课程

1964 年,美国颁布《免费老年教育法案》,明确提出让老人接受教育应该是政

---

① Wang, M., Niedt, B. Free (or Cheap) College for Retirees in All 50 States [EB/OL].[2022-10-23]. https://www.kiplinger.com/slideshow/retirement/t065-s001-free-or-cheap-college-for-retirees- in -all-50-state/index.html.
② 王文超.美国老年教育发展及启示 [D]. 新乡:河南师范大学,2011.

府向公众提供的社会福利。2000 年后，美国推行国家老龄政策，对 1965 年颁布的《老年人法》再次进行修订，强调要开展社区化养老，以满足乐龄人群终身教育的需求。修订后的《老年人法》要求在各州建立老人活动中心，以社区为单位，以社会服务为目标。其中教职员工大多为志愿者，主要为乐龄弱势群体提供相关服务。目前，全美各地约有老年中心 2 万所，政府税收和其他财政收入是其主要经费来源。[①]

目 美国的老年大学案例

三、法国的乐龄教育实践

作为发达的资本主义国家之一，法国是世界上最早进入老龄化社会的国家。早在 1865 年，法国 65 岁及以上人口占人口总数的比重已超过了 7%。[②] 根据相关数据，法国 60 岁及以上乐龄人口占人口总数的比重将上涨至 32.56%。[③] 因此，乐龄教育也一直是法国政府关注的重点议题。

1973 年，皮埃尔·维拉斯在法国的图卢兹大学创办了世界上第一所第三年龄大学，揭开了世界各国开办老年大学的序幕。法国将儿童及少年称为第一年龄，青年及中壮年称为第二年龄，老年称为第三年龄。法国第三年龄大学创始人之一的彼得·拉斯里特认为，第三年龄是人生的顶峰，人在这一年龄段不仅拥有丰富的知识和经验，更拥有足够的时间发挥自己的潜力，达到自我实现的境界。[④] 自从第一所第三年龄大学创办以后，举办第三年龄大学也成了法国乐龄教育办学的主要形式。法国政府于 1980 年开始推广第三年龄大学的办学模式，鼓励各地大学积极开办乐龄教育，并将此乐龄政策列为《第七国家发展计划》中 4 项优先发展计划之一。[⑤] 总的来说，法国的第三年龄大学有以下几个特点。

（一）办学模式"自上而下"

从办学体制上看，法国的第三年龄大学采取"自上而下"的办学模式，乐龄教育发展由政府主导。法国起初主要依托普通高校开办第三年龄大学，而后政府开始逐渐尝试投资并创办独立于大学之外的第三年龄大学。但是，随着乐龄人群规模的不断扩大，受教育的乐龄人群数量不断增加，法国的第三年龄大学逐渐形成了以政府拨款为主，学费、社会捐赠、资金补助为辅的经费筹措机制，以保证乐龄教育的

① 卢德生，陈雅婷．人口老龄化背景下的老年教育：国际经验与启示 [J]．中国成人教育，2017（7）：109-113.
② 我国人口老龄化的趋势和特征 [EB/OL].（2008-01-28）[2022-11-18]．http://www.cncaprc.gov.cn/llsy/11220.jhtml.
③ 翟إ．我国老年教育推进策略研究 [D]．太原：山西大学，2017.
④ 马伟娜，戎庭伟．中国老年教育新论 [M]．杭州：浙江大学出版社：2019.
⑤ 黄燕东．老年教育：福利、救济与投资 [D]．杭州：浙江大学，2013.

正常运行。但从总体上来看，法国第三年龄大学经费筹措手段相对比较单一，乐龄教育的经费来源仍然以政府财政拨款和补贴为主，政府主导着乐龄教育的发展。不过，除了第三年龄大学之外，法国也在积极促进第三年龄俱乐部这类非政府乐龄教育机构的发展，从而进一步丰富了法国乐龄教育的办学形式，为乐龄人群提供了多样化的文化休闲活动，使乐龄人群在俱乐部的活动中找到了生活的乐趣。

（二）办学形态多样化

从办学模式上看，法国的第三年龄大学形态多样，由老年大学逐渐向"混龄大学"发展。最开始，法国第三年龄大学的招生对象主要是乐龄人群。但在终身教育理念的影响下，从20世纪90年代开始，家庭主妇、失业者、残疾人等人群的受教育权也得到了进一步关注。由此，"混龄大学"开始出现，第三年龄大学的形态开始逐渐多样化，包括"休闲大学""全民大学""三分之一时间大学""自由时间大学"等。换句话说，法国的第三年龄大学并不仅仅是乐龄教育的象征，更是符合时代发展趋势的终身教育的代表。[①]

（三）依托高校资源办学

从教学管理上看，法国第三年龄大学的发展依托于普通高校，实施统一管理与资源共享。法国的第三年龄大学一般设立在普通高校的校园内，大多需要依托于大学开展乐龄教育。由此，第三年龄大学在行政管理、资源配置、人事调动、财政收支等问题上受制于其所在的普通高校。作为普通高校的附庸，法国第三年龄大学缺乏独立管理体系和自主办学的权力，极大地抑制了乐龄教育的发展。

（四）课程门类丰富，教学手段多样

从教学形式上看，法国第三年龄大学的教学课程门类丰富，大多以文化素养课程、语言课程、体育课程为主。以法国奥尔良自由时间大学发布的2020—2021年课程目录为例，共有经济与法律、历史地理学、艺术史、英语、德语、意大利语、西班牙语、古语言、文学与哲学、心理学与社会学、科学、体育等12类学科，每个学科内部又分为多个不同的小课程，能够充分满足乐龄人群多样的学习需求。

法国乐龄教育的教学方式较为多样，主要有演讲、对话、辩论、工作坊、旅游、实地参观与考察等。[②]

📖 法国的第三年龄大学

---

① 马伟娜，戎庭伟.中国老年教育新论[M].杭州：浙江大学出版社：2019.
② 翟洁.我国老年教育推进策略研究[D].太原：山西大学，2017.

四、日本的乐龄教育实践

作为亚洲最早完成工业化、最早迈入发达国家行列的国家，日本的人口老龄化问题十分严重。从 20 世纪 70 年代初开始，日本便已经步入老龄化社会。预计到 2060 年，日本 65 岁及以上老人将占全国总人口的 40%。为了丰富乐龄人群的生活、实现乐龄人群的再就业，乐龄教育也一直是日本政府重视的议题。

从实践层面上来看，日本实施的乐龄教育可以分为 4 类。

（一）福利行政部门实施的乐龄教育

日本各都、道、府、县下辖的福利部门，一般采用委托方式开办乐龄大学。1969 年兵库县开办的印南野学园，便是日本最早拥有独立校园的老年大学。该学园由财团法人兵库县高龄者生命意义发展协会承办，包括四年制的大学部和两年制的领导者培训课程。入学大学部的老人需年满 63 岁，参加领导者培养课程的需年满 58 岁，并需得到社区组织或地方行政长官的推荐。所有课程分为通识课程、专业课程和社团课程 3 类。通识课程为必修课程，包括终身学习、老年福利、社会参与、文化、宗教、思想、健康、环境等科目；专业课程为各学科专门性技能及生活技术课程；社团课程则以促进社会参与及完成自我实现为主。[①] 另外，各市、区、町、村下辖的福利部门，则自行开办老年大学。以东京世田谷区终身大学为例，该校成立于 1977 年，以建立学习伙伴关系和创造生存价值为目的，至今已有超过 5200 名结业生。在世田谷区居住的 60 岁以上且能够同时参加文化课程和体育课程的乐龄人群均可入学。学习年限为两年，每周上课两次，一年的总学习天数约为 30 天。课程主要包括文学、历史、文化、社会、体育等科目。

（二）教育行政部门开办的乐龄教育

日本各都、道、府、县下辖的教育行政部门会直接开办老年大学，其中，文部科学省管辖的长寿学园最为出名。该学园是专门为乐龄人群提供学习机会的机构，通常会与该地区的普通高等院校或民间教育机构进行合作，目的在于培育地区乐龄活动的领导者，招生对象为 60 岁以上的乐龄人群。学习年限在两年以上，修满 20 学分并顺利毕业的乐龄人群，会被认定具有地区终身学习领导者的身份。各市、区、町、村下辖的教育行政部门，则多会开办高龄者教室，利用中小学教室，在课余时间招收 65 岁以上的学员，每班约 20 人，每年学习时间为 20 ～ 40 小时，学习内容

---

① 黄富顺 . 高龄学习 [M]. 台北：五南图书出版股份有限公司，2004.

主要包括：了解社会的变化、了解年轻人一代、健康课程、培养兴趣、职业技能训练、参与志愿活动等。

（三）高等教育机构提供的乐龄教育

日本高等教育机构提供的乐龄教育主要有两种，普通高校开办的老年大学和放送大学提供的远程教育。举例来说，日本著名的私立高校立教大学便开设了老年大学，招收 50 岁以上的乐龄人群，为他们提供攻读本科学位、专科学位及旁听课程的学习机会。一年招收本科生 100 名、专科生 50 名、旁听生 20 名。开设的课程比较丰富，包括乐龄人群发展心理学、现代社会与民间法律、交流话题发现与文娱发展、乐龄资产运用等课程。但是，该老年大学的学费比较贵，学员主要为男性，且大多是中小企业主和大企业的管理层。放送大学则是日本政府在 1983 年正式创建的私立大学，相当于我国的广播电视大学。放送大学向各个年龄段的人提供远程教育，以及本科和硕士课程，全部经费来自学生学费及日本政府拨款。入学不用考试，学费比其他大学低，还能为乐龄学生提供高水平和专业性的学习内容，所以颇受日本乐龄人群的青睐。

（四）民间机构提供的乐龄教育

20 世纪 90 年代之后，在国家乐龄政策与终身学习理念的影响下，日本民间机构开办乐龄教育的做法开始盛行。具体来说，日本开办乐龄教育的民间机构可以分为营利性和非营利性两种。营利性民间文教组织并不是专门开展乐龄教育的机构，但是其完善的设施、高素质的讲师、多元化的课程，极大地满足了乐龄人群的学习

日本老年大学案例

需求。非营利民间组织提供的乐龄教育可细分为三大类：一是组织其他年龄层的人为乐龄人群提供学习机会的场所，如日本老人寄宿所；二是专为乐龄人群开展学习活动的机构，如北广岛市学习园；三是为所有年龄层次的人提供学习活动的机构，如仙台乐龄人群网站俱乐部。可以说，日本乐龄教育的实施方式是十分多元化的。

【思考题】

1.了解中外乐龄教育的发展进程，你对于我国乐龄教育的未来走势有何看法？

2.结合你的理解，谈谈加强乐龄教育对于构建终身教育体系的意义。

3.一些人认为："人一旦超过 70 岁就会被时代抛弃，就已经不适合活着了。"请

问你是怎样理解这一观点的?

4.结合你的实际体验,谈谈乐龄人群应该如何在接受乐龄教育时实现个体价值与社会价值的有机统一。

5.如果你是一所乐龄大学的校长,需要安排这一学期的3门乐龄教育课程,你会选择哪3个方面的教育内容?简述你的选择和理由。

6.结合你的理解,谈谈乐龄教育的不同内容在乐龄教育目的实现中的作用。

7.结合你的实际体验,谈谈不同乐龄教育模式的优势与不足。

8.有人认为:"当年乐龄教育资源紧缺,应该积极引入社会资本开办民营乐龄教育机构,大力开发乐龄教育这片沃土。"谈谈你对这一观点的看法。

9.结合你的理解,举例说明各国乐龄教育实践的异同。

10.谈谈国外乐龄教育实践对于我国乐龄教育未来发展的启示。

后 记

　　积极应对人口老龄化是国家的一项长期战略任务。本书以"乐龄享老"为主题词，回应了《中华人民共和国老年人权益保障法》提出的"实现老有所养、老有所医、老有所为、老有所学、老有所乐"涉及的"老有所为"、"老有所学"和"老有所乐"等若干范畴的理论与实践。人口老龄化将是新时代我国经济社会发展长期面临的常态性特征，积极老龄化既涉及现代公民权利的实现问题，也涉及老龄群体作为稀缺社会资源的充分利用问题。培养"乐龄享老服务与管理"专业人才是保障"乐龄享老"践行和实施的重要条件。近年来，高等院校逐步开设了"老年服务与管理"等相关专业，以积极老龄化的视角培养乐龄享老服务与管理方面的专业人才，在人才培养体系和课程设置方面做了很多有益的探索，然而在教材建设方面，却相对滞后。

　　本教材是浙江树人学院在多年的"乐龄享老"理论研究和人才培养方面实践探索的基础上编写而成的，具有以下几个显著的特点：一是将"乐龄享老"理论知识系统化，涵盖乐龄社交活动、乐龄文化艺术、乐龄旅游、乐龄消费与理财、乐龄教育等方面的理论知识，夯实"乐龄享老服务理论与实践"的基础体系；二是注重实践应用性，选用的案例和阅读材料都是国内外乐龄享老多个领域的成果和经验，具有指导作用；三是具有一定的创新性，国内外就此相关内容的教材目前还较为鲜有。

　　本教材分为六章：第一章为"总论"，主要内容为乐龄享老生活方式形成的背景、乐龄享老的理论基础、乐龄享老的实践模式等；第二章为"乐龄社交活动服务理论与实践"，主要内容为认识乐龄社交活动、乐龄社交活动的理论基础、乐龄社交活动策划与组织、乐龄社交活动的风险控制等；第三章为"乐龄文化艺术服务理论与实践"，主要内容为文化养老服务概述、乐龄文化艺术服务供给体系、乐龄文化艺术服务组织与策划、乐龄茶事活动组织与策划等；第四章为"乐龄旅游服务理论与实践"，主要内容为乐龄旅游服务概述、乐龄旅游策划、乐龄旅游活动组织、乐龄旅游接待服务、乐龄旅居康养服务等；第五章为"乐龄消费与理财服务理论与实践"，主要内容为乐龄消费与理财概述、乐龄消费市场发展趋势与营销策略、乐龄理财规划、乐龄消费与理财风险防范；第六章为"乐龄教育服务理论与实践"，主要内容为乐龄教育的历史发展、乐龄教育的内涵及价值、乐龄教育的目的及内容、乐龄教育的模式及特点、中外乐龄教育实践等。

本教材适用范围广，一是适用于高等院校老年服务与管理、护理学（老年康养）、家政学、老年学等本、专科相关课程的理论教学；二是适用于相关旅游、金融、教育、数字包容等专业的选修课程教育；三是可作为大学生创新创业孵化的重要参考资料；四是可作为社会各类社区和社会养老机构"乐龄学堂"老年教育的培训教材和参考读物。

本教材编写的分工情况如下。郭人菡、朱红缨负责第一章的编写，王昭、曹斌、朱红缨、程秋平负责第二章的编写，朱红缨、严伟伟、吴宇琦、袁薇、桂燕玲负责第三章的编写，单文君、陈爱妮、潘雅芳、周绍健负责第四章的编写，董自光、苗森、包卓群、司佳负责第五章的编写，张亚珍、盛李铭、刘斌负责第六章的编写。朱红缨与潘雅芳负责全书的统筹与审稿工作。

本教材的编写、出版得到了浙江省现代服务业研究中心、浙江省家政服务业产教融合联盟、浙江—亚洲国家医养类专门人才培养联盟、浙江省家政文化科普基地、好家政与未来社区联合实验室、七彩树人未来社区运营管理学院等机构的大力支持，在此表示感谢。同时感谢所有提供文字、图片材料和修改意见的单位和个人。本书得到上海山屿海投资集团有限公司"山屿海健康养老体系研究"项目资助。

书中如有疏漏不当之处，敬请广大读者不吝赐教。

编者

2023 年 3 月